원화 스테이블코인 사용설명서

생태계부터 상거래까지 디지털 화폐가 이끌 금융의 미래

원화 스테이블코인 사용설명서

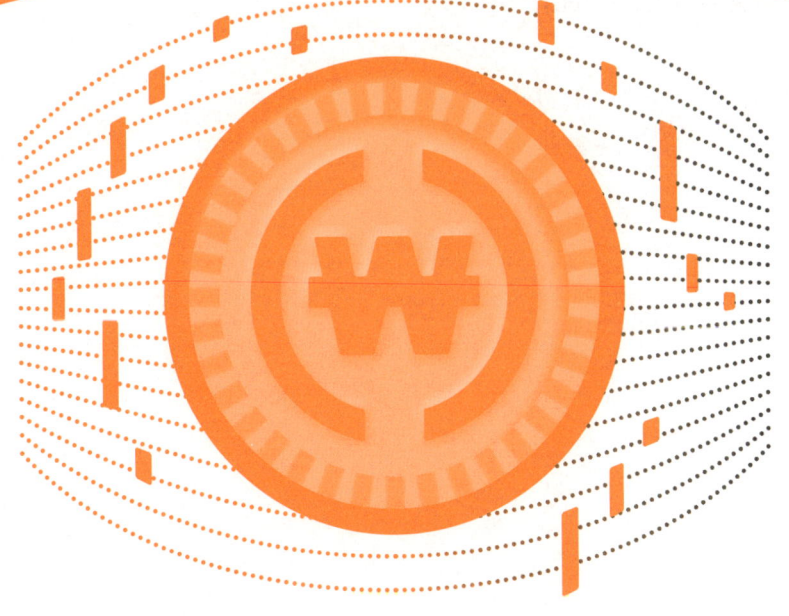

민병덕 조재우 윤민섭 김종환 원은석 김외현 강형구 김용영 오종욱 이정민 제임스정

민병덕

더불어민주당 재선 국회의원(21대, 22대 경기 안양 동안구 갑)
더불어민주당 을지로위원장
전) 이재명 대통령 후보 선대위 디지털자산위원장

더불어민주당 을지로위원회 위원장으로서 노동자·소상공인·취약계층을 위한 현장 중심의 민생정치를 실천하고 있으며, 21대 대선에서는 이재명 대통령 후보 선대위 디지털자산위원장을 맡아 블록체인과 디지털 금융 등 미래 산업을 제도화하는 전략을 이끌며 '디지털자산기본법'을 발의하였다. 더불어민주당 정책위 수석부의장, 조직 사무부총장, 전국소상공인위원회 위원장 등을 역임하며 당의 정책·조직·민생 현안을 두루 이끌어온 경험을 바탕으로, 국민 삶에 실제 변화를 가져오는 입법과 정책을 추진해온 민생 혁신 전문가이다.

시작하며

디지털 원화의 여명

원화 스테이블코인 혁명: 디지털 원화의 미래를 열다

오늘날 전 세계 경제는 전에 없던 디지털 전환의 거대한 물결 속에 있다. 스마트폰으로 송금하고, 온라인으로 자산을 거래하는 시대에 접어들면서 전통적인 금융 시스템과 돈의 개념까지도 근본적으로 다시 정의해야 할 시점에 이르렀다. 특히 디지털 기술을 바탕으로 탄생한 원화 기반 스테이블코인은 단순한 기술의 산물을 넘어 새로운 금융 질서의 핵심축으로 부상하고 있다.

원화 스테이블코인은 한국 원화의 가치를 디지털 세계로 옮긴 것이다. 그것은 단순히 새로운 결제 수단을 만드는 것이 아니라, 원화의 실물경제적 가치와 국가 통화 주권을 디지털 생태계로 확장하는 시도라 할 수 있다. 이는 곧 대한민국의 통화 주권이 블록체인Blockchain 기반의 글로벌 네트워크에서도 작동할 수 있음을 뜻한다.

디지털자산은 더 이상 변방의 실험이 아니다. 이미 세계 금융 시스템 전반이 탈중앙화, 디지털화라는 거대한 흐름에 따라 재편되고 있으며, 각국은 저마다의 방식으로 디지털 화폐 전략을 마련하고 있다. 암호화폐의 탄생이 신뢰와 탈중앙성의 문제를 중심으로 논의를 확산시켰다면, 스테이블코인의 등장은 바로 실질적인 거래 수단으로의 가능성을 입증하고 있다. 특히 법정화폐에 연동된 스테이블코인은 가격 안정성과 실시간 결제RTP, Real Time Payment 시스템을 통해 전통 금융과 디지털 경제의 경계를 허물고 있다.

스테이블코인의 핵심은 속도, 효율성, 프로그래밍 가능성이다. 블록체인 기반의 결제는 단 몇 초 내에 정산이 가능하며, 전통 은행 시스템의 시간 제약을 벗어난다. 중개자를 줄이면 비용도 줄어든다. 거래의 자동화를 가능케 하는 스마트 콘트랙트는 돈에 조건을 부여하고 그 조건이 충족될 때 자동 실행되게 만든다. 이처럼 프로그래머블 머니로서의 스테이블코인은 새로운 형태의 정책 도구, 비즈니스 수단으로 작동할 수 있다.

이 변화는 단지 기술 혁신의 문제가 아니다. 통화 주권의 개념, 금융 포용성의 범위, 자산 형성과 분배의 구조에 이르기까지, 경제 질서 전반의 재설계를 요구하는 구조적 전환이다. 원화 스테이블코인은 한국 경제를 디지털 시대에 적응시키는 기술적 수단을 넘어, 정책적 대응의 근간이 되는 인프라이기도 하다.

글로벌 경쟁 구도 역시 무시할 수 없다. 미국은 이미 달러 기반 스테이블코인을 글로벌 결제 수단으로 키워가고 있고, 중국은 디지털 위안화를 무기로 자국 통화의 국제화를 추구하고 있다. 이러한 흐름 속에서 원화의 존재감을 지키고, 나아가 그 사용처를 확대하기 위해서는 디지털 원화 기반 생태계의 조성이 반드시 필요하다. 지금이 바로 그 여명을 설계할 시점이다.

디지털 경제의 글로벌 패권 경쟁과 한국의 도전

디지털 경제의 성장으로 경제 패권 경쟁도 새로운 국면을 맞이했다. 미국은 일찍이 암호화폐 등에 주목하며 디지털 금융을 선점하려는 움직임을 보여주었고, 세계 각국이 앞다투어 디지털자산과 화폐 기술을 발전시키며 주도권을 잡으려 하고 있다. 한국 역시 이러한 흐름 속에서 뒤처지지 않기 위해 발 빠르게 대응해야 한다. IT 강국으로 불려온 우리나라는 디지털자산 분야에서도 글로벌 선도 국가로 자리매김해야 한다. 단순한 기술 도입이 아니라, 국가 경제의 주권과 경쟁력을 지키는 일이다.

법과 제도를 정비하여 디지털자산시장을 투명하고 안전하게 키우는 것이 시급하다. 과거 '가상자산'으로 불리던 용어는 이제 '디지털자산'으로 전환되고 있다. '가상'이라는 표현이 실체 없는 듯한 인식을 준다면, '디지털자산'은 기술 기반의 실질적 자산임을 강조한다. 최근까지 디지털자산 업계는 불신과 불확실성 속에 있었고, 법적 기준이 불명확하다 보니 사업자들은 자칫 처벌받을까 우려해 위축될 수밖에 없었다. 이 구조를 바꾸기 위해 용어 정비와 법체계 확립이 시작되었고, 제도권으로의 편입이 산업 성장을 위한 첫걸음이 되었다.

돈의 개념, 국가 독점에서 플랫폼으로 이동하다

과거에는 정부만이 화폐를 발행하고 은행을 통해 유통했다. 하지만 이제는 암호화폐 거래소, 거대 IT 기업, 핀테크 기업들이 자체 디지털 화폐를 발행해 운영할 수 있는 시대가 도래하고 있다. 메신저 앱이나 온라인 플랫폼을 통해 실시간 송금과 결제가 가능한 디지털 화폐는 중개자 역할을 줄이며, 자산 이동의 효율성을 극대화한다. 이는 금융거래 속도를 높이고 비용을 낮추는 긍정적 효과를 가져온다.

동시에 이는 통화정책의 방식 자체를 변화시킬 수 있다. 중앙은행은 더 이상 유일한 통화 운전자가 아니다. 다양한 플레이어들이 디지털 유통 구조에 참여하고 있으며, 경제 내 자금 흐름의 지형이 바뀌고 있다. 그러나 이러한 변화는 통화정책 자체를 무력화하는 것이 아니다. 오히려 스테이블코인의 거래 내역과 발행·소각 흐름은 블록체인상에 투명하게 기록되기에 통화 유통의 정밀한 관측이 가능하다. 이는 중앙은행에도 새로운 정책 수단이 될 수 있다.

다만 통화 기능과 유통 방식의 변화에 걸맞은 새로운 규칙과 제도는 반드시 마련되어야 한다. 혁신과 안정성은 동전의 양면이며, 정부와 중앙은행은 그 균형점을 찾아야 한다.

디지털자산의 부상과 제도화의 필요성

암호화폐를 포함한 디지털자산이 급격히 성장하면서 시장 안정과 이용자 보호, 혁신 기반 구축을 위한 법적·제도적 장치가 절실해졌다. 한국은 이 분야의 제도화를 본격적으로 추진하고 있으며, 발행, 공시, 거래 전반을 포괄하는 '디지털자산기본법'이 마련되었다. 이는 불확실한 규제를 명확히 하고 산업 성장을 제도적으로 뒷받침하겠다는 의지를 반영한다.

핵심 내용은 용어 정리, NFT Non-Fungible Token 범위 제외, 대통령 직속 디지털자산위원회 설치, 금융위 중심 인허가제, 스테이블코인에 대한 인가제 및 자기자본 요건, 100% 준비금 보유, 고객 자산의 분리 보관 등이다. 업계의 자율 규제를 병행하고, 내부자 거래나 시세조종 등에 대해서는 강력한 처벌을 가능케 해, 시장의 신뢰 기반을 마련한다. 이 모든 노력은 디지털자산 산업을 음지에서 양지로, 비주류에서 주류 경제로 이동시키기 위한 제도적 디딤돌이다.

한국 경제와 원화 확장을 위하여

이제는 속도를 생각할 때다. 미국은 달러 스테이블코인으로, 중국은 디지털 위안화로 자국 통화의 국제화를 밀어붙이고 있다. 한국 원화도 이대로 있다가는 그 영향력이 갈수록 좁아질 수밖에 없다.

원화 스테이블코인은 경제적 효과도 분명하다. 한 연구에 따르면 삼성전자가 해외 지사 정산에 원화 스테이블코인을 활용한다면 연간 최소 1,500억 원의 비용 절감 효과가 발생한다. 이를 그룹 전체로 확대하면 그 파급효과는 상상 이상일 것이다. 중소상공인도 마찬가지다. 스테이블코인을 결제 수단으로 활용하면 수수료 부담이 줄고, 이는 곧 영업 부담 완화로 이어진다. 기업은 금융비용을 절감하고, 국가 경제 전체의 경쟁력은 한층 강화된다. 결국 원화 스테이블코인의 도입은 한국이 통화 주권을 지키고 경제 영토를 확장하기 위한 필연적 선택이다.

K-팝과 드라마, K-뷰티와 K-의료까지, 한국의 문화와 서비스는 이미 세계 시장에 깊숙이 들어와 있다. 이른바 K-컬처의 힘이다. 그러나 한 가지 아이러니가 있다. 경제 영토는 세계로 확장되었지만, 통화 영토는 아직 한반도 안에만 머물러 있다는 점이다.

원화 스테이블코인은 이 간극을 메울 수 있는 열쇠다. 네이버페이, 카카오페이 같은 한국의 간편결제 서비스는 이미 세계적 경쟁력을 갖췄지만, 기존 제도의 한계 때문에 해외에서 본격적으로 쓰이기 어렵다. 그러나 원화 스테이블코인과 결합한다면 이런 제약은 사라진다. 한국의 디지털 금융 서비스는 곧장 글로벌 서비스로 확장될 수 있다. 마치 K-팝이 전 세계인의 플레이리스트를 장악했듯, 원화 스테이블코인이 전 세계 디지털 결제 네트워크의 일부로 자리 잡을 수 있다는 전망은 결코 과장이 아니다.

지난 대선에서 디지털자산위원회 위원장으로 활동하면서 '디지털자산기본법'을 구상하고, 그 안에 원화 스테이블코인 관련 규정을 세심하게 배치한 것도 통화 영토 확장이 가능하다고 생각했기 때문이다. '디지털자산기본법'을 발의하는 과정에 국내외의 많은 전문가들을 만났고, 그들의 생각을 폭넓게 반영할 수 있었다. 이 책에는 '디지털자산기본법'의 뼈대가 된 전문가들의 아이디어로 가득하다. 독자 여러분들에게 우리나라 원화의 글로벌 영토 확장 청사진을 보여드릴 수 있게 된 것을 기쁘게 생각한다.

목차

시작하며: 디지털 원화의 여명   5

1부 원화 스테이블코인 생태계 이해하기

1장 스테이블코인이란?
- 원화 스테이블코인이 가치를 유지하는 방법   21
- 스마트 콘트랙트와 스테이블코인   30
- 핵심 인프라: 지갑, 거래소,
  그리고 현금화 서비스(On/Off Ramps)   38

2장 글로벌 법과 제도, 그리고 한국
- 디지털자산에 대한 규제 환경의 국제적 변화   57
- 한국의 디지털자산에 대한 규제 현황   62
- 글로벌 디지털자산시장 G2로의 도약을 위한 출발!
  '디지털자산기본법'   66
- 스테이블코인 발행 허용에 관한 논쟁   72
- 한국은행의 디지털 화폐 프로젝트   79
- 스테이블코인은 누가 발행하는가?   83
- 원화 스테이블코인 도입을 위한 규제 준수 항목   86
- 스테이블코인 발행과 발행파트너의 역할   89
- 스테이블코인과 외국환거래법   91

2부 원화 스테이블코인은 어떻게 활용될 수 있는가?

3장 원화 스테이블코인이 주는 이익, 기업이 도입해야 하는 이유

- 기업을 둘러싼 거래 환경   103
- 자금 관리의 혁신: 실시간 유동성 관리   107
- 내부 공급망 혁신: 제조, 물류, 판매 부서 간 효율성 제고   113
- 글로벌 공급망 관리의 고도화   116
- 원화 스테이블코인의 미래와 기업 혁신 로드맵   120

4장 스테이블코인, 기업과 개인이 사용하는 새로운 결제 인프라

- B2B 거래와 스테이블코인   127
- B2C와 스테이블코인   134
- P2P와 스테이블코인   141

5장 스테이블코인과 글로벌 경제

- 기존 국경 간 거래 시스템의 한계   159
- 국경 간 거래는 새로운 목표가 아니다   165
- 스테이블코인 국경 간 거래의 실제   177
- 스테이블코인을 활용한 국경 간 거래의 활용   182
- 스테이블코인 국경 간 거래의 미래   191
- 국경 없는 디지털 화폐의 시대   199

6장 원화 스테이블코인과 머신 대 머신 경제

- 머신 경제란 무엇인가? 207
- x402: 웹을 통한 기계 간 자동 결제의 열쇠 210
- A2A 프로토콜: 안전한 에이전트 간 상호작용 213
- 왜 하필 원화 기반 스테이블코인인가? 216
- 머신 경제 속 원화 스테이블코인 활용 사례 219
- 앞으로의 과제 223
- 머신 경제에서 스테이블코인 외에는 대안이 없는 이유 228

3부 원화 스테이블코인 심화 적용 및 미래 전망

7장 탈중앙화 금융(DeFi)을 위한 필수 관문

- 글로벌 탈중앙화 금융으로 가는 길, 원화 스테이블코인 239
- 원화 기반 자산을 활용한 대출 및 예치 서비스 250
- 원화 기반 거래 쌍에 대한
  유동성 공급 및 이자 농사(Yield Farming) 258
- 부동산, 예술품 등 한국 실물자산(RWA)의 토큰화 268

8장 원화 스테이블코인이 직면한 한계와 그 너머의 길

- 혁신의 길목에서 마주한 질문   281
- 사용자 경험과 기술적 장벽   283
- 보안: 스마트 콘트랙트와 자산 보관의 함정   292
- 확장성 삼중고와 국가 통화   299
- 제도·인식의 장벽   302
- 장애물은 길을 가리키는 나침반이다   305

9장 대중의 신뢰를 얻기 위한 조건

- 대중의 신뢰를 떨어뜨린 스테이블코인 사례   311
- 스테이블코인의 대중화를 위한 전략   324
- 신뢰와 혁신의 균형   337

마치며: 디지털 거래는 원화 스테이블코인 결제로 완성된다   341
편집자의 글   349
부록: 용어해설   351

1부

원화 스테이블코인 생태계 이해하기

조재우

한성대학교 사회과학부 교수

2013년 박사과정 시절 비트코인을 계기로 블록체인에 입문해 다양한 현장 경험을 거치며 토크노믹스와 온체인 데이터 분석 분야에서 전문성을 확립했다. 현재 한성대학교 블록체인연구소를 이끌며 산업·학계·정책을 연결하는 가교 역할을 수행하고 있으며 디지털자산거래소 공동협의체(DAXA) 자문위원으로서 산업 자율규제와 시장 투명성 제고에 힘쓰고 있다. 학문적 기반과 산업 현장 경험을 바탕으로 블록체인·디지털자산의 지속 가능한 발전과 확산을 이끌고 있다.

1장
스테이블코인이란?

··· **들어가며** ···

스테이블코인은 영어 스테이블(Stable)과 코인(Coin)의 합성어로, 글자 그대로 '안정적인 코인'을 의미한다. 블록체인 기술을 이용하면서도 다른 암호화폐, 코인과 달리 가치가 고정돼 있다는 특징이 있다. 즉, 스테이블코인은 가격 변동이 없다. 그렇다면 가격이 오르지도 않는데 스테이블코인이 각광받는 이유는 무엇일까?

원화 스테이블코인이
가치를 유지하는 방법

스테이블코인의 개념

'스테이블코인'은 가치가 안정적인 디지털자산을 뜻한다. 일반적으로 비트코인Bitcoin과 같은 디지털자산은 하루에 수십 %씩 가격이 오르거나 하락하기도 해서 가격 변동이 심하다고 여겨진다. 비트코인 가격변화가 한창 심하던 과거에는 이런 유머도 있었다.

아들: 아빠! 비트코인 하시던데 생일선물로 1BTC만 주세요!
아빠: 뭐? 1,570만 원? 세상에, 1,720만 원은 큰돈이란다. 대체 1,690만 원을 받아서 어디에 쓰려고 그러니?

아들과 아버지가 대화를 주고받는 짧은 시간에도 비트코인 가격이 오르락내리락한다는 풍자다.

  심한 변동성 때문에 사람들은 디지털자산이 결제 수단으로서 적절하지 않다고 비판해왔다. 생일선물로 받는 용돈이야 오르면 좋고, 내리면 아쉬운 정도겠지만, 물건을 팔고 받은 대금은 가치가 하락하면 생계에 심각한 지장이 생기기 때문이다.

  이러한 문제를 해결하기 위해 블록체인 개발자들은 오래전부터 가치가 일정하게 유지되는 디지털자산을 만들기 위한 방안을 고민해왔다. 그 결과물이 바로 스테이블코인이다.

  스테이블코인의 핵심 아이디어는 간단하다. 특정 화폐나 자산의 가치에 연동시켜서 가격 변동을 최소화하는 것이다. 대부분의 스테이블코인은 미국 달러에 연동되어 있어서 1달러의 가치를 유지하도록 설계되어 있다. 원화 스테이블코인은 이와 같은 원리로 1,000원이나 1원과 같은 특정 원화 가치에 연동되어 만들어진다.

두 가지 스테이블코인

  스테이블코인은 크게 두 종류가 있다. '알고리즘 기반 스테이블코인'과 '자산 기반 스테이블코인'이다. 둘은 모두 스테이블코인이라는 이름을 쓰고 있지만, 실제로는 전혀 다른 디지털자산이라 해도 될 정도로 큰 차이가 있다. 각각의 특징과 장단점을 살펴보면서 왜 현재는 자산 기반 스테이블코인이 주류가 되었는지 이해해보자.

알고리즘 기반 스테이블코인의 한계

알고리즘 기반 스테이블코인은 블록체인에서 프로그래밍된 방법으로 가격을 유지하는 방식이다. 예를 들어, 스테이블코인의 가격이 올라가면 자동으로 더 많은 코인을 발행해서 공급을 늘리고, 가격이 내려가면 코인을 회수해서 공급을 줄이는 식으로 작동한다. 이론적으로는 완벽해 보이지만 실제로는 많은 문제가 있었다.

가장 큰 문제는 시장의 극단적인 상황에서 제대로 작동하지 않는다는 점이다. 시장 참여자들이 모두 한꺼번에 스테이블코인을 팔려고 하면 알고리즘만으로는 가격을 안정시킬 수 없다. 대표적인 예시가 테라루나의 UST이다. 2022년 5월, UST는 며칠 만에 1달러에서 거의 0원까지 폭락하면서 수많은 투자자에게 큰 손실을 입혔다.

이런 사건들 때문에 알고리즘 기반 스테이블코인은 현재 거의 사용되지 않고 있으며, 미국이나 유럽 같은 국가의 스테이블코인 제도에서는 알고리즘 스테이블코인을 제외하기도 한다. 이제 업계에서는 보다 안정적이고 신뢰할 수 있는 방식인 자산 기반 스테이블코인에 주목하고 있다.

자산 기반 스테이블코인의 작동 원리

현재 논의되고 있는 스테이블코인은 기본적으로 자산 기반 스테이블코인이다. 앞으로 스테이블코인이라고 하면 자산 기반 스테이블코인을 말하는 것이다. 원화 스테이블코인도 자산 기반에 해당된다.

자산 기반 스테이블코인이 가격을 안정시키는 방식은 굉장히 단순하다. 일종의 '현금 교환권'이라 생각하면 편하다. 스테이블코인 발행사에 현금을 입금하면 그에 상응하는 액수의 코인을 주고, 반대로 코인을 주면 액수에 맞는 현금을 돌려준다.

이미 우리는 이와 비슷한 서비스를 사용하고 있다. 카카오페이나 네이버페이가 대표적이다. 통장에서 페이 계좌로 입금하면 페이머니가 발급된다. 이걸로 물건을 사거나 친구에게 밥값을 보내기도 한다. 현금이 필요한 경우 페이머니를 환급 신청하면 은행으로 돈이 들어온다. 자산 기반 스테이블코인 작동방식과 완전히 동일하다.

하지만 한 가지 중요한 차이점이 있다. 카카오페이나 네이버페이의 잔고는 해당 회사의 서버에만 기록되어 있지만, 스테이블코인은 블록체인에 기록되어 있다. 이 차이로 인해 스테이블코인은 훨씬 더 다양한 용도로 활용될 수 있다.

자산 기반 스테이블코인은 알고리즘 기반보다 구조가 단순하고 직접적이기 때문에 가격이 훨씬 더 안정적으로 유지된다. 그렇다면 구체적으로 어떤 원리에 의해 스테이블코인의 가격이 일정하게 유지될 수 있을까?

스테이블코인이 가치를 유지하는 메커니즘

시장 메커니즘을 통한 스테이블코인 가격이 안정적이라고는 하지만 완전히 고정되어 있는 것은 아니다. 스테이블코인도 거래소에서 거래되기 때문에 그 가격은 수요와 공급의 영향을 받는다. 사람들이 스테이블코인을 한 번에 많이 사거나 팔면 목표한 가격에서 조금씩 벗어나기도 한다. 이를 디페깅 de-pegging 이라고 하는데 이러한 문제는 자연스럽게 해결된다.

설명을 돕기 위해 1,000원짜리 가상의 스테이블코인을 만들고 코인 이름을 WON이라고 해보자.

가격이 올라갔을 때의 조정 과정

만약 WON의 인기가 갑자기 많아져서 너도나도 WON을 매수한다면 시장 가격은 올라갈 것이다. 그래서 원래는 1,000원이어야 할 WON 가격이 1,100원이 되었다. WON 가격은 어떻게 1,000원으로 돌아올 수 있을까?

합리적인 시장 참여자라면 1,000원짜리 스테이블코인을 1,100원에 사지 않을 것이다. 대신 쉽게 수익을 얻을 수 있는 방법을 발견하고 행동할 것이다. 거래소에서 비싼 WON을 사는 대신 WON 스테이블코인 발행사에 1,000원을 입금하고 WON 한 개를 받는다. 그리고 거래소에서 1,100원에 판매한다. 1,000원을 입금해서 WON을 발행해 1,100원에 팔았기 때문에 100원의 수익이 난다.

많은 사람이 이 같은 행동을 반복해서 수익을 내면 시장에서 WON이 많이 매도되기 때문에 가격은 자연스럽게 내려간다. 점점 내려가다가 1,000원이 되면 가격 차이로 수익을 낼 수 있는 여지가 없기 때문에 더 이상 내려가지 않게 된다. 이런 과정을 통해 높은 스테이블코인 가격은 낮아지게 된다.

이러한 행위를 차익거래Arbitrage라고 한다. 차익거래자들은 이익을 추구하는 과정에서 자연스럽게 스테이블코인의 가격을 안정시키는 역할을 한다.

가격이 내려갔을 때의 조정 과정

그러면 반대의 경우는 어떨까? WON 가격이 900원이 되었다고 생각해보자. 합리적인 시장 참여자라면 먼저 싸게 거래되는 WON을 거래소에서 구입한다. 그리고 WON을 스테이블코인 발행사에 보내고 원화를 받는다. 시장 가격과 관계없이 WON은 1,000원으로 교환되기 때문에, 결과적으로 900원을 투자해 1,000원을 받게 되고 100원의 수익이 남는다. 사람들은 거래소에서 WON을 계속해서 매수한 뒤 원화로 교환할 것이고, 이 같은 현상은 WON 가격이 1,000원이 될 때까지 계속된다.

이처럼 스테이블코인의 가격 안정은 시장의 '보이지 않는 손'에 의해 자연스럽게 이루어진다. 가격이 목푯값에서 벗어날 때마다 이익을 추구하는 시장 참여자들이 나타나서 가격을 다시 목푯값으로 돌려놓는다.

준비자산의 중요성

이러한 가격 안정 메커니즘이 제대로 작동하기 위해서는 한 가지 전제 조건이 있다. 스테이블코인 발행사가 충분한 준비자산을 보유하고 있어야 한다는 점이다. 준비자산이란 스테이블코인과 교환해줄 수 있는 현금이나 현금성 자산을 말한다.

예를 들어, 1,000억 원 상당의 원화 스테이블코인이 발행되어 있다면, 발행사는 최소한 1,000억 원 상당의 원화나 원화로 쉽게 바꿀 수 있는 자산을 보유하고 있어야 한다. 그래야 사용자들이 언제든지 스테이블코인을 현금으로 교환할 수 있다.

만약 발행사가 충분한 준비자산을 보유하고 있지 않다면 어떻게 될까? 처음에는 문제가 없어 보일 수 있지만, 많은 사용자가 동시에 스테이블코인을 현금으로 바꾸려고 할 때 문제가 생긴다. 발행사가 모든 교환 요청을 처리할 수 없게 되면 사용자들은 불안감을 느끼게 되고, 이는 더 많은 사람이 스테이블코인을 팔려고 하는 악순환으로 이어질 수 있다.

따라서 스테이블코인의 안정성을 위해서는 발행사의 준비자산을 정기적으로 감사하고 공개하는 것이 중요하다. 많은 스테이블코인 발행사들이 매월 또는 매주 회계감사 보고서를 공개하는 이유가 바로 이 때문이다.

유동성과 거래량의 역할

스테이블코인의 가격 안정성은 시장의 유동성과도 밀접한 관련이 있다. 유동성이란 자산을 얼마나 쉽고 빠르게 거래할 수 있는지를 나타내는 개념이다. 유동성이 높으면 대량 거래가 일어나도 가격에 미치는 영향이 적고, 유동성이 낮으면 작은 거래에도 가격이 크게 움직일 수 있다.

원화 스테이블코인이 안정적으로 작동하기 위해서는 충분한 거래량과 다양한 시장 참여자들이 필요하다. 거래량이 많을수록 차익거래 기회가 빠르게 포착되고 해소되기 때문에 가격이 더 안정적으로 유지된다.

또한 다양한 종류의 시장 참여자들이 있는 것도 중요하다. 개인 투자자뿐만 아니라 기관 투자자, 차익거래 전문업체, 마켓 메이커 등이 모두 참여해야 시장이 효율적으로 작동한다. 각각의 참여자들은 서로 다른 목적과 전략을 가지고 있기 때문에, 이들이 모두 참여하면 시장의 균형이 더 잘 유지된다.

위기 상황에서의 대응

스테이블코인의 가격 안정 메커니즘은 대부분의 상황에서 잘 작동하지만, 극단적인 위기 상황에서는 추가적인 대응이 필요할 수 있다. 예를 들어, 금융시장에 큰 충격이 가해져서 모든 사람이 동시에 스테이블코인을 현금으로 바꾸려고 할 때는 일시적으로 가격이 불안정해질 수 있다.

이런 상황에 대비해서 많은 스테이블코인 발행사들은 비상 계획을 준비해두고 있다. 예를 들어, 평상시보다 더 많은 준비자산을 보유하거나, 은행이나 다른 금융기관과 긴급 유동성 공급 협정을 맺어두는 식이다.

또한 규제 당국도 스테이블코인의 안정성을 위해 다양한 규칙을 만들고 있다. 준비자산의 최소 보유 비율을 정하거나, 정기적인 감사를 의무화하거나, 위기 상황에서의 대응 절차를 미리 정해두는 등의 방법을 통해 안정성을 높이려고 하고 있다.

스테이블코인의 가격 안정은 복잡해 보이지만 결국은 경제학의 기본 원리인 수요와 공급, 그리고 차익거래에 기반하고 있다. 이러한 시장 메커니즘이 제대로 작동할 수 있는 환경을 만드는 것이 안정적인 스테이블코인을 위한 핵심이다. 원화 스테이블코인도 이와 같은 원리를 바탕으로 설계되어야 하며, 한국의 금융시장 특성에 맞는 추가적인 안전장치들이 마련되어야 할 것이다.

스마트 콘트랙트와
스테이블코인

　블록체인 기술의 발전과 함께 스마트 콘트랙트Smart Contract라는 혁신적인 개념이 등장했다. 이제 스마트 콘트랙트가 무엇이며, 스테이블코인과 어떤 관계가 있는지 살펴보자.

　비트코인 같은 초창기 블록체인은 거래를 처리하고 그 내역을 기록하는 기초적인 역할을 수행한다. 그런데 이더리움Ethereum에서는 이 개념을 확장해서 거래 내역뿐 아니라 복잡한 프로그램까지 기록하고, 블록체인상에서 실행할 수 있도록 만들었다. 이를 스마트 콘트랙트라고 한다.

　쉽게 비유하자면 스마트 콘트랙트는 블록체인 위에서 돌아가는 컴퓨터 프로그램이다. 또는 자판기에 비유할 수도 있다. 자판기에 버튼이 있듯이 스마트 콘트랙트도 버튼이 있으며, 각 버튼은 특정한 기능을 담당한다. 예를 들어 '전송'이라는 버튼은 코인 전송을 담당하고, '동결' 버튼은 해커와 같은 비정상적인 계정이 코인을 전송하지 못하게 만드는 기능을 담당한다.

자판기에서 버튼을 누른 다음 동전을 넣듯이, 스마트 콘트랙트도 버튼을 누른 뒤 입력값을 넣어야 한다. 입력값은 각 기능이 필요로 하는 데이터이다. 전송 버튼을 눌렀다면 두 가지 데이터를 넣어줘야 한다. 하나는 보낼 주소이고, 다른 하나는 수량이다. 이렇게 버튼을 누르고 동전을 넣었을 때 음료수 캔이 나오듯이, 스마트 콘트랙트도 결과물이 나온다. 전송 기능의 결과는 코인이 전송되는 것이다. 만약 '동결'을 선택한 뒤, 해커 주소를 입력했다면 해커 주소가 동결될 것이다.

스마트 콘트랙트는 다양한 서비스에 적용되면서 급속히 확산되었다. 그중에서 현재 가장 활발하게 쓰이면서도, 스테이블코인과 직접적인 관계가 있는 것은 ERC-20이다. 아마 블록체인을 조금이라도 접해본 사람이라면 익숙한 단어일 것이다.

이는 엄밀히 말하면 스마트 콘트랙트가 아니라 스마트 콘트랙트를 만드는 표준이라고 할 수 있다. 구체적으로 ERC-20은 이더리움 블록체인에서 대체 가능한 토큰을 만드는 표준이다. 여기서 '대체 가능하다'는 말은 모든 토큰이 동일한 가치와 특성을 가진다는 뜻이다. 예를 들어, 1만 원짜리 지폐 두 장은 서로 교환해도 가치가 같듯이, ERC-20 토큰도 같은 종류끼리는 서로 교환해도 차이가 없다. 반대로 모든 토큰이 고유한 특성을 가진 것이 바로 NFT이다.

우리가 알고 있는 대부분의 토큰은 ERC-20을 토대로 추가적인 기능들을 붙여서 만든 것들이다. 이더리움이 아닌 다른 블록체인의 경우에는 유사한 토큰 표준을 따른다. 스테이블코인도 마찬가지이다.

ERC-20과 같은 표준 프로토콜을 따르면 토큰을 쉽게 만들 뿐 아니라 또 다른 장점도 갖는다. 다른 스마트 콘트랙트 서비스와 연동이 매우 쉬워진다는 점이다. 대표적인 영역이 탈중앙화 금융DeFi, Decentralized Finance이다.

스테이블코인의 스마트 콘트랙트 구조

스테이블코인이 작동하는 방식을 이해하기 위해서는 스테이블코인의 스마트 콘트랙트가 어떻게 구성되어 있는지 알아볼 필요가 있다. 스테이블코인의 스마트 콘트랙트는 기본적으로 세 가지 핵심 기능을 포함하고 있다.

첫 번째는 발행Mint 기능이다. 이는 새로운 스테이블코인을 만들어내는 기능으로, 보통 스테이블코인 발행사만이 실행할 수 있도록 제한되어 있다. 사용자가 현금을 입금하면 발행사는 이 기능을 통해 해당 금액만큼의 스테이블코인을 생성해서 사용자에게 전송한다. 마치 은행에서 현금을 입금하면 통장 잔고가 늘어나는 것과 같은 원리다.

두 번째는 소각Burn 기능이다. 이는 발행과 반대로 기존에 있던 스테이블코인을 없애는 기능이다. 사용자가 스테이블코인을 현금으로 바꾸고 싶을 때, 스테이블코인을 발행사에 보내면 발행사는 소각 기능을 통해 해당 스테이블코인을 영구적으로 제거한다. 그리고 소각된 스테이블코인의 가치에 해당하는 현금을 사용자에게 돌려준다.

세 번째는 전송Transfer 기능이다. 이는 스테이블코인을 다른 사람에게 보내는 기능으로, 모든 사용자가 사용할 수 있다. 이 기능을 통해 스테이블코인은 실제 화폐처럼 사람들 사이에서 자유롭게 주고받을 수 있다.

이러한 기본 기능 외에도 스테이블코인의 스마트 콘트랙트에는 여러 보안 기능들이 포함되어 있다. 예를 들어, 특정 주소를 동결시켜 의심스러운 거래를 막는 기능이나, 긴급상황에서 모든 거래를 일시 중단하는 기능 등이 있다. 이런 기능들은 해킹이나 돈세탁과 같은 불법 행위를 방지하기 위해 필요하다.

블록체인이 스테이블코인에 주는 혜택

그렇다면 스테이블코인이 굳이 블록체인을 사용하는 이유는 무엇일까? 앞서 설명한 카카오페이나 네이버페이와 같은 기존 디지털 화폐와 비교해보면 블록체인 기반 스테이블코인만의 독특한 장점들을 발견할 수 있다.

가장 큰 차이점은 개방성이다. 카카오페이를 사용하려면 카카오 계정을 만들어야 하고, 카카오가 정한 규칙에 따라야만 서비스를 이용할 수 있다. 하지만 블록체인 기반 스테이블코인은 누구나 자유롭게 사용할 수 있다. 회원가입도 필요 없고, 특별한 승인 절차도 없다. 스마트폰만 있으면 언제든지 지갑을 만들고 스테이블코인을 받을 수 있다.

두 번째 장점은 상호운용성이다. 이는 다른 서비스들과 쉽게 연결될 수 있다는 뜻이다. 카카오페이로 받은 돈은 카카오가 제공하는 서비스에서만 사용할 수 있다. 하지만 스테이블코인은 ERC-20과 같은 표준을 따르기 때문에 수많은 다른 블록체인 서비스들과 연동될 수 있다. 예를 들어, 스테이블코인을 디파이 서비스에 예치해서 이자를 받거나, NFT를 구매하는 데 사용하거나, 다른 암호화폐와 교환하는 등 다양한 용도로 활용할 수 있다.

세 번째는 투명성이다. 블록체인의 모든 거래는 공개적으로 기록되고 누구나 확인할 수 있다. 물론 개인정보는 보호되지만, 거래의 흐름이나 스테이블코인의 총 발행량 등은 실시간으로 추적 가능하다. 이는 스테이블코인 발행사가 실제로 충분한 자산을 보유하고 있는지, 또는 비정상적인 거래가 일어나고 있지는 않은지 모니터링할 수 있게 해준다.

네 번째는 24시간 운영이다. 일반적인 금융 시스템은 평일 낮 시간에만 운영되고, 주말이나 공휴일에는 서비스가 중단된다. 하지만 블록체인은 365일 24시간 중단 없이 작동한다. 언제든지 스테이블코인을 전송하거나 거래할 수 있다는 뜻이다. 이는 특히 해외 송금이나 긴급한 결제가 필요한 상황에서 매우 유용하다.

다섯 번째는 프로그래밍 가능성이다. 스마트 콘트랙트를 통해 복잡한 조건부 거래나 자동화된 서비스를 구현할 수 있다. 예를 들어, 특정 조건이 만족되면 자동으로 스테이블코인이 전송되도록 프로그래밍하거나, 정기적으로 일정 금액을 적립하는 서비스를 만들 수도 있다.

스테이블코인과 디파이(DeFi) 생태계

스테이블코인이 블록체인 기술과 결합되면서 가장 크게 발전한 영역 중 하나가 바로 탈중앙화 금융, 즉 디파이 분야이다. 디파이는 기존의 은행이나 금융회사 없이도 대출, 예금, 투자 등의 금융 서비스를 제공하는 시스템이다.

스테이블코인은 디파이 생태계에서 매우 중요한 역할을 한다. 비트코인이나 이더리움 같은 암호화폐는 가격 변동이 심해서 안정적인 금융 서비스의 기준이 되기 어렵다. 하지만 스테이블코인은 가격이 안정적이기 때문에 디파이 서비스에서 기준 화폐로 사용되기에 적합하다.

예를 들어, 디파이 대출 서비스에서는 사용자가 암호화폐를 담보로 맡기고 스테이블코인을 빌릴 수 있다. 이때 대출받는 금액이 스테이블코인이기 때문에 갑자기 가치가 변동될 걱정 없이 안정적으로 자금을 조달할 수 있다. 반대로 스테이블코인을 예치해서 이자를 받는 서비스도 있다. 기존 은행 예금과 비슷하지만, 더 높은 이자율을 제공하는 경우가 많다.

스테이블코인은 또한 서로 다른 암호화폐를 교환할 때 매개체 역할을 하기도 한다. 비트코인을 이더리움으로 바꾸고 싶을 때, 직접 교환하는 대신 비트코인을 먼저 스테이블코인으로 바꾼 뒤 다시 이더리움으로 교환하는 방식이 더 효율적일 수 있다. 이는 스테이블코인이 다양한 암호화폐들 사이의 공통 기준 역할을 하기 때문이다.

원화 스테이블코인의 특별함

지금까지 설명한 내용은 주로 달러 기반 스테이블코인에 관한 것이었다. 그렇다면 원화 스테이블코인은 어떤 특별한 의미를 가질까?

원화 스테이블코인의 가장 큰 장점은 한국 사용자들에게 친숙하다는 점이다. 달러 스테이블코인을 사용하려면 환율 변동 위험을 감수해야 한다. 1달러가 1,300원일 때 달러 스테이블코인을 샀는데, 나중에 1달러가 1,200원이 되면 원화 기준으로는 손해를 보게 된다. 하지만 원화 스테이블코인을 사용하면 이런 환율 위험 없이 안정적으로 가치를 보관할 수 있다.

또한 원화 스테이블코인은 국내 금융 시스템과의 연동이 더 쉽다. 달러 스테이블코인을 현금화하려면 복잡한 환전 과정을 거쳐야 하지만, 원화 스테이블코인은 직접 원화로 교환할 수 있다. 이는 사용자 편의성을 크게 높여준다.

기업에도 원화 스테이블코인은 매력적인 옵션이다. 해외 거래를 하는 기업이라면 달러 스테이블코인이 유용하겠지만, 국내 위주로 사업을 하는 기업에는 원화 스테이블코인이 더 실용적이다. 특히 온라인 쇼핑몰이나 게임 회사 등에서 디지털 결제 수단으로 활용할 가능성이 크다.

정부 정책 관점에서도 원화 스테이블코인은 중요한 의미를 갖는다. 한국 정부가 디지털 화폐 정책을 수립할 때, 원화 기반의 안정적인 디지털자산이 있다면 정책 효과를 더 정확하게 예측하고 관리할 수 있다. 또한 원화의 국제적 위상을 높이는 데도 도움이 될 수 있다.

블록체인과 스마트 콘트랙트 기술은 스테이블코인을 단순한 디지털 화폐 이상의 존재로 만들어준다. 투명하고 안전하며 프로그래밍 가능한 화폐로서, 기존 금융 시스템으로는 불가능했던 새로운 서비스들을 가능하게 한다. 원화 스테이블코인이 이런 기술적 혁신과 만나면, 한국의 디지털 경제 발전에 중요한 역할을 할 것으로 기대된다.

핵심 인프라: 지갑, 거래소, 그리고 현금화 서비스(On/Off Ramps)

원화 스테이블코인이 제대로 작동하기 위해서는 사용자들이 쉽고 안전하게 코인을 보관하고, 거래하고, 현금으로 바꿀 수 있는 인프라가 필요하다. 이러한 인프라는 크게 세 가지로 나눌 수 있다. 첫째는 스테이블코인을 보관하는 지갑, 둘째는 스테이블코인을 거래할 수 있는 거래소, 셋째는 스테이블코인과 현금을 서로 바꿀 수 있게 해주는 현금화 서비스다.

이 세 가지 인프라는 서로 독립적이면서도 긴밀하게 연결되어 있어, 전체 스테이블코인 생태계의 핵심을 이룬다. 각각이 어떤 역할을 하는지, 그리고 어떤 특징을 가지고 있는지 자세히 알아보자.

디지털 지갑: 스테이블코인의 보관소

지갑의 기본 개념

블록체인에서 지갑이란 스테이블코인을 비롯한 디지털자산을 보관하는 도구를 말한다. 하지만 실제로는 코인이 지갑 안에 들어 있는 것이 아니다. 모든 코인은 블록체인 네트워크에 기록되어 있고, 지갑은 단지 그 코인에 접근할 수 있는 열쇠 역할을 할 뿐이다.

이를 이해하기 위해 은행 계좌에 비유해보자. 우리가 은행에 돈을 맡겨도 실제 현금이 개인 금고에 따로 보관되는 것은 아니다. 은행의 전체 자금 중에서 내 몫이 얼마인지만 장부에 기록되어 있을 뿐이다. 마찬가지로 블록체인에서도 각 주소가 얼마의 코인을 소유하고 있는지만 기록되어 있고, 지갑은 특정 주소에 접근할 수 있는 권한을 제공하는 역할을 한다.

지갑을 사용하기 위해서는 두 가지 중요한 개념을 알아야 한다. 하나는 지갑 주소이고, 다른 하나는 개인키다. 지갑 주소는 은행 계좌번호와 같은 역할을 한다. 다른 사람이 나에게 스테이블코인을 보내려면 내 지갑 주소를 알아야 한다. 지갑 주소는 공개해도 안전하다.

반면 개인키는 비밀번호와 같은 역할을 한다. 개인키를 알고 있으면 해당 지갑의 모든 코인을 자유롭게 사용할 수 있기 때문에 절대로 다른 사람에게 알려주면 안 된다. 개인키의 중요성은 아무리 강조해도 지나치지 않는다.

지갑의 종류

블록체인 지갑은 크게 두 가지 방식으로 분류할 수 있다. 첫 번째 분류 기준은 인터넷 연결 여부에 따른 것이다. 핫월렛Hot Wallet은 인터넷에 연결된 지갑이고, 콜드월렛Cold Wallet은 인터넷에 연결되지 않은 지갑이다.

핫월렛은 사용하기 편리하다는 장점이 있다. 스마트폰 앱이나 웹 브라우저를 통해 언제든지 쉽게 접근할 수 있고, 거래도 빠르게 처리할 수 있다. 하지만 인터넷에 연결되어 있기 때문에 해킹 위험이 상대적으로 높다.

반면 콜드월렛은 보안성이 뛰어나다. 인터넷에 연결되지 않기 때문에 온라인 해킹 공격을 받을 가능성이 거의 없다. 하지만 사용할 때마다 별도의 절차를 거쳐야 하므로 불편할 수 있다. 많은 사용자가 일상적인 거래에는 핫월렛을, 장기 보관에는 콜드월렛을 사용하는 이중 전략을 채택한다.

두 번째 분류 기준은 개인키를 누가 관리하느냐에 따른 것이다. 개인키를 사용자가 직접 관리하는 지갑을 비수탁형 지갑Non-custodial Wallet이라고 하고, 서비스 제공업체가 대신 관리해주는 지갑을 수탁형 지갑Custodial Wallet이라고 한다.

비수탁형 지갑의 가장 큰 장점은 완전한 자율성이다. 사용자가 개인키를 직접 보관하기 때문에 제3자의 간섭 없이 자유롭게 자산을 관리할 수 있다. 또한 서비스 업체가 문제가 생기거나 서비스를 중단해도 자산에는 영향이 없다. 하지만 개인키를 잃어버리면 자산을 영구적으로 잃을 수도 있다는 위험이 있다.

수탁형 지갑은 사용하기 쉽다는 장점이 있다. 비밀번호를 잊어버려도 재설정할 수 있고, 복잡한 개인키 관리도 신경 쓸 필요가 없다. 기존의 온라인 뱅킹이나 모바일 결제 서비스와 비슷한 사용자 경험을 제공한다. 하지만 서비스 업체를 신뢰해야 한다는 부담이 있고, 업체에 문제가 생기면 자산에도 영향을 받을 수 있다.

원화 스테이블코인 지갑이 갖춰야 할 것들

원화 스테이블코인이 널리 사용되기 위해서는 일반 사용자들이 쉽게 사용할 수 있는 지갑이 필요하다. 특히 한국 사용자들의 특성을 고려한 기능들이 중요하다.

가장 중요한 요구사항은 사용 편의성이다. 대부분의 한국 사용자들은 블록체인이나 암호화폐에 대한 전문 지식이 없기 때문에, 복잡한 기술적 내용을 몰라도 직관적으로 사용할 수 있어야 한다. 예를 들어, 지갑 주소를 직접 입력하는 대신 QR코드를 스캔하거나 전화번호로 송금할 수 있는 기능이 있으면 좋다.

두 번째로는 한국어 지원과 한국 문화에 맞는 사용자 인터페이스가 필요하다. 단순히 언어를 번역하는 것을 넘어서 한국 사용자들에게 익숙한 디자인과 기능을 제공해야 한다. 예를 들어, 한국에서 널리 사용되는 모바일 결제 앱들과 비슷한 인터페이스를 갖추면 사용자들이 더 쉽게 적응할 수 있다.

세 번째는 보안성이다. 한국 사용자들은 일반적으로 보안에 민감하기 때문에, 다양한 보안 기능을 제공해야 한다. 생체 인증, 2단계 인증, 거래 한도 설정 등의 기능이 포함되어야 한다. 또한 만약 지갑이나 스마트폰을 분실했을 때 자산을 복구할 수 있는 방법도 제공해야 한다.

네 번째는 다른 서비스와의 연동성이다. 원화 스테이블코인 지갑이 기존의 금융 서비스나 온라인 쇼핑몰 등과 연동될 수 있어야 실용성이 높아진다. 예를 들어, 온라인 쇼핑을 할 때 지갑에서 직접 결제할 수 있거나, 친구들과 돈을 나누어 내는 더치페이 기능 등이 있으면 유용할 것이다.

거래소: 스테이블코인이 거래되는 시장

거래소의 역할

암호화폐 거래소는 스테이블코인을 비롯한 다양한 디지털자산이 거래되는 플랫폼이다. 주식 시장에서 주식을 사고파는 것처럼, 거래소에서는 사용자들이 스테이블코인을 사고팔 수 있다. 거래소는 단순히 거래 장소를 제공하는 것을 넘어서 전체 스테이블코인 생태계에서 핵심적인 역할을 수행한다.

거래소의 주요 역할은 크게 네 가지로 나눌 수 있다. 첫째는 매칭 서비스다. 스테이블코인을 사고 싶은 사람과 팔고 싶은 사람을 연결해주는 역할이다. 거래소는 사용자들이 제시한 매수 주문과 매도 주문을 자동으로 매칭시켜 거래가 성사되도록 한다. 이 과정에서 가격 발견 기능도 수행한다. 수많은 사용자의 거래를 통해 스테이블코인의 실시간 시장 가격이 결정된다.

둘째는 유동성 제공이다. 유동성이란 자산을 얼마나 쉽고 빠르게 현금으로 바꿀 수 있는지를 나타내는 개념이다. 거래소에 많은 사용자가 참여할수록 언제든지 스테이블코인을 사거나 팔 수 있게 되어 유동성이 높아진다. 유동성이 높으면 큰 금액을 거래해도 가격에 미치는 영향이 적어져서 시장이 안정적으로 유지된다.

셋째는 보관 서비스다. 많은 거래소가 사용자들의 자산을 대신 보관해주는 서비스를 제공한다. 사용자들은 개인키 관리에 대한 부담 없이 거래소에 자산을 맡겨두고 필요할 때마다 거래할 수 있다. 하지만 이는 거래소를 신뢰해야 한다는 위험을 수반한다.

넷째는 다양한 부가 서비스 제공이다. 기본적인 거래 기능 외에도 스테이킹, 대출, 예금 등의 금융 서비스를 제공하는 거래소들이 늘어나고 있다. 특히 스테이블코인의 경우 예금 서비스를 통해 안정적인 수익을 얻을 수 있는 상품들이 인기를 끌고 있다.

중앙화 거래소와 탈중앙화 거래소

암호화폐 거래소는 운영 방식에 따라 중앙화 거래소CEX, Centralized Exchange와 탈중앙화 거래소DEX, Decentralized Exchange로 나뉜다. 두 종류의 거래소는 각각 고유한 장단점을 가지고 있으며, 사용자의 필요에 따라 선택할 수 있다.

중앙화 거래소는 전통적인 증권 거래소와 비슷한 구조를 가지고 있다. 거래소 회사가 플랫폼을 운영하고, 사용자들은 이 회사에 자산을 맡긴 뒤 거래한다. 대표적인 예로는 바이낸스, 코인베이스, 업비트 등이 있다.

중앙화 거래소의 장점은 사용하기 쉽다는 것이다. 일반적인 웹사이트나 모바일 앱과 비슷한 인터페이스를 제공하기 때문에 초보자도 쉽게 사용할 수 있다. 또한 거래 속도가 빠르고, 고객 지원 서비스도 제공된다. 법정화폐와의 연결도 쉬워서 원화로 직접 스테이블코인을 사거나 팔 수 있다.

하지만 중앙화 거래소는 중앙화된 구조로 인한 위험도 가지고 있다. 거래소가 해킹당하거나 파산하면 사용자 자산에 피해가 발생할 수 있다. 또한 거래소의 정책에 따라 계정이 동결되거나 거래가 제한될 수도 있다. 이러한 위험은 거래소 선택 시 신중히 고려해야 할 사항이다.

반면 탈중앙화 거래소는 스마트 콘트랙트를 기반으로 운영된다. 중앙에서 통제하는 주체가 없고, 모든 거래가 블록체인상에서 자동으로 처리된다. 대표적인 예로는 유니스왑Uniswap, 스시스왑, 팬케이크 스왑 등이 있다.

탈중앙화 거래소의 가장 큰 장점은 자율성이다. 사용자들이 개인키를 직접 관리하기 때문에 제3자의 간섭 없이 자유롭게 거래할 수 있다. 또한 24시간 운영되며, 거래소가 문을 닫을 위험도 없다. 누구나 허가 없이 새로운 토큰을 상장할 수 있어서 혁신적인 프로젝트들이 빠르게 시장에 진입할 수 있다.

하지만 탈중앙화 거래소는 사용하기 어렵다는 단점이 있다. 블록체인과 스마트 콘트랙트에 대한 기본 지식이 필요하고, 실수로 잘못된 거래를 하면 되돌릴 수 없다. 또한 거래 수수료가 높을 수 있고, 법정화폐와의 연결이 어렵다.

이러한 특성 때문에 많은 사용자가 상황에 따라 두 종류의 거래소를 모두 활용하고 있다.

원화 스테이블코인 거래소의 특징

원화 스테이블코인이 성공하려면 한국 사용자들에게 적합한 거래소 환경을 제공해야 한다. 가장 중요한 것은 한국의 금융 규제를 준수하는 것이다. 한국 정부는 암호화폐 거래소에 대해 엄격한 규제를 적용하고 있으며, 특히 자금세탁방지AML, Anti-Money Laundering와 고객 신원 확인에 대한 요구사항이 까다롭다.

두 번째로는 원화와의 직접적인 연결이다. 사용자들이 은행 계좌에서 직접 원화를 입금해서 스테이블코인을 살 수 있고, 반대로 스테이블코인을 팔아서 원화를 은행 계좌로 출금할 수 있어야 한다. 이를 위해서는 은행과의 협력이 필수적이다.

세 번째는 다양한 거래 쌍의 제공이다. 원화 스테이블코인과 다른 암호화폐 간의 거래뿐만 아니라, 원화 스테이블코인과 달러 스테이블코인 간의 거래도 활발해야 한다. 이를 통해 사용자들이 환율 위험을 관리하고 다양한 투자 전략을 구사할 수 있다.

네 번째는 기관 투자자들을 위한 서비스다. 개인 투자자뿐만 아니라 기업이나 금융기관들도 원화 스테이블코인을 활용할 수 있도록 대량 거래 서비스, 전용 API, 보관 서비스 등을 제공해야 한다.

현금화 서비스: 디지털과 현실의 연결점

현금화 서비스의 정의와 중요성

현금화 서비스, 또는 온오프 램프On/Off Ramps는 법정화폐와 암호화폐 사이의 교환을 가능하게 해주는 서비스다. '온램프On-ramp'는 법정화폐로 암호화폐를 구매하는 서비스를 의미하고, '오프램프 Off-ramp'는 암호화폐를 법정화폐로 판매하는 서비스를 의미한다. 이 서비스는 디지털자산과 전통적인 금융 시스템을 연결하는 중요한 다리 역할을 한다.

현금화 서비스는 스테이블코인 생태계에서 매우 중요한 역할을 한다. 아무리 훌륭한 스테이블코인이 있어도 사용자들이 쉽게 현금으로 바꿀 수 없다면 실용성이 떨어진다. 반대로 현금화 서비스가 잘 구축되어 있으면 사용자들이 안심하고 스테이블코인을 사용할 수 있다.

원화 스테이블코인의 경우 현금화 서비스가 특히 중요하다. 달러 스테이블코인과 달리 원화 스테이블코인은 주로 한국 내에서 사용될 것으로 예상되는데, 이때 원화와의 원활한 교환이 필수적이다. 사용자들이 언제든지 스테이블코인을 원화로 바꿀 수 있다는 확신이 있어야 스테이블코인에 대한 신뢰가 생긴다.

현금화 서비스의 종류

현금화 서비스는 제공 방식에 따라 여러 종류로 나눌 수 있다. 각각의 방식은 고유한 특징과 장단점을 가지고 있으며, 사용자의 필요에 따라 선택할 수 있다.

첫 번째는 거래소 연동형이다. 앞서 설명한 암호화폐 거래소에서 제공하는 서비스로, 사용자들이 거래소 계정을 통해 원화 입출금을 할 수 있다. 이는 가장 일반적인 형태의 현금화 서비스다. 거래소가 이미 갖춘 인프라를 활용하기 때문에 안정적이고 신뢰할 수 있다는 장점이 있다.

두 번째는 독립형 서비스다. 거래소와는 별도로 운영되는 전문 현금화 서비스 업체들이 제공하는 서비스다. 이런 업체들은 보통 더 빠른 처리 속도나 더 좋은 환율을 제공하는 것을 장점으로 내세운다. 특화된 서비스를 제공하기 때문에 특정 상황에서는 거래소보다 더 유용할 수 있다.

세 번째는 개인 간 거래P2P 방식이다. 중앙화된 서비스 업체를 거치지 않고 개인들끼리 직접 스테이블코인과 현금을 교환하는 방식이다. 이 경우 플랫폼은 단순히 거래 상대방을 찾아주고 안전한 거래를 보장하는 역할만 한다. 수수료가 낮고 프라이버시가 보장된다는 장점이 있지만, 거래 상대방을 신뢰해야 한다는 위험이 있다.

네 번째는 자동 입출금기ATM 방식이다. 실제 현금 자동 입출금기를 통해 스테이블코인을 현금으로 바꾸거나 그 반대를 할 수 있는 서비스다. 아직 널리 보급되지는 않았지만, 사용 편의성 측면에서 큰 잠재력을 가지고 있다. 특히 스마트폰이나 인터넷 사용에 익숙하지 않은 사용자들에게 유용할 수 있다.

현금화 서비스의 기술적 요구사항

효과적인 현금화 서비스를 제공하기 위해서는 여러 기술적 요구사항을 충족해야 한다. 이러한 요구사항들은 서비스의 안정성과 신뢰성을 보장하는 데 필수적이다.

첫 번째는 빠른 처리 속도다. 사용자들은 스테이블코인을 현금으로 바꾸거나 그 반대의 과정이 빠르게 처리되기를 원한다. 이를 위해서는 효율적인 시스템 아키텍처와 은행과의 실시간 연동이 필요하다. 특히 한국에서는 24시간 즉시 이체 서비스에 익숙한 사용자들의 기대 수준이 높다.

두 번째는 보안성이다. 현금화 과정에서는 개인의 금융 정보와 암호화폐가 모두 다뤄지기 때문에 보안이 매우 중요하다. 강력한 암호화, 다단계 인증, 이상 거래 탐지 시스템 등이 필요하다. 또한 정기적인 보안 감사와 침투 테스트를 통해 시스템의 안전성을 지속적으로 점검해야 한다.

세 번째는 규제 준수 기능이다. 자금세탁방지, 고객 신원 확인, 의심스러운 거래 신고 등 각종 금융 규제를 자동으로 처리할 수 있는 시스템이 필요하다. 특히 한국의 경우 실명 확인이 매우 중요하므로 이를 효과적으로 처리할 수 있어야 한다.

네 번째는 확장성이다. 원화 스테이블코인이 널리 사용되면 현금화 서비스에 대한 수요도 급증할 것이다. 이때 시스템이 마비되지 않고 안정적으로 서비스를 제공할 수 있어야 한다. 클라우드 기반 인프라와 자동 확장 기능을 활용하면 급증하는 수요에 효과적으로 대응할 수 있다.

한국 시장의 특수성

한국에서 원화 스테이블코인 현금화 서비스를 제공할 때는 몇 가지 특수한 요소들을 고려해야 한다. 이러한 요소들은 한국의 독특한 금융 환경과 규제 체계에서 비롯된다.

첫 번째는 엄격한 금융 규제다. 한국 정부는 암호화폐 관련 서비스에 대해 까다로운 규제를 적용하고 있으며, 특히 은행과의 협력에 대해서는 더욱 신중한 접근이 필요하다. 현금화 서비스 제공업체는 이러한 규제를 충분히 이해하고 준수해야 한다.

두 번째는 실명 확인 제도다. 한국에서는 암호화폐 거래 시 실명 확인된 계좌를 사용해야 한다. 이는 현금화 서비스 설계에 큰 영향을 미치는 요소다. 사용자의 편의성을 해치지 않으면서도 규제 요구사항을 만족시킬 수 있는 균형점을 찾아야 한다.

세 번째는 24시간 서비스에 대한 기대다. 한국 사용자들은 모바일 뱅킹이나 간편결제 서비스에 익숙해져 있어서, 언제든지 즉시 거래가 처리되기를 기대한다. 하지만 기존 은행 시스템의 운영 시간 제약으로 인해 이를 완전히 만족시키기는 어려운 상황이다. 이러한 격차를 줄이기 위한 창의적인 해결책이 필요하다.

네 번째는 수수료에 대한 민감성이다. 한국 사용자들은 일반적으로 금융 서비스 수수료에 민감하므로, 경쟁력 있는 수수료 구조를 제공해야 한다. 동시에 서비스의 지속 가능성을 위한 적정 수익도 확보해야 하는 균형이 필요하다.

인프라 통합의 미래

지갑, 거래소, 현금화 서비스는 각각 독립적으로 발전해왔지만, 사용자 편의성을 높이기 위해서는 이들 서비스가 유기적으로 연결되어야 한다. 미래의 원화 스테이블코인 생태계에서는 하나의 앱에서 모든 기능을 사용할 수 있는 통합 서비스가 등장할 것으로 예상된다.

예를 들어, 사용자가 스마트폰 하나로 원화를 입금해서 스테이블코인을 구매하고, 이를 안전하게 보관하며, 필요할 때 다른 암호화폐와 교환하거나 다시 원화로 환전할 수 있는 원스톱 서비스가 가능해질 것이다.

또한 AI와 빅데이터 기술을 활용해서 사용자의 거래 패턴을 분석하고 맞춤형 서비스를 제공하는 것도 가능해질 것이다. 예를 들어, 사용자의 거래 습관을 학습해서 최적의 거래 시점을 추천하거나, 보안 위험을 사전에 감지해서 경고하는 기능 등이 구현될 수 있다.

더 나아가 원화 스테이블코인 인프라는 다른 금융 서비스와도 연결될 것이다. 예를 들어, 스테이블코인을 담보로 대출을 받거나, 정기 예금 상품에 가입하거나, 보험료를 납부하는 등 전통적인 금융 서비스와의 경계가 모호해질 것이다.

이러한 인프라의 발전은 원화 스테이블코인이 단순한 투자 도구를 넘어서 일상생활에서 널리 사용되는 결제 수단으로 자리 잡는 데 중요한 역할을 할 것이다. 사용자들이 복잡한 기술을 몰라도 쉽고 안전하게 스테이블코인을 사용할 수 있게 되면, 디지털 경제의 새로운 시대가 열릴 것으로 기대된다.

결론적으로, 원화 스테이블코인의 성공은 기술적 우수성뿐만 아니라 사용자 친화적인 인프라 구축에 달려 있다. 지갑, 거래소, 현금화 서비스라는 세 가지 핵심 인프라가 각자의 역할을 충실히 수행하면서도 서로 유기적으로 연결될 때, 진정한 의미의 디지털 금융 혁신이 실현될 수 있을 것이다.

더 알아보기

최초의 스테이블코인

블록체인 기술로 만든 최초의 디지털 돈은 비트코인이다. 2008년 10월 31일 사토시 나카모토가 쓴 9페이지 논문을 근거로 이듬해 2009년 1월 3일 최초의 비트코인이 탄생했다. 초기 비트코인은 1달러에 몇만 개, 몇십 만 개를 묶어서 거래했다. 그만큼 저렴했다. 우리 돈으로 1~2원도 안 됐던 것이다. 2011년 비트코인은 갑자기 몇백 달러로 값이 올랐고, 2013년에는 1,100달러를 넘어섰다.

이후에도 비트코인 가격은 급등락을 거듭했는데, 블록체인 기술로 디지털 돈을 만든다는 것이 가능하다는 것을 확인한 순간 일단의 기술자들은 재미있는 생각을 하기 시작했다. 블록체인 기술을 이용하되 가격을 일정하게 유지하는 돈을 만들자는 것이었다.

그리고 2014년 7월 댄 라리머(Daniel Larimer)는 비트USD(BitUSD)라는 코인을 제안한다. 비트쉐어즈(BitShares)라는 블록체인에서 만든 스테이블코인으로, 해당 코인의 가치를 유지하는 담보는 다름 아닌 암호화폐 그 자체였다. 변동성이 큰 암호화폐들을 담보로 했으니 스테이블할 수가 없었던 것이다.

코인 한 개는 1달러와 같다는 의미에 딱 맞는 최초의 스테이블코인은 테더(Tether)다. 2014년 6월에 처음 등장했다. 테더는 "달러를 담보로 잡고 발행한다"고 광고함으로써 스테이블코인 앞자리를 차지했다. 그러나 테더가 정말 발행량에 비례해서 달러 자산을 가지고 있는지 계속해서 논란이 되었고, 이러한 의심은 여전히 약간은 남아 있는 상태이다.

윤민섭

디지털소비자연구원 이사, 숭실대학교 금융학부 겸임교수

금융법을 전공한 법학박사로서, 현재는 디지털자산 및 AI 등 디지털 금융 산업에 대한 법률적 연구를 하고 있다. 현재 국무총리실 산하 소비자정책위원회 금융 분야 전문위원으로도 활동하고 있고, 혁신금융위원회 심사위원, 금융발전심의위원회 위원, 금융산업경쟁도 평가위원회 평가위원 등을 역임한 바 있다.

2장
글로벌 법과 제도, 그리고 한국

··· 들어가며 ···

우리나라에서 암호화폐는 공식적으로 '가상자산'이다. 관련 법에도 모두 가상자산이 붙어 있다. 더불어민주당 민병덕 의원은 우리말 '가상'과 영어 'Virtual'이 주는 느낌이 너무 다르다며 '디지털자산'을 쓰자고 제안했다. 민 의원이 만든 법도 '디지털자산기본법'이다. 우리나라는 코인이 주는 부정적 이미지를 극복하는 데 애를 먹고 있다. 단어 하나까지도 신경 써서 법을 만들어야 할 판이다. 이번 장에서 디지털자산과 스테이블코인 제도가 어떻게 바뀌어 왔는지 살펴보자.

디지털자산에 대한
규제 환경의 국제적 변화

전 세계가 디지털자산에 대한 규제를 만들어가고 있는 단계인데, 이미 일본, 홍콩, 아랍에미레이트UAE, 유럽연합EU, 미국 등은 관련 법률을 제정 및 시행하면서 디지털자산을 전략적 산업으로 육성하려고 하고 있다. 먼저 디지털자산 규제에 있어 세계적 표준이 될 것으로 예상되는 미국과 EU의 규제를 중심으로 살펴보자.

미국의 변화

미국은 트럼프 대통령이 당선되면서 디지털자산을 전략 무기화하려는 움직임을 보이고 있다. 그 결과 중 하나로 미국은 2025년 7월 17일 하원에서 디지털자산에 관한 세 개의 법률인 ① '지니어스법GENIUS Act, Guiding and Establishing National Innovation for U.S. Stablecoins Act', ② '클래리티법Clarity Act', ③ '중앙은행 디지털 화폐 감시 방지법Anti-CBDC Act'을 통과시켰다. 각 법률의 핵심적인 목적은 다음과 같다.

지니어스법: 스테이블코인의 법률적 지위, 발행인 및 유통 과정에 관한 규제 등을 명확히 하여, 세계 디지털자산시장 및 실물 시장에서의 달러 스테이블코인의 영향력을 유지 및 확대하고, 전 세계의 통화 패권에서 달러화의 지위를 공고히 하는 것을 목적으로 하고 있다.

클래리티법: 디지털자산을 '증권형'과 '상품형'으로 구분하고, 각 유형에 따라 증권형은 미국 증권거래위원회SEC가, 상품형은 미국 상품선물거래위원회CFTC가 감독하도록 하며, 미국 내 디지털자산 산업이 보다 활성화될 수 있도록 하는 것을 목적으로 하고 있다.

중앙은행 디지털 화폐 감시 방지법: 미국 연방준비제도인 Fed가 중앙은행형 디지털 화폐인 CBDC를 발행하거나 유통하는 것을 전면 금지하고, 이를 위한 테스트, 연구 및 개발 등도 전면 차단하는 것을 내용으로 하고 있으며 Fed가 CBDC를 통해 국민의 금융 정보를 감시하여 빅브라더가 되는 것을 방지하기 위한 것이라는 목적을 내세우고 있다.

세 개 법률 중 '지니어스법'은 미국 트럼프 대통령이 2025년 7월 18일에 서명하여 즉시 효력이 발생하였는데, 실제 시행은 발효 후 18개월 또는 최종규칙 제정 후 120일 이내 중 빠른 날에 시행된다. 따라서 '지니어스법'은 빠르면 2025년 연말, 늦으면 2027년 1월에는 시행될 것이다.

사실 미국은 위와 같은 세 개 법률이 없어도 이미 수많은 디지털자산이 발행 및 유통되고 있으며, 달러 스테이블코인의 경우 전 세계 유통량의 90% 이상을 차지하고 있다. 그러나 '지니어스법' 등이 시행되면 디지털자산시장에서의 세계 최강국 즉, G1의 지위는 더욱 공고히 될 것이다.

EU의 'MiCA' 시행

EU는 디지털자산에 대한 규제 체계를 마련하고자 하는 논의를 2019년 유럽연합집행위원회EC에서 디지털 금융의 한 축으로 시작하였고, 그 과정에서 2020년 9월에는 "디지털 금융 패키지 Digital Finance Package" 일부로 'MiCA Markets in Crypto-Assets'의 초안을 발표하였다. 'MiCA'는 2023년 4월 유럽의회 본회의에서 찬성 517표, 반대 38표로 최종 통과하였고, 2023년 5월 EU 이사회에서 최종 승인 및 관보 게재됨으로서 공식 입법화되었다. 'MiCA'는 유럽의회를 통과한 법률로서 각 회원국에 바로 적용된다. 'MiCA'의 시행 규정에 따라 2024년 6월 30일 자로 스테이블코인에 관한 규제가 시행되었고, 스테이블코인 이외의 디지털자산에 대해서는 2024년 12월 30일 자로 시행되었다.

'MiCA'는 스테이블코인을 자산준거토큰ART, Asset-Referenced Tokens 과 전자화폐토큰EMT, E-Money Tokens으로 유형을 구분하고 있는데, 이는 '스테이블코인이 EU의 지급 결제망에 직접 적용될 수 있는가'에 차이가 있다고 할 수 있다. 즉, 자산준거토큰을 다른 디지털자산과 유사하게 자산적 형태로 보고, 자산준거토큰을 지급 결제용으로 활용하려는 경우 매매 등의 방식으로 유로화로 전환되는 과정이 필요하다. 반면, 전자화폐토큰의 경우 EU의 전자화폐지침인 E-Money DirectiveEMD2의 적용을 받기 때문에 별도의 중간 과정 없이 지급 결제 방식으로 인정받는다.

EU가 스테이블코인을 허용하고, 이를 두 가지로 구분한 목적은 유럽의회경제통화위원회Committee on Economic and Monetary Affairs가 2025년 6월에 발간한 〈Stablecoins and digital euro: friends or foes of European monetary policy?〉라는 보고서를 통해서 보다 명확히 알 수 있다. 해당 보고서에서는 달러 기반 스테이블코인은 유로존의 통화 주권 및 통화정책에 위협적인 존재이기 때문에 유로 기반 스테이블코인을 통해서 대응하여야 한다고 하고 있다. 즉, 'MiCA'의 제정 목적이 EU 내 디지털 금융 산업에 대한 규제 통일화를 통한 진흥 및 육성도 있지만, 달러 스테이블코인에 대한 대응이라는 점을 인정하는 것이다.

항목	지니어스법	MiCA
법 제정 시기	2025년 7월 18일 발효	2023년 6월 제정, 2024년 시행
적용 대상	미국 내 결제형 스테이블코인	EU 내 자산준거토큰(ART) 및 전자화폐토큰(EMT)
발행 자격 요건	은행 자회사 또는 비은행 금융기관(조건부 승인)	EU 인가
비은행 발행인 허용 여부	허용 (단, 준비금·지배구조 요건 충족 시)	허용 (단, 자본금 및 승인 요건 충족 시)
준비금 요건	1:1 준비금, 현금, 국채 등 안전 자산 한정	1:1 준비금, 고유계정과 분리, 감사공시 의무
환불권	명시적 환불 의무: 즉시 현금환급 가능	소비자에 대한 환불권(Legal Claim) 의무 부과
감독기관	연준, OCC, FDIC, FinCEN, CFPB 등	EBA(은행감독청), ESMA(증권시장청), 각국 감독기관
소비자 보호	지배구조, 자금세탁방지, 사용자보호조항 포함	계약 투명성, 광고규제, 시장남용 방지 규정 포함
발행 한도	시스템적 리스크 판단 시 연준 개입 가능	유로화 연동 EMT의 경우 일일 거래한도 설정 가능
패스포팅(역내 영업)	별도 주(State) 기준 필요	EU 전역 패스포팅 가능 (단일 인허가로 전역 유통)
기타 특징	머신 간 결제(M2M), 프로그래머블 기능 허용	발행인·서비스 제공자에 대한 공시 및 회계 의무

〈'지니어스법'과 'MiCA'의 주요 내용 비교〉

한국의 디지털자산에 대한 규제 현황

2018년에 머물러 있는 한국

앞서 살펴본 바와 같이 디지털자산에 대한 국제적 규제가 빠르게 변화하고 있지만, 한국은 아직도 2018년 1월에 발생한 이른바 '박상기의 난'에 머물러 있다. 2017년 한국은 디지털자산에 대한 투자 붐이 불면서 글로벌 시세보다 30~50% 높은 '김치 프리미엄' 현상이 빈번히 나타났으며, 일부 코인은 50% 이상 차이가 발생하는 과열 상황이었다. 이에 정부는 디지털자산시장에 대한 규제를 강화하겠다고 나섰고, 그 와중에 2018년 1월 박상기 당시 법무부 장관은 공식 석상에서 "정부안으로 가상화폐거래소를 통한 거래를 금지하는 법안을 준비하고 있다"며 "거래소 폐지까지도 목표로 하고 있다"는 강경 발언을 했다. 박 장관의 발표로 암호화폐 시세가 급락했다. 국내 가격뿐 아니라 해외에서 거래되는 코인 가격도 급락했다. 우리나라 코인 투자 열기가 글로벌 시장에도 영향을 준 대사건이었다.

    당시 정부가 내놓은 대책은 한국 내 디지털자산 발행ICO의 전면 금지, 금융기관의 디지털자산 직·간접 보유 금지, 디지털자산 사업자에 대한 대출 금지 등이었다. 이러한 규제는 법률상 명확한 근거가 없음에도 불구하고 금융위를 포함한 정부 부처가 합동으로 만들어낸 규제로서 국제적으로 규제 환경이 변화하고 있는 현재까지 이어지고 있다. 해당 규제로 인하여 한국의 블록체인 사업자들이 우수한 기술력 및 창의력을 가지고도 한국 내에서는 ICO를 하지 못하여 글로벌 메인넷 중에는 한국에서 만들어낸 것이 하나도 없는 실정이다. 또한 미국 등 해외에서 비트코인 현물 ETF 등 디지털자산에 대한 간접투자가 활성화되어, 새로운 자산 형성의 기회로 자리매김하고 있음에도 불구하고, 금융위 등은 국제적 규제환경이 변화하고 있었음에도 불구하고, 2018년도 규제에 근거한 유권해석을 내놓아서 한국에서는 디지털자산 현물 ETF의 판매는 물론 중개도 불법으로 취급받고 있다.

    또한 코인베이스, 바이낸스, 크라켄, 로빈후드 등 해외 디지털자산 거래소는 세계 각국으로 진출하여 글로벌 시장에서 경쟁하며 성장하고 있지만, 한국의 디지털자산 사업자는 해외 송금 제한이라는 그림자 규제로 해외 진출이 제한되어 좁은 한국이란 작은 시장에서만 머무르고 있다. 이로 인해 한국 디지털자산 산업의 국제적 경쟁력은 없어지고 있다.

2022년 제20대 대통령으로 선출된 윤석열 정부는 '디지털자산기본법 제정', '국내 코인 ICO 허용' 등을 국정과제 35로 선정하였으나, 하나도 이루어진 것이 없었고, 한국의 디지털자산 산업 규제 상황은 2018년에 머물러 있게 되었다.

'특정금융정보법'과 '가상자산이용자보호법'의 한계

'박상기의 난' 이후 우리나라 암호화폐 시장은 암흑기에서 벗어나지 못하다가 2021년에 가서야 제도적 변화를 맞이한다. 2021년 '특정 금융거래정보의 보고 및 이용 등에 관한 법률(특정금융정보법)' 개정으로 디지털자산에 대한 정의 등이 신설되어, 드디어 한국에서도 디지털자산업이 정상적으로 인정받는 거라는 기대가 있었다.

그러나 '특정금융정보법'은 자금세탁 등을 방지하기 위한 법률로서 디지털자산업자에게 자금세탁방지의무 등을 부여하고, 신고제도를 도입하여 디지털자산업자의 신규 진입을 차단하기 위한 목적으로 개정되었다고 할 수 있다. 실제로 '특정금융정보법'은 디지털자산 사업자의 유형을 매매(교환 포함), 중개, 보관, 수탁형 지갑 관리 등 네 가지로만 분류하였는데, 디지털자산의 이전에 관여하는 자에게 자금세탁방지의무를 부여하기 위한 목적이었기 때문이다.

이후 2023년 6월 '가상자산 이용자 보호 등에 관한 법률(가상자산이용자보호법)'이 제정되고, 2024년 6월 시행되었는데, 이 법에서도 '특정금융정보법'상 사업자의 유형을 그대로 복사하였다. '가상자산이용자보호법'이 디지털자산시장에서의 불공정거래 및 이용자 재산 보호 등에 목적을 두고 있었다고는 하지만, '특정금융정보법'의 네 가지 유형을 그대로 복사한 것은 윤석열 정부가 디지털자산 산업에 대한 육성 및 진흥에 아무런 관심이 없었다는 것을 보여주는 사례라고 할 수 있다.

앞서 언급한 바와 같이 EU는 2020년도에 'MiCA'의 초안을 마련하였고, 2023년도에 제정하였기 때문에 한국도 디지털자산에 관한 종합적 입법을 준비하고 마련할 시간이 충분하였으나, '특정금융정보법' 개정, '가상자산이용자보호법' 개정 등에 있어서 디지털자산 산업을 억누를 생각만 하고 있었고, 2018년도 행정규제 등을 풀지 않아서 2025년 현재까지도 한국의 디지털자산 산업 규제는 2018년도에 머물러 있으며, 한국의 경쟁력은 점차 사라져가고 있다.

그러나 2025년 제21대 대통령으로 선출된 이재명 정부는 대선 공약으로 디지털자산 관련 종합법률 제정, 통합감시시스템 구축, 원화 스테이블코인 발행 허용 등을 내세웠고, 해당 공약을 지키려는 움직임을 보이고 있어, 한국의 디지털자산 산업이 새롭게 도약할 기회가 생기고 있다.

글로벌 디지털자산시장 G2로의 도약을 위한 출발! '디지털자산기본법'

제21대 대통령선거에서 이재명 대통령이 당선된 이후 디지털자산시장의 G2로 도약하기 위해 입법적 지원이 이루어지기 시작했다. 가장 주목할 만한 것은 2025년 6월 11일 민병덕 의원이 대표 발의한 '디지털자산기본법'이다. '디지털자산기본법'은 디지털자산에 관한 종합적인 법률로서 한국의 'MiCA'라 할 수 있을 정도로 방대한 내용을 담고 있다.

'디지털자산기본법'은 디지털자산의 발행, 거래 지원 등에 관한 사항뿐만 아니라 디지털자산과 관련된 사업자들의 유형, 이용자보호제도, 불공정거래행위 규제 등 디지털자산의 생태계 전반을 포괄하고 있다.

우선 '디지털자산기본법'은 디지털자산을 분산원장 개념을 포함하여 정의하면서 자산연동형 디지털자산과 일반 디지털자산으로 분류하고 있다. 자산연동형 디지털자산이 바로 스테이블코인이다. 디지털자산을 유형화하면서 그동안 그림자 규제로 금지하고 있었던 디지털자산의 발행ICO을 명시적으로 허용하였는데, 스테이블코인인 자산연동형 이외의 디지털자산의 경우 발행인이 자격 요건을 두지 않고, 발행신고서를 신고하도록 규정했다. 발행신고서에 대해서 형식 요건만 심사하도록 하여 디지털자산의 자유로운 발행을 보장하는 것이다. 스테이블코인인 자산연동형 디지털자산의 경우에는 EU나 미국과 동일하게 발행인에 대해서 사전인가제도를 두고 있다.

둘째 '디지털자산기본법'은 2018년도에 머물러 있는 한국의 디지털자산 산업을 성장시키기 위해 해당 사업자의 유형을 명확히 하고 있다. '디지털자산기본법'은 다음과 같이 디지털자산 산업의 유형을 10가지로 구분하고 있는데, 특이할 사항은 기타디지털자산관련업이라는 것을 두고 있다는 점이다.

기타디지털자산관련업은 인가·등록·신고라는 진입규제는 없으면서 설명의무 등 행위 규제 일부만을 적용받는 업종으로서 '디지털자산기본법' 초안에서는 없었으나, 사업자들의 요청에 의하여 신설된 업종이다. '디지털자산기본법' 리뷰 당시 사업자들은 유형화된 다른 업종에 해당하지 않는 사업자에 대해서 금융당국이 금지할 가능성이 있기 때문에 신설을 요청하였는데, 이는 그동안 디지털자산업자에 대한 그림자 규제가 산업에 악영향

유형	정의
디지털자산매매업	자기계산으로 매매 또는 교환
디지털자산중개업	타인의 계산으로 매매 등 * 현재 디지털자산 원화 거래소 및 코인 거래소는 디지털자산 중개업 중 금융위의 지정을 받아 시장 개설 가능
디지털자산보관업	디지털자산 보관
디지털자산지갑관리업	수탁형 및 비수탁형 디지털자산 지갑 서비스 제공
디지털자산집합관리업	디지털자산에 관한 관리 권한을 위임받아 운용 * 처분 및 대여하는 행위 등은 제한됨
디지털자산일임업	금전 및 디지털자산에 관한 매매 등의 권한 일임
디지털자산자문업	디지털자산의 가치 및 매매 등에 관한 자문
디지털자산주문전송업	이용자의 주문을 전달하는 업
디지털자산유사자문업	개별성 없는 자문을 하는 업
기타디지털자산관련업	위 아홉 개 업종을 제외한 디지털자산 관련업

〈'디지털자산기본법'상 디지털자산업의 유형〉

을 주고 있었다는 것을 반증하는 결과라고 할 수 있다.

　기타디지털자산관련업 이외 아홉 개 유형에 대해서는 인가·등록·신고 등 진입규제를 업종별 리스크에 따라 다음과 같이 두고 있다.

　특이할 점은 '디지털자산기본법'은 디지털자산업에 대한 진입규제를 마련하면서 다른 업종과의 겸영을 제한하고 있지 않기

유형		자본금 요건 등
인가	디지털자산매매업	» 상법상 주식회사 » 자본금: 최소 5억 원 이상 » 임원 적격성 » 대주주 적격성 » 이해상충 방지체계 구축
	디지털자산중개업	
	디지털자산보관업	
등록	디지털자산지갑관리업	» 상법상 주식회사 » 자본금: 최소 1억 원 이상 » 임원 적격성 » 대주주 적격성 » 이해상충 방지체계 구축
	디지털자산집합관리업	
	디지털자산일임업	
	디지털자산자문업	
신고	디지털자산주문전송업	» 상법상 주식회사 or 금융기관 or 전자금융업자 » 임원 적격성 » 이해상충 방지체계 구축
	디지털자산유사자문업	
자유업	기타디지털자산관련업	–

〈'디지털자산기본법'상의 진입규제〉

때문에 금융회사, 플랫폼기업, 제조기업 등 다양한 사업자들도 디지털자산업에 진출할 수 있는 길을 열어두었다. 이는 디지털자산 산업이 독자적인 산업으로 자리 잡는 것뿐만 아니라 다른 산업과의 융결합을 통해 시너지를 낼 수 있도록 하고 있다.

'디지털자산기본법'은 한국의 디지털자산 산업의 육성 및 진흥을 위해 대통령 직속으로 디지털자산위원회를 설치하여 3년

마다 기본계획 등을 수립하도록 하고 있다. 디지털자산 산업은 블록체인 산업과 밀접한 연관성이 있고, 국가 전략산업으로 육성할 필요성이 있기 때문에 금융위원회를 포함한 다양한 정부 부처가 함께 전략을 수립하게 하기 위해서 대통령 직속으로 디지털자산위원회를 두도록 규정한 것이다. 또한 디지털자산의 경우 민간의 전문성을 필수로 요구하기 때문에 민간위원장 한 명을 포함한 30명 이내로 구성하되 민간위원이 전체 위원의 3분의 2 이상이 되도록 규정하고 있다.

이외에도 디지털자산 산업의 건전성 및 투명성 강화를 위해서 자율규제기관으로 법정협회인 한국디지털자산업협회를 설립하고, 해당 협회 내에 거래지원적격성위원회 및 시장감시위원회를 두도록 하고 있다.

'디지털자산기본법'은 기존에 국회에서 발의하는 과정과 다른 절차를 거쳤다. 보통 국회에서 법안을 발의하는 경우 의원실에서 법안을 만들고 바로 발의하거나, 정책 세미나를 1회 정도 거친 후에 발의하는 것이 일반적이다. 그러나 '디지털자산기본법'은 2025년 4월 초안을 마련한 후 구체적인 법률안을 가지고 원화 거래소, 보관업자 등 현재 국내 가상자산사업자, 블록체인 사업자, 유관 단체 관계자 등을 포함한 각계 전문가들과 세 번의 공개 리뷰를 진행하였다. 그 결과 다양한 의견을 수렴하여 초안과는 약간 다른 현재의 '디지털자산기본법'이 발의되었다. 민주적인 절차로 다양한 이해관계자 및 전문가들의 의견을 수렴한 결과 '디지털자산기본법'은 완성도 높고, 시장의 자율성을 확보하되, 이용자 보호를 강화하는 균형감 높은 법안으로 평가받고 있다.

'디지털자산기본법'은 이재명 대통령이 대선 과정에서 공약한 내용을 모두 반영한 법률로서 해당 법률이 통과되는 경우 한국은 디지털자산에 관한 종합적 법률 체계를 갖추어, 국가 전략산업으로서 디지털자산 산업을 지원하여 글로벌 디지털자산시장에서 G2로 발돋움할 수 있는 기초를 갖추게 된다.

스테이블코인
발행 허용에 관한 논쟁

　스테이블코인과 관련하여 '디지털자산기본법'은 자본금 5억원 이상으로 대한민국에 설립된 법인으로 금융위원회의 인가를 받고, 발행신고서를 제출한 경우 스테이블코인을 발행할 수 있다고 규정하고 있다. 민간의 자율성과 창의성을 기반으로 원화 스테이블코인이 성장할 수 있도록 유연하게 규정한 것이다.

　그러나 스테이블코인과 관련해서 한국은행이 공개적으로 반대 입장을 표명하면서 한국에서 스테이블코인에 대한 논란이 증폭되기 시작하였다. 우선 한국은행 이창용 총재의 스테이블코인에 대한 입장은 시간이 지나면서 변화해왔는데, 이를 정리하면 다음과 같다.

- 2025년 6월 2일, BOK 국제콘퍼런스: Fed 이사 크리스토퍼 월

러와의 대담에서 "한국은 (미국과 달리) 자본통제가 가능하다"며 "비은행 기관도 스테이블코인을 발행할 수 있도록 허용하기 전에 원화 스테이블코인이 자본통제를 우회하는 방향으로 갈 것인지 더 고려해야 한다"고 발언하여 사실상 스테이블코인에 대한 반대 의사를 표시함.

- 2025년 6월 18일, 물가안정목표 설명회: 원화 스테이블코인은 필요하고, 발행에 반대하지 않는다. 다만, 달러 스테이블코인 수요를 오히려 자극하여 외환 관리가 어려워질 가능성이 있고, 비은행권에서 지급 결제 기능이 확대될 경우 은행 산업 구조와 수익성에 중대한 영향을 줄 수 있다는 점을 지적하며 신중한 접근이 필요하다는 우려를 표명함.
- 2025년 7월 2일, 유럽중앙은행 포럼: "규제가 없는 상태에서 원화 기반 스테이블코인을 허용하면 달러 기반 스테이블코인으로의 전환이 가속화될 수 있다"라고 발언하며, 비은행의 원화 스테이블코인에 대해서 지속적으로 반대 의지를 표명함.
- 2025년 7월 10일, 금융통화위원회 직후 간담회: 비은행에 대해서 원화 스테이블코인의 발행을 허용하는 경우 미국의 '지니어스법'과 유사하게 금융위원회 및 한국은행 등 관계 기관의 협의체를 구성하여 만장일치를 요건으로 하는 것이 필요하다고 발언함.

위와 같은 한국은행의 우려는 한국의 통화정책을 추진하는 중앙은행의 입장에서는 당연한 것이라 할 수 있다. 그러나 한국은행의 입장이 타당한가를 따져보면 논리적으로 오류가 있거나, 사실을 축소 또는 왜곡하고 있어 타당성이 부족하다 할 수 있다.

우선 기본적인 전제에서 사실을 왜곡하고 있다. 한국은행은 스테이블코인이 새로운 화폐를 발행하는 것이라고 하지만, 이는 전 세계가 규제를 통해 허용하고자 하는 스테이블코인에 대한 이해 부족의 결과라고 할 수 있다. 스테이블코인은 등장한 초기에는 담보형, 알고리즘형 등 다양한 유형이 존재하였고, 가치의 안정성을 확보하는 방식은 담보의 양 또는 알고리즘에 의하는 방식이었다. 예를 들어, 담보형의 경우 환불 또는 상환을 위한 담보물의 가치량과 스테이블코인의 발행량을 연동하여 가치를 안정화하는 것이다. 그러나 현재 EU와 미국, 그리고 한국의 '디지털자산기본법' 등이 허용하고자 하는 스테이블코인은 법률적으로 환불 또는 상환을 법적으로 명시하고, 환불 또는 상환을 보장하기 위해서 스테이블코인의 발행량에 맞게 준비자산을 쌓도록 하는 법률적 스테이블코인이다. 따라서 법률적 스테이블코인은 무에서 유를 창조하는 방식의 스테이블코인이 아니라 기존의 통화 등이 디지털의 형태로 전환한 것으로 이해할 수 있다.

둘째, 원화 스테이블코인이 자본통제를 우회하여 자본유출이 증가한다는 것은 현재 디지털자산 거래 및 달러 스테이블코인과 관련된 현실을 외면하는 것이다. 이미 디지털자산 거래소를 통해서 디지털자산이 국경 없이 거래되고 있으며, 이미 레닷페이 등은 달러 스테이블코인을 중심으로 글로벌 결제 네트워크를 빠르게 장악하고 있다. 앞서 언급한 바 있는 유럽경제통화위원회는 보고서를 통해서 달러 스테이블코인이 유럽 통화정책을 위협하고 있으며, 이를 방어하기 위해 유로화 스테이블코인의 필요성을 이야기하고 있다. 즉, 이미 'MiCA'를 통해 스테이블코인을 허용한 유럽에서는 달러 스테이블코인이 확산될수록 자본유출이 강화된다고 보는 것으로 한국은행의 주장과는 다른 결과를 도출하고 있다.

셋째, 한국은행은 미국의 '지니어스법'을 사례로 제시하면서, 한국도 비은행에 스테이블코인을 발행하도록 허용하는 경우 금융위원회, 한국은행 등 관계 기관의 만장일치로 결정하자고 제안하였는데, 이는 미국과 한국의 은행 산업 현황 및 규제 차이 등을 설명하지 않고, '지니어스법'만을 예시로 하는 전형적인 사실 왜곡이라 할 수 있다. 미국은 2024년 말 기준으로 연방예금보험공사FDIC의 감독 대상인 상업은행 및 저축기관이 4,487개이고, 통화감독청OCC 감독 대상인 국가은행 및 저축은행이 약 1,213개이다. 또한 미국은 한국과 달리 은행에 대해서는 최저 자본금 규제가 없기 때문에 사업계획 등이 건전한 경우라면 은행으로 진입이 매우 용이하다 할 수 있다. 미국은 은행에 대해 건전성 규제, 행위 규제, 내부통제 기준 등이 갖춰져 있지만, 플랫폼기업 등에 대한 행위 규제 등은 미흡하다. 그렇기 때문에 '지니어스법'은 비은행의 경우 내부통제 등 적절한 규제를 하기 위해서 은행으로 진출을 유도하고 있다. 그 결과 '지니어스법' 제정 이후 서클(Circle; 달러 스테이블코인 USDC 발행사)과 리플(XRP 발행사) 등은 은행 통화감독청OCC에 은행 라이선스를 신청하였다. 이와 같은 미국의 규제현황 등을 밝히지 않고 '지니어스법'과 유사하게 관계 기관의 만장일치를 요청한 것은 결국 한국은행은 비은행의 스테이블코인을 막겠다는 의지를 다른 언어로 표현한 것이라 할 수 있다.

위와 같은 이창용 총재의 발언 이외에도 한국은행은 금융안정보고서 6월호에서 스테이블코인에 대해서 ① 코인런 리스크, ② 결제 및 운영 리스크, ③ 외환거래 및 자본유출 리스크, ④ 통화정책 유효성 제약 등을 위험 요소로 제시하였는데, 해당 주장 또한 일부 사실을 왜곡하고 있을 뿐만 아니라 오히려 원화 스테이블코인의 허용 필요성이라 할 수 있는 근거를 반대의 근거로 제시하는 논리적 오류를 범한다. 예를 들어, 한국은행은 BIS 보고서의 내용을 그대로 차용한 것으로 보이는 "비기축통화국에서 외화 기반 스테이블코인이 광범위하게 활용되는 경우 환율 변동성 및 자본 유출입 확대 등 외환 관련 리스크가 증대되면서 금융 시스템의 불안 요인으로 작용할 수 있다"라는 주장을 하고 있다. 해당 주장에 따르면 한국은 달러 스테이블코인이 광범위하게 확산될 수 있는 환경이면서, 비기축통화국이기 때문에 외환 관련 리스크를 대응하여야 할 필요가 있고, 그렇다면, 유럽경제통화위원회가 보고서에서 밝힌 바와 같이 한국도 원화 스테이블코인이 필요하다는 결론에 이르게 된다.

한국은행이 금융안정보고서 6월호에서 제시한 위험 요소에 대한 검토 내용을 정리하면 다음과 같다.

구분	한국은행 주장	검토
코인런 리스크	- 준비자산 신뢰 훼손, 기술 불안정성 등의 원인으로 가치하락 발생 시 코인런(대규모 환불 사태) 발생 - 2023년 1~11월 중 테더, USDC 등 주요 법정화폐 담보 스테이블코인의 디페깅이 600번 이상 발생	- 코인런은 준비자산의 가치가 없는 경우 발생하는 것으로 한국이 경제위기 등으로 국채가치가 하락하는 경우 발생 가능 - 예시 사례에는 규제로 금지되고 있는 알고리즘 코인인 DAI가 포함되어 있음 - 과거 USDC가 0.88달러로 하락한 것은 2023년 실리콘밸리은행이 파산하여 그 리스크가 디지털자산시장으로 전이된 사례임
결제 및 운영 리스크	- 스마트 콘트랙트의 오류 및 플랫폼 장애 등의 기술적 결함 등으로 인한 결제 실패 - 스테이블코인의 복잡성 및 가명성을 악용한 사기 및 도난 등의 범죄 우려	- 기술적 결함은 스테이블코인 발행인에 대한 감독 시 검증 등을 통해 예방 가능 - 스테이블코인은 디지털자산으로서 현금 관련된 범죄에서 보다 안전함
외환거래 및 자본 유출 리스크	- 비기축통화국에서 외화 기반 스테이블코인이 광범위하게 활용되는 경우 환율 변동성 및 자본 유출입 확대 등 외환 관련 리스크가 증대 - 화폐가치가 불안정한 국가들의 경우 외화 기반 스테이블코인 선호도 증가 시 화폐가치 하락	- 이미 국제결제망(VISA 등) 및 디지털자산 거래소 등을 통해 달러 스테이블코인이 확산되고 있어, 이에 대한 대응을 위해 원화 스테이블코인 필요 - 한국은 경제 및 정치적으로 안정적인 국가로서 한국인의 외화 선호 현상은 없음
통화정책 유효성 제약	- 스테이블코인의 사용이 보편화될 경우 통화의 신뢰성 저하, 은행의 신용창출기능 약화 등이 초래되면서 통화정책의 유효성을 제약	- 달러 스테이블코인도 닽러 통화량의 약 1%에 불과한 수준으로 원화 스테이블코인이 발행되더라도 원화 통화량 전부를 대체할 것이라는 예측은 과도한 예측임 - 스테이블코인의 준비자산은 예금 및 고유동자산 등으로 구성되기 때문에 통화승수가 거의 없어, 통화량에 대한 영향이 적음 - 또한 준비자산으로 은행의 예금 등이 포함되는 경우 은행의 신용창출기능에 대한 영향 미미함

〈한국은행의 주장에 대한 검토〉

위와 같은 논쟁은 보는 관점에 따라 반드시 필요한 것일 수도 있고, 불필요한 것일 수도 있다. 그러나 필자의 관점에서는 불필요한 논쟁이라 판단된다. 한국은행 등이 스테이블코인에 대해서 걱정하는 것은 과거 규제받지 않는 영역에서 존재하는 스테이블코인이고, '디지털자산기본법'에서 발행하고자 하는 스테이블코인은 환불의무, 준비자산 적립 등뿐만 아니라 진입규제 및 건전성 규제, 내부통제 등을 통해 규제받는 법률적 스테이블코인이기 때문이다. 즉, 전제가 다른 사실을 가지고 같은 것이라고 주장하는 오류가 있었던 것이다.

한국은행의
디지털 화폐 프로젝트

중앙은행 디지털 화폐CBDC는 스테이블코인과 유사하지만, 주로 폐쇄형 블록체인에 기반한다는 점, 발행 주체가 중앙은행이라는 점, 디지털자산이 아닌 법화로서 인정받는다는 점 등에 있어 차이가 있고 이를 간략히 정리하면 다음과 같다.

항목	스테이블코인	CBDC
발행 주체	민간기업 등	중앙은행(예: 한국은행, 유럽중앙은행)
가치 기반	법정화폐(원화, 달러 등) 1:1로 연동	국가 발행 법정화폐와 동일
법적 지위	EU 'MiCA', 미국 '지니어스법', 한국 '디지털자산기본법' 등 관련 법률	법정화폐와 동일한 지위 부여
신뢰 기반	준비자산	중앙은행의 지급보증
기술 기반	블록체인 기반	폐쇄형 블록체인 또는 중앙형 원장
예시	EURC(Circle), USDT(Tether), USDC(Circle)	디지털 유로, e-CNY(디지털 위안), 디지털 원화(시범 단계)

〈스테이블코인과 CBDC의 차이〉

디지털자산시장이 성장하면서 블록체인 기술의 효율성 등에 대해서 관심이 높아지자, 세계 주요 국가의 중앙은행들은 2020년 전후를 기점으로 블록체인 기술 등을 활용한 디지털 화폐에 대해서 관심을 갖기 시작했다. 한국은행도 CBDC의 발행을 위해 2021년부터 모의실험을 진행하였고, 이후 실험을 지속·발전시켜 2025년에는 CBDC의 실제 결제와 연결하는 실거래 테스트인 '프로젝트 한강'을 실시하였다. 프로젝트 한강의 주요 내용을 간략히 정리하면 다음과 같다.

항목	내용
프로젝트 명칭	프로젝트 한강(Project Hangang)
시범 기간	2025.04.01 ~ 06.30
참여 인원	최대 10만 명
CBDC 구조	도매형 CBDC → 은행 → 예금 토큰 발행
주요 목적	실거래 기반 제도 실험, 결제 효율화, 바우처 시스템 테스트
특징	실시간 정산, 수수료 절감, QR 결제, 공공 바우처 기능
현재 상태	1차 실험 완료, 2차 보류 중
쟁점	실사용 동기 부족, 프라이버시 우려

〈한국은행의 CBDC 프로젝트 한강 개요〉

프로젝트 한강은 계획상 2025년 6월 30일에 1차 테스트를 종료하고, 이후 사용 범위를 확대하여 2차 테스트를 진행하는 것을 목표로 하였으나, 해당 테스트에 참여했던 은행들의 반대로 2차 테스트는 보류되었다.

프로젝트 한강은 예금토큰을 통해서 현재의 지급 결제 시스템과 다르게 소비자가 결제 시 즉시 이전되는 구조인 실시간 정산 시스템을 구현하고자 하였다. 실시간 정산이 가능한 구조라는 점에서 스테이블코인과 유사한 기능을 가지고 있다. 프로젝트 한강의 1차 테스트의 결과에 대한 데이터가 공개되지 않았지만, 사용한 후기를 살펴보면, 사용 절차가 복잡하여 불편하다는 내용이 많았다. 프로젝트 한강의 CBDC를 사용하기 위해서는 은행 앱 실행 → 전자지갑 접속 → 비밀번호 입력 → 결제용 QR 코드 선택 → 비밀번호 재입력 등 최소 5단계를 걸쳐야 하는 불편함이 존재하였다.

1차 테스트를 종료한 이후 2차 테스트를 진행하는 것으로 예정하였으나, 한국에서 스테이블코인에 관한 논의가 급진전되고, 미국에서 연방준비제도가 CBDC를 발행 및 유통뿐만 아니라 연구도 금지하는 '중앙은행 디지털 화폐 감시 방지법'을 추진하는 등 국제적 변화를 고려하여 2차 테스트가 중단되었다. 그러나 소매형 CBDC인 예금토큰은 활용 영역에서 스테이블코인과 중복되지만, 국경 간 결제에는 적합하지 않다는 한계를 가지고 있다는 점도 고려된 것이라 할 수 있다.

그럼에도 불구하고 '중앙은행 디지털 화폐 감시 방지법'과 같이 중앙은행의 CBDC를 완전히 금지할 필요는 없다고 생각한다. 소매형 CBDC는 스테이블코인에 비하여 경쟁력이 낮다고 하더라도, 아고라 프로젝트와 같이 국가 간 지급 결제에 있어서 도매형 CBDC는 충분한 경쟁력을 가지고 있기 때문이다.

스테이블코인은
누가 발행하는가?

한국은행은 스테이블코인을 발행하더라도 은행이 발행하도록 하여야 한다고 주장하지만, EU, 미국, 홍콩 등은 은행이 아닌 비금융회사도 발행할 수 있도록 하고 있다. 또한 스테이블코인 발행인에 대해서 금융회사에 준하는 규제를 적용하려고 하고 있다.

한국에서 누가 스테이블코인을 발행하게 될 것인가? 2025년 7월 말 기준으로 국회에 발의되어 있는 '디지털자산기본법', '가치고정형 디지털자산을 활용한 지급 혁신에 관한 법률'(이하 디지털자산지급혁신법), '가치안정형 디지털자산의 발행 및 유통에 관한 법률'(이하 가치안정형디지털자산법) 등을 살펴보면, 발행인의 자격 요건을 금융회사 등으로 한정하고 있지 않고, 자본금 요건에 있어 차이가 있을 뿐 대부분의 요건도 거의 같다.

그러나 스테이블코인 발행에 대한 규제내용 및 수익구조 등을 살펴보면, 누구나 할 수 있지만 아무나 해서는 안 되는 것임을 알 수 있다. 스테이블코인을 발행하면, 발행된 금액만큼의 준비자산을 쌓아야 하는데, 이때 준비자산은 환불에 대비한 것으로 예금, MMF, 단기 국채 등 유동성이 풍부한 자산이 될 것이다. 준비자산은 발행금액 대비 100% 이상의 가치가 유지되어야 하는데, 이때 가치는 장부가치가 아닌 평가가치를 기준으로 산정된다. 따라서 장부가치 기준으로 보았을 때 준비자산은 발행금액보다 많이 쌓아야 하기 때문에 자본금 이외에 자금 여력이 있어야 한다. 또한 발행인은 준비자산에서 발생하는 이익이 수익의 대부분을 차지하기 때문에 준비자산 매수 비용 및 운영비 등을 고려하였을 때 적절한 규모 이상이 발생해야 지속 가능하다.

또한 현재 전 세계적으로 유통되고 있는 스테이블코인의 발행 및 유통현황을 살펴보면, 2025년 7월 말 기준으로 달러 스테이블코인이 전체의 90% 이상을 차지하고 있기 때문에 원화 스테이블코인이 생존하기 위해서는 기존 달러 스테이블코인과 다른 전략을 가지고 출발하여야 한다. 달러 스테이블코인은 관련 규제가 마련되기 이전부터 디지털자산 거래소들의 기축통화로 활용되어왔고, 실물경제의 기축통화인 달러에 기반하고 있어, 확산성을 태생적으로 가지고 있었다. 그러나 원화는 비기축통화라는 점에서 단순히 발행만 허용한다고 해서 확산될 가능성은 낮은 편이다. 그렇기 때문에 원화 스테이블코인의 발행 단계부터 안정성은 물론이고, 확산성을 가질 수 있게끔 설계되어야 한다. 그러나 확산성은 법률로서 강제할 수 있는 사항이 아니라 민간의 창의성에 맡겨야 하는 사항이다.

그리고 무엇보다 원화 스테이블코인이 국제적으로 통용되기 위해서는 원화 스테이블코인을 보유한 외국인이 원화 스테이블코인과 외국 통화를 환전하기 쉬워야 하는데, 이를 위해서는 USDC나 USDT 등과 같이 원화 스테이블코인이 해외 디지털자산거래소에 상장되어야 하고, 국내 디지털자산거래소에서 외국인이 거래할 수 있도록 제도적 개선이 필요하다.

위와 같은 사항을 고려하였을 때, 한국에서 스테이블코인을 효율적으로 발행하기 위해서는 디지털자산 사업자-플랫폼 사업자-결제 네트워크 사업자-금융회사 등이 연합하여 발행인이 되는 것이 가장 적합한 모델이 될 수 있을 것이다.

원화 스테이블코인 도입을 위한 규제 준수 항목

　스테이블코인은 현행 '가상자산이용자보호법' 및 '특정금융정보법'에 따른 가상자산에 해당하기 때문에 엄격하게 말하면 스테이블코인 발행은 디지털자산을 매매하는 것에 해당한다고 해석할 수 있다. 따라서 스테이블코인을 발행하고 유통하려는 자는 스테이블코인을 활용한 자금세탁 및 탈세를 방지하기 위한 조치를 취할 필요가 있다. 현재 국회에 발의된 세 개의 법안 중 '디지털자산지급혁신법'과 '가치안정형디지털자산법'은 발행인에게 '특정금융정보법'을 준수할 것을 명시하고 있고, '디지털자산기본법'은 해당 내용을 '특정금융정보법'에서 관할할 사항이라 별도로 명시하고 있지 않다.

　스테이블코인 발행인은 스테이블코인을 발행하는 경우 이용자에 대해서 고객확인(CDD, Customer Due Diligence) 또는 강화된 고객확인

EDD, Enhanced Due Diligence을 실시하여야 하며, 이용자의 지갑 또는 계정 (다른 디지털자산업자 내 이용자 계정) 등으로 스테이블코인을 이전 하는 경우 자금세탁 등의 우려가 있는지를 평가하여 의심거래로 여겨지는 경우 금융정보분석원에 의심거래STR 보고를 실시하여야 한다.

디지털자산거래소, 플랫폼 사업자 등 스테이블코인을 유통하려는 자도 발행인과 유사하게 이용자에 대한 신원 확인(CDD 또는 EDD)을 실시하여야 하며, 이용자의 거래 및 입출고 내역 등을 분석하여 의심거래에 대해서 STR 보고를 실시하여야 한다.

문제는 이용자가 스테이블코인을 이용자 개인지갑으로 이전하는 경우 또는 이용자의 개인지갑에서 발행인 또는 유통사업자의 지갑으로 이전하는 경우 STR 보고만으로 충분한가 하는 점이다. 현행 '특정금융정보법'에 따르면 디지털자산은 STR 보고 대상이지만, 고액현금거래보고CTR의 대상은 아니다. 그러나 스테이블코인은 법화와 1:1로 연동되고, 그 활용에 있어서 현금과 유사하게 활용될 수 있다는 점을 고려하면, 자금세탁 및 탈세 방지를 위해서는 스테이블코인을 이용자 개인지갑으로 이전하거나, 이용자 개인지갑에서 발행인 및 유통사업자 등의 지갑으로 이전되는 경우 CTR 보고를 하도록 하는 것이 적절하다.

스테이블코인과 관련된 우려 중 하나는 자금세탁 및 탈세 가능성이 있다는 것이다. 그러나 스테이블코인의 이전에 대한 기록은 블록체인에 전부 기록되고 있을 뿐만 아니라 환불 또는 환전의 창구가 한정적이기 때문에 현금보다 자금 이전을 추적하기 용이하다. 뿐만 아니라 스테이블코인은 블록체인에서 특정 지갑을 동결시킬 수 있는 기능을 탑재할 수 있어, 자금세탁 등을 방지하는 데 효율적이라고 할 수 있다.

스테이블코인 발행과 발행파트너의 역할

이론적으로 스테이블코인 발행인은 개인 및 법인 등 KYC가 이루어진 이용자 모두에게 스테이블코인을 발행할 수 있다. 과연 모든 이용자에게 발행하는 것이 효율적인가는 의문이다. 발행인과 직접 거래하는 이용자의 숫자가 증가할수록 CDD 등을 실시하기 위한 KYC 시스템 및 자금세탁방지체계AML를 구축하고 운영하는 비용도 증가하게 된다. 또한 스테이블코인 유통사업자도 KYC 및 AML 체계를 구축해야 하기에 구조상 관련 비용이 2중으로 소요될 수 있어 효율적이지 못한 측면이 있다. 그렇기 때문에 USDC를 발행하는 서클의 경우 개인 이용자를 대상으로 발행하지 않고, 코인베이스와 같은 이른바 발행파트너를 선정하고, 해당 발행파트너에게만 USDC를 발행하는 구조를 취하고 있다. 이때 발행파트너는 USDC를 유통하는 역할을 수행할 뿐만 아니라 이용자들에게 스테이블코인을 판매하거나 환불해주는 역할도 함께 수행하고 있다. 스테이블코인 발행인이 발행파트너에게만 발행하고 환불해주는 구조를 취하게 되면, 발행인의 KYC 및 AML은 발행파트너만을 대상으로 실시하기 때문에 관련 비용은 감소하게 된다.

발행파트너는 자신의 회원 등에 대해서 스테이블코인을 판매하고, 환불해주는 역할을 수행하는데, 이때 발행인과 시스템적으로 연결하여 발행 및 소각이 자동적으로 이루어지게 할 수도 있고, 발행파트너가 일정 수량을 발행받아 보관하고 있으면서 이용자의 요청에 따라 매매하는 방식으로 판매 및 환불을 하는 것도 가능하다. 또한 발행파트너는 스테이블코인 시장에 유동성을 공급하거나, 대량 환불 요청 이른바 코인런이 있는 경우 준비자산에 대한 긴급매각을 방지하여, 금융시장으로의 리스크 전이를 방어하는 완충제 역할도 할 수 있다.

스테이블코인과
외국환거래법

한국을 비롯하여 전 세계에서 스테이블코인에 대한 규제 체계를 마련하는 주된 이유는 스테이블코인이 시간 및 비용 등에 있어 기존의 지급 결제 시스템보다 효율적이기 때문이다. 월드뱅크가 발행한 "Remittance Prices Worldwide"(Issue 45, Quarter 2, 2024)에 따르면 전통적 국제송금방식의 경우 200달러를 송금 시 약 6.26%이 비용이 소요된다고 한다. 해당 비용에는 중개 비용, 환율 마진 등이 포함되어 있다. 그러나 스테이블코인으로 활용하는 경우 송금 비용을 1% 이하로 낮출 수 있다. 뿐만 아니라 기존 은행을 이용한 경우 송금이 완료되기까지 1~3영업일이 소요되는 반면, 스테이블코인의 경우 휴일에 관계없이 몇 분이면 송금이 완료되기 때문에 송금 시간에 있어서도 장점을 가지고 있다. 이러한 장점으로 디지털자산시장에서 기축통화로만 활용되던 스테이블코인이 국경 간 무역거래 및 자본거래 등에 있어 사용되기 시작한 것이다. 다만, 현재 스테이블코인에 대한 규제 체계가 완성되지 않았기 때문에 국제 거래의 대금으로 스테이블코인이 어느 정도 활용되는지에 대해서는 정확한 통계가 없다. 그러나 2025년 5월 파이어블록스Fireblocks가 전 세계 약 300명의 주요 기업 경영진을 대상으로 설문조사 한 바에 따르면 조사 대상 90% 이상의 글로벌 기업이 현재 스테이블코인을 사용하고 있거나 사용할 계획인 것으로 응답하였다. 이러한 점을 보면 기업의 스테이블코인에 대한 수요는 높은 것으로 볼 수 있다.

현재 한국의 기업은 무역대금 등 국제 거래에서 스테이블코인을 사용할 수가 없다. 그 이유는 한국의 외국환거래법상 경상거래 및 자본거래 등의 경우 그 대금을 신고하도록 되어 있고, 신고할 수 있는 지급수단의 종류에 디지털자산은 물론 스테이블코인이 포함되어 있지 않기 때문이다. 따라서 해외 기업 등과 거래하는 한국의 기업은 거래대금으로 스테이블코인을 받더라도 이를 정상적으로 신고할 수 없는 상황이라 할 수 있다. 어떻게 보면, 기업 실무를 법제도가 따라가지 못하여, 기업들은 어쩔 수 없이 법을 위반하는 상황이 발생하고 있는 것이다.

이러한 상황은 미국 '지니어스법'이 통과된 것을 기점으로 변화할 것으로 예상된다. 미국이 '지니어스법'을 통해서 스테이블코인에 대한 규제를 시작하면, 미국의 기업들은 비용적 장점이 있는 스테이블코인을 활용하여 국제 거래 대금을 지급하려고 할 것이다. 이때 한국의 기업이 '외국환거래법'을 이유로 스테이블코인의 사용을 거부하는 경우 미국은 한국에게 '외국환거래법'을 개정하도록 압력을 행사할 것이다. 기획재정부도 최근 스테이블코인에 대한 '외국환거래법' 적용을 위한 연구용역에 착수한 것으로 알려져 있다.

스테이블코인은 '외국환거래법'에서 지급수단 중 하나로 인정될 수밖에 없고, 원화 스테이블코인도 국제 거래 대금 등으로 사용될 수 있게 될 것이다. '외국환거래법'이 개정되는 경우 일반 국민이 가장 크게 체감할 수 있는 분야는 해외주식 투자 영역이 될 수 있다. 현재 미국 주식을 한국증권사를 통해서 거래하는 경우 송금 및 환전 수수료 등이 발생하는데, 스테이블코인을 활용하는 경우 그 비용은 감소하게 될 것이다.

다만, '외국환거래법'이 스테이블코인을 포함한 모든 디지털자산의 이전 등에 대해서 신고 대상으로 하는 경우 한국의 디지털자산 산업은 다시금 위축될 수 있기 때문에 규제의 필요성이 있는 범위 내에서 적절한 규제가 이뤄져야 할 것이다. 예를 들어, 디지털자산을 국외로 이전하거나 개인지갑으로 이전하는 경우 현재 트래블룰에 따라서 이용자 본인의 계정 또는 지갑으로만 이전 가능하기 때문에 이를 신고 대상으로 할 필요는 없다. 또한 스테이블코인은 해외에서 이루어지는 거래에 대해서 현실적으로 신고 대상으로 하는 것이 불가능하다는 점을 인정하여 신고 대상에서 제외하는 것이 적절할 수 있다. 즉, 국제 거래 시 대금으로 이용되는 경우 등에 한해서 신고 대상으로 보는 것이 적절하다 판단된다.

Just Go!

스테이블코인을 포함한 디지털자산에 대해서 한국 정부는 매우 부정적이었고, 투기 수단으로만 바라보고 있었다. 그렇기에 디지털자산시장에 대한 한국의 규제는 아직도 2018년도에 머물러 있다. 그러나 디지털자산에 대한 전 세계적 인식이 바뀌고 있고, 마이크로스트래티지 등 국내외 기업들은 전략적으로 디지털자산을 매입하기 시작하였다. EU는 2020년부터 디지털자산에 대한 종합법률인 'MiCA'를 추진하여 2024년에 시행하였고, 미국은 '지니어스법'을 필두로 해서 세계 디지털자산시장의 수도가 되려는 정책을 추진하고 있다. 뿐만 아니라 중국은 홍콩을 내세워 디지털자산시장에서 미국과 경쟁하고 있고, UAE는 국가전략산업으로 디지털자산 산업을 육성하고 있다.

그러나 한국은 디지털자산 산업에 대해서 찬반 논쟁을 계속하고 있을 뿐 해당 산업에 대한 청사진조차 존재하지 않는 상황이다. '가상자산이용자보호법'이 2023년 6월에 국회를 통과하였는데, 당시 국회 정무위원회는 디지털자산에 대한 종합적 법률

체계, 이른바 2단계 입법을 마련하도록 정부에 요구하였다. 그러나 2년이 지난 현재까지 금융위원회 등 감독 당국은 디지털자산 산업을 억누르기만 할 뿐 2단계 입법에 대한 어떠한 해답도 내놓지 않고 있었다. 그나마 디지털자산 산업 전반 및 생태계에 관한 규율체계를 다루고 있는 '디지털자산기본법'이 발의된 것이 다행이라고 할 수 있다.

디지털자산시장은 기존의 금융시장이나 플랫폼시장보다 빠른 속도로 변화하고 있으며, 글로벌하게 진행되고 있다. 즉, 한번 기회를 놓치면 따라잡기 어려워지는 산업이고 시장인 것이다. 디지털자산시장에서 한국이 글로벌 G2가 되기 위해서는 이제는 Just Go! 해야 할 때이다. 다시 한 번 외쳐본다.

Korea Just Go! In Digital Asset.

> **더 알아보기**
>
> ## 미국에는 천재법이 있다?
>
> '지니어스법'은 미국의 스테이블코인 규제법 이름이다. 이 법에 따라 스테이블코인을 발행할 수 있다. 법 이름은 영어 단어 천재(Genius)와 같으며, 정식 명칭은 Guiding and Establishing National Innovation for U.S. Stablecoins Act이다. 단어 앞 글자를 이어 붙이면 지니어스가 된다. 풀어서 해석하면 '미국 스테이블코인을 위한 국가적 혁신을 가이드하고 설정하는 법'으로, 이름 자체가 거창하다.
>
> 미국에서 이 법이 통과되는 데는 우여곡절이 있었다. 트럼프 대통령의 아들이 스테이블코인을 발행했기 때문으로, 야당인 민주당은 대통령이 권력을 이용해 돈벌이를 하고 있다며 법안 통과를 막으려 했다.
>
> 그러나 민주당 의원들 중에서도 스테이블코인으로 정치적, 경제적 이득을 얻는 이들이 적지 않았다. 스테이블코인은 장사가 잘되는 혁신 금융 비즈니스였기 때문이다. 따라서 이 법을 빨리 통과시키라는 유권자들의 압력을 무시할 수 없었던 것이다.
>
> 트럼프 대통령에게는 자기 자신의 이익과 기업의 이익, 국가의 이익을 동일시하는 재주가 있다. 미국에 이익이 되면, 미국 기업에 이익이 되고, 결국 미국 시민 개개인에게도 이익이 돌아가도록 한다. 물론 그 국민 중에는 자기 아들도 포함되고 말이다. 천재적이지 않은가?

2부

원화 스테이블코인은 어떻게 활용될 수 있는가?

김종환

블로코 공동 창업자이자 상임고문

SBS 시사 프로그램 <그것이 알고 싶다>에서 테라-루나 사태를 예측한 사람으로 대중에게 알려져 있다. 연세대학교 법과대학에서 비트코인을 만나 거래소 사업을 시작하게 되었으며 처음 창업한 BTC Korea를 이른 시기에 매각하고 두 번째 블록체인 스타트업인 블로코에서 대표직을 수행했다. 지금은 은퇴 후 산업을 위한 제반 활동에 전념하고 있다. 4차 산업 혁신위원회의 산업 경제 분과 위원, 과학기술정보통신부 블록체인 전문위원, 금융위원회 블록체인 준비 TF 등에서 국내 블록체인 생태계를 위해 노력하고 있는 탈중앙화 '피어(Peer)' 중 하나다.

3장
원화 스테이블코인이 주는 이익, 기업이 도입해야 하는 이유

··· **들어가며** ···

블록체인과 스테이블코인은 비즈니스를 위해 꼭 필요한 기술이며 디지털 화폐이다. 기업은 겉에서 보는 것보다 훨씬 복잡한 내부 거래를 반복적으로 수행하는데, 이때 블록체인 기술이 효율성과 투명성을 높여준다. 스테이블코인을 기업 내부 거래에 활용할 때 어떤 변화가 올 것인지 한번 살펴보자.

기업을 둘러싼
거래 환경

눈에 보이지 않는 돈의 흐름, 이래서 중요하다

우리는 일상에서 용돈을 받거나 편의점에서 물건을 살 때, 돈이 어떻게 오고 가는지 사실 크게 신경 쓰지 않는다. 그러나 기업 세상에서 이 '돈의 흐름'은 엄청나게 복잡하고 중요하다. 마치 우리 몸에서 혈액이 돌듯이, 돈이 기업 구석구석을 잘 돌고 흘러야 회사가 건강하게 성장할 수 있기 때문이다.

회사는 물건을 만들 때 원재료를 사 와야 하고, 직원들에게 월급도 줘야 한다. 만든 물건을 팔면 돈을 받는다. 이 모든 과정이 바로 '거래'다. 돈거래는 회사 안의 부서들끼리도 수시로 한다. 예를 들어, 자동차를 만드는 회사라면 '부품 만드는 부서'가 '조립하는 부서'에 부품을 넘겨주고 내부적으로 돈을 주고받는 식이다. 회사 내부의 돈 흐름을 우리는 '기업 내부 거래 환경'이라고 부른다.

내부 거래는 생각보다 복잡하고, 때로는 불투명하다. '이 부서가 저 부서에 돈을 얼마나 썼지?', '우리가 만든 제품 원가는 정확히 얼마지?' 같은 질문에 바로 답하기 어려운 경우가 많은데, 사실 기업들은 내부 거래를 투명하게 관리하고, 제대로 파악할 수 있어야만 한다.

회사 안에서 시작하는 혁신

기업 내부 돈거래와 블록체인은 무슨 상관일까? 특히 스테이블코인이 이 문제와 어떤 관련이 있을까? 스테이블코인은 우리가 쓰는 원화처럼 가치가 안정적으로 유지되도록 설계된 디지털 돈이다. 블록체인은 이 돈을 투명하고 안전하게 주고받을 수 있도록 해주는 기술이다. 마치 은행 계좌를 공책에 다 같이 적어서 아무도 고칠 수 없게 만드는 것과 비슷하다.

블록체인 기술을 은행, 해외 송금, 주식 거래 등에도 쓸 수 있지만, 기존 거래 시스템과 관행을 바꿔야 하는 문제가 있고, 관련 법규도 복잡해 당장 적용하는 데는 무리가 따를 수 있다. 마치 고속도로를 새로 만들어야 하는데, 기존에 너무 많은 차들이 다니고 복잡한 신호 체계가 있어 한 번에 바꾸기 어려운 것과 유사하다.

그러나 기업 내부라면 이야기가 달라진다. 우리 회사 안에서 블록체인과 원화 스테이블코인을 활용하는 것은 아무런 문제가 없다. 외부 시장처럼 수많은 규제나 복잡한 이해관계자들과의 조율 과정이 상대적으로 적기 때문이다. 훨씬 더 빠르게 새로운 시스템을 도입하고 디지털 전환을 이룰 수 있다.

기업 내부에서 먼저 시스템을 적용하면 부작용을 훨씬 더 잘 통제할 수 있다. 예를 들어, 불법 자금 흐름이나 투기 같은 문제가 발생할 여지를 줄일 수 있다. 새로운 기술을 대규모로 적용하기 전에 공장에서 먼저 테스트해서 안전성을 확보하는 것과 비슷하다.

똑똑한 돈!

블록체인과 스테이블코인을 기업 내부에 적용하면 어떤 멋진 일들이 벌어질까?

첫째, 돈의 흐름이 '투명해지고' '자동적'으로 관리되면서 회사 운영이 훨씬 효율적으로 변한다. 지금은 사람들이 수기로 처리하거나 복잡한 시스템을 거쳐야 하는 일들이, 블록체인 기반의 '똑똑한 돈(프로그래밍 가능한 돈)' 덕분에 저절로 처리될 수 있다.

불필요한 비용을 줄이고, 시간을 절약할 수 있다. 실제로 글로벌 컨설팅 기업 액센추어Accenture는 블록체인 기술이 금융 산업에서 연간 최대 200억 달러의 비용 절감 효과를 가져올 수 있다고 예측했다.

둘째, 기업 내부의 모든 거래 기록이 블록체인에 투명하게 남기 때문에 회사 운영의 신뢰도가 높아진다. 서로 다른 부서 간에도 불필요한 오해나 갈등 없이 빠르고 정확한 정산이 가능해진다. IBM이 조사한 바에 따르면, 블록체인을 도입한 기업의 71%가 운영 효율성이 증가했다고 응답했다.

셋째, 원화 기반의 스테이블코인은 우리나라 기업들이 해외 시장에서도 더 빠르고 쉽게 거래할 수 있도록 돕는 다리가 될 수 있다. 기업 내부에서 안정적으로 사용하며 경험을 쌓는다면, 점차 외부 거래에도 적용하며 새로운 비즈니스 기회를 만들 수 있다. 2024년 1월 기준, 전 세계 스테이블코인의 일일 거래량은 약 200억 달러 이상으로, 이미 상당한 규모의 거래가 이루어지고 있으며, 이는 디지털 경제의 중요한 축으로 자리 잡고 있다.

자금 관리의 혁신: 실시간 유동성 관리

우리 회삿돈, 잠시도 쉬지 않는다!

만약 친구에게 돈을 보내야 하는데, 은행 문이 닫혀서 보낼 수 없거나, 주말이라 다음 주 월요일까지 기다려야 한다면 어떨까? 엄청 답답하고 불편할 것이다. 기업도 마찬가지다. 기업은 용돈과는 비교할 수 없는 엄청난 돈을 매일매일 주고받고 관리해야 한다. 시간이 곧 돈인 셈이다.

'미래전자'라는 큰 회사가 있다고 치자. 미래전자 아래에는 스마트폰을 만드는 '미래모바일', 가전제품을 만드는 '미래리빙', 그리고 해외에서 부품을 수입하는 '미래글로벌'이라는 자회사들이 있다.

미래모바일이 갑자기 스마트폰 부품이 더 필요해져서 미래글로벌에 5억 원을 보내야 하는 상황이라 치자. 지금처럼 일반 은행 시스템을 사용한다면 어떤 일이 벌어질까?

1. **은행 영업시간 제한**: 평일 오후 4시 이후나 주말에는 은행 업무를 볼 수 없다. 만약 금요일 오후 5시에 돈이 급하게 필요해졌다면, 월요일 아침까지 기다려야 한다. 이틀 넘게 돈이 묶여버리는 것이다. 물론 인터넷 뱅킹을 할 수 있지만, 기업 업무의 통상적인 절차는 은행 영업시간에 맞춰지는 경우가 대부분이며, 은행 전산망 점검 시에도 자금 이동이 제한될 수 있다.
2. **복잡한 서류와 승인**: 돈을 보내려면 담당자가 은행 시스템에 접속해서 서류를 작성하고, 상사의 승인을 받아야 한다. 실수라도 하면 다시 처음부터 시작해야 하고, 돈이 왔다 갔다 하는 데 시간이 오래 걸린다.
3. **수수료**: 자회사들끼리 같은 은행을 써도 때로는 송금 수수료가 발생하기도 하고, 다른 은행을 쓰면 더 많은 수수료를 내야 한다. 이런 수수료가 계속 쌓이면 기업 입장에서는 무시할 수 없는 금액이 된다.
4. **'놀고 있는 돈' 발생**: 어떤 자회사는 돈이 남아돌고, 어떤 자회사는 돈이 부족한 경우가 있다. 그런데 은행 영업시간이나 시스템 문제 때문에 서로 바로바로 돈을 빌려주거나 옮겨줄 수 없다. 이런 유휴 자금은 기업 입장에서 비효율의 상징이다.

원화 스테이블코인을 채택한다면?

이제 이 '미래전자'가 원화 스테이블코인을 사용한다고 가정해보자. 미래모바일이 미래글로벌에 5억 원을 보내야 하는 상황이 다시 왔다.

1. **24시간 7일 내내 실시간 송금**: 금요일 오후 5시든, 한밤중이든, 주말이든 상관없다. 인터넷만 연결되어 있다면 미래모바일은 즉시 5억 원을 미래글로벌에 보낼 수 있다. 마치 메신저로 메시지를 보내는 것처럼 빠르다. 은행이 문을 닫을까 봐 걱정할 필요도 없고, 다음 주까지 기다릴 필요도 없다.
2. **간단하고 투명한 처리**: 돈을 보내는 과정이 훨씬 간소해진다. 복잡한 서류나 여러 단계의 승인 절차 대신, 정해진 시스템에 따라 클릭 몇 번이면 끝! 모든 송금 내역은 블록체인에 영구적으로 기록되므로, 누가 언제 누구에게 얼마를 보냈는지 투명하게 확인할 수 있다. 나중에 돈의 흐름을 확인하는 데도 훨씬 편리하다.
3. **수수료 절감 및 유휴 자금 최소화**: 자회사들끼리 원화 스테이블코인으로 거래하면 은행을 거칠 필요가 없으니 송금 수수료가 거의 사라지거나 대폭 줄어든다. 게다가 실시간으로 돈을 주고받을 수 있기 때문에, 아까 말한 '유휴 자금'이 생길 틈이 없다. 돈이 부족한 자회사에 곧바로 돈을 빌려줄 수 있고, 남아도는 돈을 바로 필요한 곳으로 옮겨서 사용할 수 있다.

내부 회계 및 자원 배분 투명성 증대

학교 축제를 준비하는 학생들이 있다고 하자. 무대 설치팀, 홍보팀, 먹거리 판매팀 등 여러 팀이 각자 필요한 물품을 사고 돈을 썼을 것이다. 나중에 이 돈을 모두 합쳐서 정산하려면 어떨까? 영수증을 하나하나 모으고, 누가 얼마를 썼는지 확인하고, 서로에게 돈을 주고받는 과정이 꽤나 번거롭고 시간이 많이 걸린다. 심지어 나중에 "이 돈은 어디에 썼어?" 하면서 오해가 생기기도 한다.

기업도 마찬가지다. 수십, 수백 개의 부서와 자회사들이 훨씬 더 복잡한 돈거래를 매일매일 하고 있다. 이 과정이 제대로 되지 않으면 회사 전체의 돈 흐름을 정확히 파악하기 어렵고, 어디에 돈이 낭비되고 있는지 알 수 없게 된다.

이런 문제들은 기업의 돈 계산을 느리고 비효율적으로 만들며, 결국 회사 전체의 재무 건전성까지 위협할 수 있다. 이러한 문제를 해결하기 위해서 많은 회사들이 회사의 자원을 관리하기 위한 별도의 IT 시스템을 만들기도 하는데 이러한 시스템을 전사적 자원 관리 시스템, ERP(Enterprise Resource Planning)라고 한다. 전 세계 ERP 시장 규모는 2024년 815억 달러를 넘어섰으며, 연평균 성장률(CAGR)은 14% 이상으로 성장하여 2037년에는 4,476억 3,000만 달러를 넘어설 것으로 예상되고 있다.

스마트 콘트랙트의 마법: 자동화된 정산 시스템

여기서 원화 스테이블코인과 스마트 콘트랙트라는 똑똑한 기술이 등장한다. 스마트 콘트랙트는 특정 조건이 충족되면 자동으로 실행되도록 프로그래밍된 계약이다. "만약 A라는 조건이 만족되면, B라는 행동을 자동으로 실행하라"고 미리 약속해 놓는 것과 같다.

원화 스테이블코인과 스마트 콘트랙트를 결합하면, 기업 내부의 모든 비용 정산 과정이 어떻게 달라질까?

1. **실시간 지출과 자동 정산**: 각 부서가 비용을 지불하면, 그 즉시 블록체인에 기록된다. 그리고 사전에 설정된 스마트 콘트랙트에 따라 자동으로 해당 부서의 예산에서 차감되거나, 정산이 이루어진다. 예를 들어, '마케팅 부서가 광고 비용으로 1,000만 원을 지출하면, 자동으로 회계 시스템에 기록하고 마케팅 부서 예산에서 차감하라'는 식으로 설정할 수 있다.
2. **투명한 자원 배분**: 모든 지출 내역이 블록체인에 투명하게 기록되므로, 각 부서가 예산을 어떻게 쓰고 있는지 회사 전체가 실시간으로 파악할 수 있다. 돈이 어디에 낭비되고 있는지, 어떤 부서에 자원이 더 필요한지 바로바로 알 수 있어서, 자원을 더 효율적으로 배분하고 낭비를 막을 수 있다.
3. **내부 회계 처리의 정확성과 신속성**: 사람의 수고를 줄이고 자동화되

기 때문에, 계산 실수가 줄어들고 정산 속도는 엄청나게 빨라진다. 마치 정확한 계산기가 모든 것을 알아서 처리해주는 것과 같다.

임직원 보상 시스템의 혁신: '똑똑한 급여'와 '맞춤형 복지'

원화 스테이블코인과 스마트 콘트랙트는 직원들의 급여와 경비 지급에도 혁신을 가져올 수 있다.

1. **자동화된 급여 지급**: 스마트 콘트랙트로 '매월 특정 날짜에 직원들에게 급여를 지급하라'고 설정해두면, 정해진 날짜가 되었을 때 자동으로 직원들의 디지털 지갑으로 급여가 입금된다.
2. **글로벌/원격 근무자 위한 비용 절감**: 해외에 있는 직원이 급여를 받을 때 발생하는 복잡한 환전 수수료나 높은 해외 송금 수수료도 크게 줄일 수 있다. 원화 가치에 고정되어 있으므로 환율 변동 위험도 없다.
3. **프로그래밍 가능한 보상 시스템(맞춤형 복지)**: 더 나아가, 스마트 콘트랙트를 활용하면 '프로그래밍 가능한 보상 시스템'도 만들 수 있다. 예를 들어 '직원이 특정 목표를 달성하면 보너스를 자동으로 지급하라'거나, '직원의 건강 증진을 위해 피트니스 센터 이용료를 자동 지원하라'는 식으로 맞춤형 복지 혜택을 유연하게 제공할 수 있다.

내부 공급망 혁신:
제조, 물류, 판매 부서 간 효율성 제고

공장부터 매장까지, 돈이 물 흐르듯!

우리가 마트에서 냉동식품 한 봉지를 산다고 가정해보자. 이 냉동식품이 우리 손에 들어오기까지 얼마나 많은 과정을 거쳤을까? 먼저 공장에서 냉동식품을 만들고, 이걸 냉동 창고로 옮겨 보관했다가, 다시 트럭에 실어 마트까지 배달하고, 마트 계산대에서 우리가 돈을 내야 비로소 내 것이 된다. 기업에서도 이렇게 물건을 만들고, 옮기고, 파는 모든 과정을 '공급망'이라고 부른다.

복잡한 내부 공급망 결제의 문제점

여기 '굿푸드'라는 회사가 있다. 굿푸드에는 크게 세 부서가 있다.

1. **제조 부서**: 냉동식품을 직접 만드는 곳.
2. **물류 부서**: 만든 냉동식품을 냉동 창고에 보관하고 트럭으로 옮기는 곳.
3. **판매 부서**: 마트나 편의점에 냉동식품을 팔고 돈을 버는 곳.

이 세 부서가 서로 물건을 주고받을 때마다 내부적으로 돈이 왔다 갔다 할 것이다.

이제 굿푸드 회사가 원화 스테이블코인을 사용한다고 가정해 보자.

1. **실시간 결제와 자동 정산**: 제조 부서가 냉동식품을 물류 부서에 넘기는 순간, 미리 설정된 스마트 콘트랙트에 따라 자금이 제조 부서로 즉시 자동 지급된다. 물류 부서가 냉동식품을 판매 부서에 넘길 때도 마찬가지다. 돈이 실시간으로 오고 가니 복잡한 서류 작업이나 기다리는 시간이 사라진다. 거래처 대금 지급의 투명성을 통한 하청 기업, 특히 중소 상공인들에게 혜택이 돌아갈 수 있다.
2. **돈의 흐름 '한눈에 보기'(가시성 향상)**: 모든 내부 거래가 원화 스테이블코인으로 이루어지고 블록체인에 기록되면서, 회사 경영진은 공장부터 매장까지 돈이 어떻게 흘러가는지 실시간으로 한눈에 파악할 수 있다.

3. **정확한 재고 관리 및 생산 계획 최적화:** 돈의 흐름이 투명해지면서, 각 부서의 생산 및 판매 현황을 돈과 연결해서 정확하게 파악할 수 있다. 예를 들어, 판매 부서에서 결제된 냉동식품 판매량이 갑자기 늘었다는 정보를 제조 부서가 실시간으로 확인하고, 즉시 생산량을 늘려 시장 수요에 발 빠르게 대응할 수 있게 된다. 재고 관리 및 생산 계획 최적화가 가능하다.

글로벌 공급망 관리의 고도화

똑똑한 돈으로 글로벌하게!

학교에서 점심시간에 급식을 받으려면 급식 시스템에 우리 정보가 정확히 입력되어 있어야 한다. 누가 어떤 알레르기가 있는지, 어떤 식단인지 등이 필요하다. 만약 이 정보가 엉망이라면, 우리는 원하는 급식을 받지 못하거나 아예 굶을 수도 있다.

기업도 마찬가지다. 회사는 우리 몸처럼 수많은 부서와 자원들이 복잡하게 얽혀 있다. 앞부분에 이런 모든 정보를 하나의 거대한 시스템으로 관리하는 것이 바로 ERP 시스템이라고 설명했다. ERP는 기업의 가계부라고 생각하면 쉽다. 지금의 ERP 시스템은 분명 편리하지만, 여전히 다음과 같은 아쉬운 점들이 많다.

1. **데이터가 따로 놀 때가 있다**: 회사의 각 부서가 입력하는 데이터가

실시간으로 완벽하게 연결되지 않아 서로 다른 정보를 가지고 있을 때가 있다. 예를 들어, 영업 부서는 물건이 팔렸다고 기록했는데, 창고 부서는 아직 물건이 나가지 않았다고 기록하는 식이다.

2. **사람 손이 많이 가는 작업**: 아직도 많은 정보를 사람들이 직접 입력하고 확인해야 한다. 이 과정에서 시간도 오래 걸리고, 사람이 하는 일이다 보니 실수도 생길 수 있다. 거기다가 ERP 전환이나 데이터 연동 과정에서 데이터/기준 정보/입력 양식 등이 표준화 되어 있지 않은 경우, 기업 간의 데이터 연동/이관에는 정말 많은 노력이 필요하다.

3. **신뢰성 문제**: 입력된 데이터가 정확한지, 혹시 누가 임의로 바꾼 것은 아닌지 의심스러울 때도 있다. 예를 들어 잔고 증명을 위해 특정 데이터베이스를 누군가 의도적으로 수정한다면 이는 범죄에 악용될 수 있다.

ERP는 분명 훌륭한 시스템이고 많은 기업이 많은 돈을 들여서 자체 ERP를 구축/도입하거나 솔루션을 사용하고 있지만, 이런 문제들은 ERP 시스템이 제 역할을 다하지 못하게 만들고, 결국 회사의 효율성을 떨어뜨릴 수 있다.

ERP 시스템 업그레이드

원화 스테이블코인과 블록체인 기술을 결합하면, ERP 시스템의 이런 아쉬운 점들을 획기적으로 개선할 수 있다.

1. **데이터 불일치 해결:** 완벽한 싱크로율! 모든 거래는 블록체인에 실시간으로 기록된다. 만약 제조 부서가 원자재를 구매하고 대금을 지급하면, 이 거래 내역은 즉시 블록체인에 기록되고, ERP 시스템도 이 정보를 자동으로 가져와 업데이트한다. 이렇게 되면 각 부서의 데이터가 항상 똑같이 실시간으로 유지된다. 데이터가 따로 노는 문제가 쉽게 사라진다.
2. **자동화된 처리:** 사람 손을 덜어주는 똑똑한 시스템. 스마트 콘트랙트를 활용하면 ERP 시스템의 많은 작업이 자동으로 이루어질 수 있다. 예를 들어, '물건이 창고에 들어오는 것이 블록체인에 기록되면, 관련 대금을 자동으로 지급하라'고 설정할 수 있다. 업무 처리 속도가 엄청나게 빨라지고, 사람의 실수도 줄어든다.
3. **데이터 신뢰성 강화:** 절대 믿을 수 있는 정보. 블록체인에 기록된 모든 거래 정보는 암호화되어 분산 저장되므로, 해킹이나 조작이 거의 불가능하다. ERP 시스템이 이 블록체인의 데이터를 기반으로 운영되면, 회사 정보의 정확성과 신뢰성이 비약적으로 높아진다.

이런 혁신은 기업이 GPS처럼 실시간으로 정확한 위치를 파악하고, 최적의 경로로 움직일 수 있게 만들어준다. 그리고 이를 통해 글로벌하게 뻗어나가는 복잡한 공급망 관리(예: 해외 공장에서 부품을 만들고, 전 세계 물류창고를 거쳐 각국 매장으로 판매되는 과정)가 훨씬 더 효율적이고 투명해질 수 있다.

원화 스테이블코인의 미래와
기업 혁신 로드맵

　스마트폰이 처음 나왔을 때를 떠올려보자. 처음에는 그저 신기한 물건이었지만, 이제는 우리 삶의 모든 것을 바꿔 놓았다. 원화 스테이블코인도 마찬가지다. 지금은 기업 내부에서 조용히 혁신을 시작하고 있지만, 곧 우리 기업들이 디지털 시대에 더 강력해지는 데 없어서는 안 될 '마스터키'가 될 것이다.

　이런 기술 발전만큼 중요한 것이 바로 법과 제도다. 원화 스테이블코인을 어떤 식으로 허용하고 규제할지 정부와 국회에서 활발히 논의 중이다. 원화 스테이블코인을 안전하게 사용할 수 있도록 정확한 규칙을 만드는 것이 아주 중요하다. 어떤 기관이 발행하고 관리할지, 어떤 거래를 허용할지 등에 대한 명확한 기준이 마련될 것이다.

　우리는 원화 스테이블코인이 기업 내부에서 경영 관리를 얼마나 투명하고 효율적으로 바꾸는지 살펴보았다. 다시 한번 정리해보자.

1. **디지털 전환의 가속화:** 원화 스테이블코인은 기업들이 더 빠르고 과감하게 디지털 방식으로 일하고 돈을 관리하도록 이끌 것이다. 기존의 복잡하고 느린 아날로그 방식을 벗어나, 모든 것이 디지털로 연결되는 '스마트 공장', '스마트 오피스'를 만드는 데 핵심적인 역할을 할 것이다.
2. **글로벌 시장에서의 경쟁력:** 전 세계의 많은 기업이 블록체인과 스테이블코인 기술에 주목하고 있다. 만약 한국 기업들이 원화 스테이블코인을 활용해 내부 운영을 혁신하고, 나아가 해외 거래에도 이 기술을 적용한다면 국경 없는 거래가 가능해지고, 새로운 비즈니스 모델도 만들 수 있다.

이는 한국 기업들이 세계 시장에서 더 빠르고 유연하게 움직이며, 새로운 기회를 잡는 데 엄청난 강점이 될 것이다.

> **더 알아보기**
>
> ### 스테이블코인을 가장 많이 발행한 블록체인은?
>
> 스테이블코인도 다른 디지털자산처럼 블록체인 기술로 발행하고 유통한다. 스테이블코인을 가장 많이 발행한 블록체인은 이더리움이다.
>
> 2024년 9월 기준, 코인게코(CoinGecko)의 자료에 따르면, 이더리움은 전체 스테이블코인 발행량의 약 49.1%를 차지하고 있다. 2위인 트론(Tron)은 34.8% 수준이었다. 2025년 2월 기준으로도 이더리움은 여전히 스테이블코인의 중심 네트워크로 자리 잡고 있다.
>
> 이더리움이 각광받는 이유는 스마트 콘트랙트를 기본으로 하고 있기 때문이다. 최초의 블록체인 화폐인 비트코인에는 이 기능이 없어, "이럴 때 이 돈을 이곳으로 보내라"는 식의 프로그램을 할 수 없었다. 반면 이더리움은 이게 가능한 것이다.
>
> 스테이블코인이 각광을 받으면서 각 블록체인들이 앞다퉈 스테이블코인 시장에 뛰어들고 있다. 엑스알피(XRP)로 유명한 리플 랩스(Ripple Labs)도 RLUSD라는 이름의 스테이블코인을 만들기 시작했다.
>
> 누가 더 저렴한 가격에, 더 빨리, 더 안전하게 스테이블코인을 발행할 수 있는지를 놓고 경쟁 중이나, 안타깝게도 국산 블록체인 중에는 스테이블코인을 본격적으로 발행할 수 있는 곳이 없다. 블록체인 자체가 제대로 된 생태계를 갖추지 못했고, 기술적으로 검증이 끝나지 않았기 때문이다. 원화는 국산인데 원화 스테이블코인은 외국 블록체인 위에서 발행될 가능성이 높은 실정이다.

원은석

목원대학교 문화콘텐츠대학 교수, 국제디지털자산위원회(IDAC) 이사장

AI, 번역기, 게임, 데이터분석 등 다양한 기술을 외국어교육에 접목하는 방법을 연구하고 있다. 기술 트렌드의 변화를 연구하면서 디지털자산에 대해 관심을 가지게 되었고, 2021년 공익단체인 국제디지털자산위원회(IDAC)를 설립했다. 디지털자산의 활용 확산과 지속 가능한 생태계 구축을 목표로 인식확산, 사회공헌, 학교교육 등의 프로젝트를 진행하고 있으며 필리핀, 캄보디아, 우즈베키스탄 등 글로벌 네트워크를 기반으로 활동하고 있다. 한국게임학회 디지털자산분과장을 맡고 있으며 디지털자산기부연구회에서 활동하는 등 다양한 사회 분야에 디지털자산 활용을 확산하고 있다.

4장

스테이블코인, 기업과 개인이 사용하는 새로운 결제 인프라

··· 들어가며 ···

기업과 기업, 기업과 개인, 개인과 개인 간 거래에 스테이블코인이 광범위하게 활용될 수 있다. 스테이블코인은 더 이상 암호화폐 투기를 위한 수단이 아니다. 국경을 초월해 비즈니스를 할 때 꼭 필요한 인프라이다. 이 장에서는 스테이블코인이 각종 사업에서 어떤 역할을 하는지 알아보자.

B2B[1] 거래와 스테이블코인

최근 몇 년간 디지털자산은 금융 및 상업 분야에서 혁신적인 변화를 이끌어왔다. 특히 기업 간 거래[B2B] 분야에서는 전통적인 거래 방식이 가진 비효율성, 높은 거래 수수료, 낮은 투명성 등의 문제를 해결할 대안으로 디지털자산의 활용이 꾸준히 제기되었다. 기존 B2B 거래는 복잡한 서류 작업, 여러 중개 기관, 긴 정산 시간 등으로 인해 운영 비용 증가와 시간 지연을 초래하는 경우가 많았다. 그러나 디지털자산을 활용하면 실시간 결제, 간소화된 결제 과정, 스마트 콘트랙트를 통한 투명한 거래, 거래 자동화 등 혁신적인 기능이 제공돼 B2B 서비스 패러다임이 바뀔 것으로 예상된다. 특히 스테이블코인의 등장은 기업 간 거래에 근본

---

1 B2B: Business to Business의 약자로 기업 간 거래를 뜻한다. 한 회사(Business)가 다른 회사(Business)를 대상으로 제품이나 서비스를 판매하는 사업 모델을 의미한다.

적인 변화를 가져올 것으로 기대되고 있다.

스테이블코인과 B2B의 미래

스테이블코인은 가격 안정성과 예측 가능성을 제공하여 변동성이 큰 암호화폐 대신 기업 간 거래에서 신뢰성과 효율성을 극대화하는 도구로 자리 잡았다. 또한 한국은행의 '도매형 CBDC' 프로젝트와 디지털 화폐 활용성 테스트로 스테이블코인과 CBDC가 기존 금융 시스템과 융합되면서, 국제 결제와 증권 결제의 효율성이 높아지고 새로운 하이브리드 금융 모델이 제시되는 중요한 전환점을 맞이하고 있다. 이러한 변화는 B2B 거래에서 안정성, 규제 준수, 빠르고 안전한 결제 시스템을 가능하게 하여, 디지털자산 기반 B2B 서비스의 확장을 이끄는 중요한 요소로 작용하고 있다.

B2B 거래는 기업 간에 상품, 서비스, 정보 및 자금의 교환이 이루어지므로 일반적으로 일정 규모 이상의 거래 금액, 길고 복잡한 의사 결정 과정, 장기적인 파트너십 및 거래 유지 등의 특징을 가진다. 전통적인 B2B 거래와 비교하여 스테이블코인 기반 B2B 거래는 다음과 같은 특징을 지닌다.

기존 B2B 거래의 변화

전자화된 시스템을 기반으로 하는 B2B 거래 모델에 스테이

항목	기존의 B2B 거래	스테이블코인 기반 B2B 거래
사업 효율성	다수의 중개기관 필요	중개자의 감소로 인한 효율성 증가
거래 및 결제비용	복잡한 결제 시스템으로 인한 높은 수수료	실시간, 직거래를 통한 비용 절감 효과
투명성과 신뢰도	정보 변조 가능성으로 인한 신뢰비용 필요	블록체인 기반 투명성 및 신뢰도 확보 용이

〈스테이블코인 기반 B2B 거래의 장점〉

블코인이 접목되면 효율성 측면과 비용 절감 측면에서 훨씬 강력한 시너지를 낼 수 있다. 스테이블코인은 블록체인 기술과 스마트 콘트랙트의 결합을 통해 B2B 거래 프로세스를 혁신적으로 간소화하고 자동화하여 전반적인 사업 효율성을 크게 향상시킬 수 있다. 또한 스테이블코인은 광고 제휴사나 벤더Vendor(상품이나 서비스를 제공하는 기업)에 대금을 실시간으로 거의 수수료 없이 지급할 수 있게 하여 B2B 비용 구조를 혁신한다. 여기서 절감된 비용과 시간으로 신규 고객 유치나 프로모션을 진행하거나 고객 보상(리워드)에 재투자하여 인센티브의 선순환 구조를 만들 수 있다. 게다가 온라인 쇼핑몰의 환불 절차를 즉시 이행하여 고객 만족도를 극대화하고 재구매율을 높일 수 있다.

스테이블코인은 스마트 콘트랙트라는 특정 규칙에 따라 실행되기 때문에 결제를 위한 중개자가 필요 없어져 결제를 최적화할 수도 있다. 특히 데이터 오류나 누락된 거래를 방지하고, 계약 조건이 충족되지 않으면 결제가 이루어지지 않도록 하여 거래 당사자를 보호한다. 이로 인해 B2B 비즈니스에서 결제 과정의 보안, 속도, 신뢰도를 혁신적으로 향상시킬 수 있다.

기존 B2B 비즈니스에서는 효율성을 개선할 때 주로 복잡한 수동 프로세스를 단계별로 '최적화'하는 데 초점을 맞췄었다. 이러한 최적화 과정에 AI를 접목한다면 대부분의 거래 과정이 자동화되고, 결국 AI가 다른 AI 시스템과 주문 및 결제를 체결하는 방식으로 진화할 것으로 예상된다. 이 과정에서 지급과 결제 수단에 스테이블코인을 활용하게 되면, 소수점 이하의 소액 거래도 지원 가능해지고, 중개 과정은 간소화된다. 또 실시간 정산과 자동 계약 이행이 가능해서 그간 필수적이라 여겨졌던 여러 단계가 '제거'된다. 또한 분산원장을 기반으로 한 대금 정산과 거래 체결로 인해 오류를 최소화할 수 있게 된다. 이러한 효율성의 증대로 인해 B2B 비즈니스를 근본적으로 재설계할 수 있는 기반이 마련된다. 즉, 비효율적인 프로세스에 얽매이지 않고 비즈니스의 핵심 사안에 자원을 집중할 수 있게 된다.

한국의 B2B 시장은 스테이블코인을 통한 혁신을 맞이할 준비가 되어 있으며, 이미 다양한 분야에서 디지털 전환과 블록체인 기술의 도입이 활발히 이루어지고 있다. 스테이블코인은 단순한 결제 수단을 넘어 기업의 운영 효율성을 극대화하고, 새로운 비즈니스 모델을 창출하며, 궁극적으로 경쟁 우위를 확보하는 데 필수적인 요소로 작용할 것이다.

새로운 B2B 모델의 등장

기관용 탈중앙화 금융Institutional DeFi은 2025년 현재 B2B 거래 모델에서 중요한 트렌드로 자리 잡고 있다. 기업들이 디파이에 관심을 갖는 이유는 저렴한 비용과 빠른 속도에 있다. 대표적인 사례로는 에이브 아크Aave Arc와 콤파운드 트레저리Compound Treasury를 살펴볼 수 있다. 에이브 아크는 금융 기관과 기업을 위한 허가된 유동성 풀을 제공하며, 엄격한 KYCKnow Your Customer(고객확인)와 자금세탁방지AML 절차를 준수하여 기관 투자자들이 규제 환경 내에서 디파이를 활용할 수 있도록 했다. 콤파운드 트레저리는 USDC를 활용하여 기업들이 투명하고 효율적으로 자금을 운용하고 고정 수익을 얻을 수 있는 경로를 제공한다. 이 프로토콜들은 전통 금융 시스템과의 교두보 역할을 지속하며, 단기 유동성 공급 및 토큰화된 자산 담보 대출 등 다양한 서비스를 통해 금융 기관의 혁신적인 B2B 거래 모델 도입을 촉진하고 있다.

이와 같은 선도 사례 외에도 기업 간 거래와 전통 금융 시스템을 블록체인으로 연결하는 다양한 유사 서비스들이 활발히 운영되고 있다. 대표적인 사례로는 실물 자산RWA, Real-World Assets을 토큰화하여 유동성을 확보하는 센트리퓨지Centrifuge와 디지털자산 담보 없이 개발도상국 중소기업에 대출을 제공하는 골드핀치

Goldfinch가 있다.

　센트리퓨지는 기존의 오프라인 실물 자산을 블록체인 기반 금융 생태계와 연결하는 탈중앙화 자산 금융 플랫폼이다. 인보이스, 부동산, 로열티 등 여러 유형의 실물 자산을 블록체인상에서 토큰화하여, 이를 통해 디지털자산시장에서 거래하는 서비스를 제공한다. 자산의 종류에 제한이 없으며 중소기업SME, 자산 관리자, 투자자 등 다양한 주체가 참여하여 실물 자산을 온체인화할 수 있는 인프라를 제공한다. 이렇게 실물 자산을 토큰화하면 투자자는 이를 담보로 활용한 대출을 받거나 투자 기회를 접할 수 있다. 센트리퓨지의 디파이 플랫폼 틴레이크Tinlake는 매출채권, 부동산 등 토큰화된 자산을 담보로 자금을 조달할 수 있는 서비스를 제공한다. 기업 입장에서는 기존 은행이나 중개기관이 없어도 빠르고 자율적으로 자금 조달을 할 수 있다는 장점이 있으며, 투자자 측면에서는 시장 변동성에 덜 민감한 실물 자산에 기반한 수익을 기대할 수 있다.

　골드핀치는 블록체인 기반의 담보 없는 탈중앙화 대출 플랫폼으로, 전통 금융에서 대출이 어려운 개발도상국 또는 신흥시장 기업들에게 디지털자산 담보 없이 USDC로 자금을 대출해준다. 이 플랫폼은 커뮤니티 중심으로 운영되는데, 유동성 공급자LP, Liquidity Provider는 안정적인 이자 수익을 제공하는 시니어 풀Senior Pool에 자금을 예치하고, 후원자Backer는 대출자 풀Borrower Pool에 등록된

개별 대출 프로젝트에 투자하여 수익을 얻는다. 이 경우 시니어 풀보다 높은 수익률을 얻을 수 있다. 이 골드핀치 사례가 제시하는 주요 특징은 앞서 말했듯이 담보 없이 대출을 제공하는 무담보 실물 대출 구조를 구축했다는 점이다. 이 플랫폼은 실시간 거래 공개와 빠른 대출 실행이 가능해 금융 서비스에서 소외된 계층에게 편리한 자본 접근성을 제공하는 방식으로 사회공헌을 수행하고 있다. 이처럼 스테이블코인이 가진 특성을 기반으로 B2B 분야에 새로운 디파이 서비스 모델이 등장하고 있으며, 전통 금융 시스템의 제약을 넘어 자본 시장에 혁신적인 기회를 창출할 수 있는 가능성을 제시하고 있다.

B2C[2]와
스테이블코인

스테이블코인과 B2C의 진화

B2C 분야에서 디지털자산의 활용은 '가치 안정성'과 '실용성'을 확보하는 방향으로 발전해왔다. 초기 디지털자산은 높은 가격 변동성으로 인해 대중적인 B2C 결제 수단으로 채택하기에는 큰 위험성을 지니고 있었다. 그러나 법정화폐와 1:1로 가치가 연동되는 스테이블코인으로 인해 변동성 문제를 해결하며, 지급결제 수단으로서의 잠재력을 높였다.

B2C와 디지털자산의 만남

B2C 시장은 개인 소비자를 대상으로 하는 거래로, 소액 결제

---

2 B2C: Business to Consumer의 약자로 기업이 소비자에게 직접 상품이나 서비스를 제공하는 거래를 의미한다.

가 빈번하고 즉각적인 처리가 요구되며, 사용자 편의성이 중시된다. 또한 가격 변동성에 대한 민감도가 높아 안정적인 결제 수단이 필수적이다. 현재 전 세계적으로 디지털자산 소유자가 증가하고 있으며, 2024년 기준 전 세계 디지털자산 소유자는 5억 6,000만 명을 넘어섰다. 2018년부터 2023년까지 연평균 99%의 성장률을 보이며, 전통 결제 수단보다 훨씬 빠르게 성장하고 있다. 특히, 소유자의 65%는 디지털자산으로 결제하기를 원한다고 응답했다. 이러한 통계는 B2C 시장에서 디지털자산, 특히 가격 안정성을 확보한 스테이블코인에 대한 잠재적 수요가 매우 크다는 것을 시사한다.

2024년 보스턴 컨설팅 그룹BCG의 보고서에 따르면, 소비자 지출 습관을 분석한 결과 디지털자산을 사용하는 고객은 평균적으로 일반 고객보다 거래당 약 200달러 더 많이 지출하는 경향을 보였다. 특히 디지털자산 구매자의 90%가 40대 미만 MZ 세대로, 젊은 세대가 디지털자산의 주요 소비자층이자 시장 성장의 핵심 동력임을 시사한다. 이들 세대는 디지털 환경에 익숙하고 새로운 기술에 대한 수용도가 높아, 디지털자산을 단순히 투자 대상으로 보는 것을 넘어 실제 소비 수단으로 활용하려는 경향이 강하다. 이러한 B2C 시상의 특성과 소비자 행동 변화는 디지털자산, 특히 스테이블코인의 도입이 단순한 기술적 진보를 넘어 소비자의 실질적인 니즈를 충족시키고 새로운 소비 경험을 제공할 수 있음을 보여준다.

미국의 시장조사 회사인 마켓어스Market.us의 '디지털자산 결제 앱 시장' 보고서에 따르면, 디지털자산으로 결제를 지원하는 앱 시장은 2024년 5억 5,690만 달러에서 2033년 24억 410만 달러로 성장할 것으로 예상되며, 2025년부터 2033년까지 연평균 17.8%의 성장률을 기록할 것으로 예상된다. 특히, 온라인 결제 부문은 전자상거래 플랫폼의 확산과 디지털자산 기술의 전 세계적 인지도를 바탕으로 가장 빠른 성장률(18.3%)을 보일 것으로 전망된다. 개인 사용자 부문 또한 가장 빠른 성장률을 보일 것으로 예상되는데, 이는 디지털 결제 방식에 대한 선호도 증가와 디지털자산에 대한 투자가 점차 대중화되고 있기 때문이다.

디지털자산 결제 처리 분야에서 가장 규모가 큰 회사는 2011년 설립된 비트페이BitPay다. 비트페이는 디지털자산 결제 서비스를 제공하는 업체로 현재 이케아IKEA, 쇼피파이Shopify, 홈디포Home Depot(미국을 기반으로 주택과 관련된 물품을 판매하는 마트), 랄프로렌Ralph Lauren, 플레이스테이션 스토어 등 유명한 글로벌 기업이 주요 고객이다. 온라인과 오프라인 매장에서 상품 및 서비스 결제 시 비트코인, 이더리움, UDST 등을 지원하고, 결제 과정에서 소비자가 디지털자산으로 지불하면, 실시간으로 법정화폐(달러, 유로 등)로 자동 환전되어 송금된다. 따라서 가맹사는 가격 변동에 대한 위험을 최소화하여 거래대금을 수령할 수 있다.

홈디포는 2019년부터 비트페이를 통해 디지털자산 결제를 도입했는데, QR코드를 스캔하는 방식으로 매장 내 또는 온라인에서 결제할 수 있었다. 이는 대형 소매업체가 디지털자산을 결제수단으로 채택한 초기 사례 중 하나로, 디지털자산의 실생활 적용 가능성을 보여주었다. 이케아는 2021년부터 디지털자산 결제를 시범적으로 도입했는데, 비트페이 결제 처리 서비스를 활용해 실시간 즉시 매도 방식으로 디지털자산을 법정화폐로 자동 전환함으로써 가격 변동성 위험을 관리했다. 소니 플레이스테이션 스토어는 2021년부터 디지털자산으로 기프트 카드를 구매할 수 있도록 지원했다. 이를 통해 게이머들은 다양한 디지털자산으로 플레이스테이션 게임과 추가 콘텐츠, 구독 서비스 등을 구매할 수 있게 되었다. 이는 디지털 콘텐츠 시장에서 디지털자산을 활용한 간접 결제 사례가 된다.

B2C와 스테이블코인의 만남

스테이블코인은 가격 변동성이 큰 코인의 대안으로 개발되었으며, 주로 달러와 같은 법정화폐에 1:1로 연동되어 가치 안정성을 제공한다. 이러한 안정성 덕분에 스테이블코인은 실물경제와 디지털자산시장 간의 가교 역할을 한다. 딜로이트Deloitte에서 발표한 2025년 2분기 북미 CFO Chief Financial Officer(최고재무책임자) 설문조사 결과 응답자의 15%가 향후 2년 내 스테이블코인을 결제 수단으로 수용할 가능성이 높다고 답했으며, 100억 달러 이상 매출 기업의 경우에는 24%에 달했다.

응답자는 스테이블코인 거래의 가장 큰 장점으로 고객 프라이버시 보호 강화(45%)와 국경 간 거래 촉진(39%)을 꼽았다. 이는 은행과 같은 중개기관 없이 거래가 이루어져 비용을 절감하고 정산 속도를 높일 수 있기 때문이다. 이에 따라 쇼피파이, 구찌Gucci, 그리고 마스터카드Master Card 등 스테이블코인을 결제 수단으로 활용하는 글로벌 기업들이 점차 늘어나고 있다.

세계 최대 전자상거래 플랫폼 중 하나인 쇼피파이는 2023년부터 디지털자산에 우호적인 소수의 판매자를 대상으로 스테이블코인 결제 지원을 시범 운영했다. 이후, 2025년에는 미국 최대의 디지털자산 거래소인 코인베이스가 디지털자산 결제 서비스를 위해 설립한 코인베이스 커머스Coinbase Commerce와 온라인 결제 서비스를 제공하는 스트라이프Stripe를 통해 판매자들이 USDC를 결제 수단으로 직접 활용하도록 공식적으로 허용했다. 이를 통해 판매자들은 카드와 비교하여 더 낮은 수수료로 더 빠르게 결제 대금을 수령할 수 있게 되었다.

이탈리아 명품 패션 브랜드 구찌는 럭셔리 브랜드 중 최초로 2022년 미국 뉴욕, 마이애미, 이탈리아 밀라노 등 주요 플래그십 스토어에서 스테이블코인 결제를 도입했다. 구찌는 비트페이와 파트너십을 맺고 USDC, USDT, BUSD(바이낸스Binance와 팍소스

Paxos가 제작한 달러 기반 스테이블코인), DAI(이더리움 기반의 스테이블코인) 등 가장 인기 있고 많이 활용되는 스테이블코인을 결제 옵션으로 제공했다. 이로 인해 고액 결제를 하는 고객들이 낮은 수수료와 간편한 결제 서비스를 누릴 수 있었다.

마스터카드는 2025년부터 USDG(글로벌 달러: 팍소스가 발행하는 달러 기반 스테이블코인으로 발행에 참여한 파트너들이 수익을 공유), PYUSD(페이팔Paypal이 발행한 달러 기반 스테이블코인), USDC, FIUSD(피서브Fiserv가 발행하는 달러 기반 스테이블코인) 등 규제를 준수하는 다양한 스테이블코인을 자사 결제 네트워크에서 지원하기 시작했다. 마스터카드는 메타마스크MetaMask(이더리움 기반의 지갑 서비스를 제공하며 월간 사용자 3,000만을 보유한 글로벌 지갑 서비스 업체), 크립토닷컴Crypto.com(싱가포르에 본사를 둔 디지털자산거래소), 오케이엑스OKX(세계 4위의 디지털자산거래소), 크라켄Kraken(미국의 디지털자산거래소) 등 다양한 디지털자산 업체와의 파트너십을 통해 전 세계 1억 5,000만 개 이상의 마스터카드 가맹점에서 스테이블코인을 사용할 수 있도록 지원하고 있다.

스테이블코인과의 다양한 협력 경험을 토대로 마스터카드는 결제 서비스 고도화를 진행 중이다. 또한, 기업들이 실시간으로 다양한 수취처(신용카드, 은행계좌 등)로 자금을 보낼 수 있는 서비스를 제공하는 플랫폼인 마스터카드 무브Mastercard Move를 통해 금융기관과 지갑 서비스가 스테이블코인 흐름을 원활하게 송수신

할 수 있도록 지원하고 있다. 게다가 소비자가 신용카드, 직불카드, 선불카드, 할부 등 다양한 결제 수단을 단일 디지털 계정으로 통합하는 서비스인 마스터카드 원 크레덴셜Mastercard One Credential을 통해 법정화폐와 스테이블코인 잔액을 유연하게 사용할 수 있는 방안도 모색하고 있다.

이러한 글로벌 사례들은 스테이블코인이 B2C 결제 시장에서 새로운 지평을 열 수 있음을 의미한다. 결제 대금을 받기까지 2~3일이 필요하고, 높은 고정 수수료를 감당해야 하는 기존 결제 시스템의 비효율성을 스테이블코인을 통해 해결할 수 있다는 장점이 부각되면서 향후 B2C 분야에서 스테이블코인의 활용도는 급속히 확산할 것이다. 특히 수천 원 단위의 소액 결제도 합리적인 비용으로 처리할 수 있고 소수점 결제와 같은 마이크로 결제도 서비스로 제공할 수 있어, 스테이블코인이 글로벌 디지털 콘텐츠 및 서비스 시장에서 B2C 거래의 새로운 지평을 열 수 있음을 시사한다. 스테이블코인이 콘텐츠 및 다양한 온라인 B2C 서비스에 접목될 경우 한류 콘텐츠 결제, 개인 크리에이터 후원 등 기존 시스템으로는 불가능했던 새로운 B2C 시나리오가 창출될 것이다.

P2P와 스테이블코인

스테이블코인과 P2P의 진화

디지털자산 P2P의 부상

P2P Peer-to-Peer 거래는 중개자 없이 개인 또는 주체 간에 직접적으로 자산, 서비스, 또는 정보가 교환되는 방식을 의미한다. 이는 특히 금융 분야에서 두드러지는데, 전통적인 은행이나 금융기관을 거치지 않고 자금을 직접 빌려주거나 빌리는 P2P 대출, 또는 개인 간 직접 송금 및 결제를 포함한다. 이러한 P2P 모델은 중앙화된 시스템이 가진 비효율성, 높은 수수료, 그리고 접근성 제한 등의 문제를 해결하는 대안으로 자리 잡았다.

P2P 거래의 본질은 '탈중앙화'에 있으며, 이는 블록체인 기술의 핵심 가치를 그대로 반영한다. 기존 금융 시스템은 다수의 중

개 기관을 통해 거래가 이루어지며, 이로 인해 복잡한 서류 작업, 높은 수수료, 긴 정산 시간 등이 발생해 운영 비용과 시간 지연을 초래하는 경우가 많았다. 그러나 P2P 모델은 이러한 중개자의 개입을 최소화하거나 아예 제거함으로써 거래 과정을 간소화하고 효율성을 높이는 방식을 취한다.

비즈니스 리서치 컴퍼니가 2025년 발표한 P2P 시장 보고서에 따르면, P2P 대출 시장은 2025년 현재 약 1,765억 달러 규모로 평가되며, 2034년에는 1조 3,808억 달러까지 성장할 것으로 전망된다. 이는 2025년부터 2034년까지 연평균 약 25.73%의 견고한 성장률을 보일 것으로 예상되는 수치다. 이러한 성장은 핀테크 혁신, 대체 금융 솔루션에 대한 수요 증가, 그리고 디지털자산 기술의 발전에 힘입은 결과다. 디지털자산 시대의 P2P는 단순히 효율성만을 높이는 것이 아니라, 금융 시스템의 근본적인 재설계를 지향한다. 블록체인 기술을 통해 대출 계약을 자동화하고, 거래의 투명성과 보안을 강화하는 동시에 스테이블코인의 장점을 접목하여 개인과 개인 간 직접적인 금융 상호작용을 더욱 활성화시키고 새로운 금융 생태계의 비전을 제시하고 있다.

스테이블코인은 P2P 거래에 안정적인 가치 교환 수단을 제공함으로써, 비트코인이나 이더리움같이 기존 디지털자산이 가진 높은 가격 변동성으로 인한 결제 수단으로서의 부족함을 극복했다. 스테이블코인은 P2P 거래에 '안정성'이라는 핵심 요소를 제공하여, P2P가 투기적 자산 거래를 넘어 실물경제와 연동된 광범위한 결제 및 금융 활동으로 확장될 수 있는 결정적인 계기를 마련했다. 이러한 안정성은 P2P 거래가 소액 결제, 국제 송금 등 실생활 영역으로 확장될 수 있는 실용적 기반을 제공하며, 스마트 콘트랙트와의 결합을 통해 '프로그래밍 가능한 화폐'로서 P2P 금융 서비스의 확장성을 무한히 넓힌다. 이는 단순한 자금 이동을 넘어, 스마트 콘트랙트를 통한 자동화된 조건부 거래, 국경을 넘나드는 실시간 결제 등 더욱 복잡하고 효율적인 형태로 진화할 수 있는 기반을 마련할 수 있다.

디지털자산 P2P 서비스의 유형

국내 P2P 시장은 다소 복합적인 양상을 보인다. 2020년대 초반 200개가 넘었던 P2P 업체 수가 2025년 1월 말 기준 약 51개로 감소했는데, 이는 투자자 보호 기준 강화로 신뢰할 수 있는 업체들만 생존하는 구조로 재편되었음을 의미한다. 국내 P2P 시장은 규제 강화로 인한 구조조정을 겪으며 '신뢰성'을 확보하는 방향으로 진화하고 있으며, 이는 스테이블코인 기반의 투명하고 안정적인 P2P 서비스가 시장에 진입할 기회를 제공한다.

이러한 구조조정은 '묻지마 투자' 식의 초기 P2P 시장에서 벗어나, 건전하고 신뢰할 수 있는 서비스만이 살아남는다는 시장의 성숙 신호로 해석될 수 있다. 한편, 국내 핀테크 서비스는 간편결제와 인터넷전문은행 중심으로 높은 활용도를 보인다. 피셔 아이디Fisher-Id와 ACI 월드와이드ACI Worldwide가 공동으로 조사한 보고서에 따르면, 2023년 한국의 실시간 결제 거래량은 91억 건으로 전 세계의 3%를 차지했으며, 2025년부터 2030년까지 국내 RTP 시장은 연평균 약 38% 성장할 것으로 전망된다. 이러한 데이터는 한국 소비자들이 디지털 결제 방식에 매우 익숙하며, P2P 모델의 확산에 유리한 환경이 조성되어 있음을 시사한다. 따라서, 스테이블코인이 제공하는 '안정성'과 '투명성'은 국내 시장의 이러한 '신뢰성' 요구와 맞물려 P2P 서비스의 새로운 성장 동력이 될 수 있다.

P2P 서비스는 그 형태와 목적에 따라 다양하게 분류될 수 있으나, 스테이블코인과의 접목 가능성을 중심으로 다음과 같은 주요 유형으로 나눌 수 있다.

- P2P 대출P2P Lending

개인 또는 기관이 온라인 플랫폼을 통해 다른 개인이나 기업에 직접 자금을 대출하는 형태이다. 이는 전통 금융기관의 복잡한 절차와 높은 문턱을 낮추고, 대출자와 투자자 모두에게 유리한 금리 조건을 제공하는 것을 목표로 한다. 특히 머신러닝 모델을 활용하여 모바일 결제 행동, 온라인 쇼핑 기록, 소셜 시그널 등 대체 데이터를 기반으로 신용을 평가함으로써, 전통적인 신용 파일이 없는 젊은 전문가, 프리랜서, 신흥 경제국의 기업가 등 금융 소외 계층에게도 대출 기회를 제공할 수 있다.

에이브Aave는 이더리움 등 다양한 블록체인 네트워크에서 운영되는 가장 큰 디파이 대출 프로토콜 중 하나로, 사용자는 USDC, USDT와 같은 스테이블코인을 예치하여 이자를 받거나, 예치한 자산을 담보로 다른 디지털자산 대출이 가능하다. 콤파운드Compound 역시 대표적인 디파이 대출 프로토콜로, 사용자들은 스테이블코인을 예치하여 유동성을 공급하고 이자 수익을 얻으며, 예치된 자산을 기반으로 다른 자산을 대출할 수 있다. 모르포Morpho는 에이브와 콤파운드 같은 기존 프로토콜 위에 구축된 대출 시장으로, 사용자 간의 직접적인 매칭을 통해 중개 수수료를 줄이고 더 효율적인 이자율을 제공하는 것을 목표로 한다. 크레더파이Credefi는 토큰화된 실물 자산RWA을 담보로 P2P 대출을 가능하게 하는 플랫폼으로, 사용자는 USDC와 같은 스테이블코인을 대출해주고, 담보로 제공된 자산을 기반으로 수익을 얻을 수 있다. 이러한 서비스들은 전통적인 P2P 금융과는 달리 블록체인 기술을 활용하여 중개자 없이 개인 간의 대출이 가능하도록 하며, 스테이블코인을 통해 변동성을 최소화한 대출 및 대여 상품을 제공한다.

- **P2P 결제 및 송금** P2P Payments and Remittances

개인 간에 직접적으로 자금을 주고받는 서비스로, 주로 상품 구매 대금 결제나 해외 송금에 활용된다. 기존 은행 송금 시스템의 높은 수수료와 느린 처리 속도를 개선하는 데 중점을 둔다. 특히 해외 송금의 경우, 전통적인 방식은 며칠이 소요되고 6~8%에 달하는 높은 수수료가 부과되지만, 스테이블코인을 활용하면 몇 분 이내에 1~2%의 낮은 수수료로 처리가 가능하다.

페이팔은 자체 달러 연동 스테이블코인인 PYUSD를 발행하여 자사 네트워크에 통합했다. 페이팔 앱 사용자는 PYUSD를 통해 수수료 없이 즉시 결제하거나 송금을 보낼 수 있으며, 페이팔 계정이 있는 가맹점에서는 PYUSD로 결제하는 것도 가능하다. 비자Visa는 솔라나Solana 블록체인을 통해 USDC를 이용한 결제 기능을 확장하고 있다. 비자는 가맹점 결제 대금을 정산하는 과정에 스테이블코인을 활용하여 기존의 복잡하고 느린 결제망을 개선하는 방안을 모색하고 있다. 서클은 USDC 발행사로, '서클 페이먼츠 네트워크Circle Payments Network'를 통해 기업들이 USDC를 활용해 실시간으로 전 세계에 송금 및 결제를 할 수 있는 서비스를 제공한다. 이는 전통적인 은행 시스템 없이도 24시간 내내 운영되며, 특히 B2B(기업 간) 결제에서 효율을 높이고 있다.

- P2P 거래소 P2P Exchanges

사용자들이 중개 기관 없이 직접 디지털자산을 사고팔 수 있도록 연결해주는 플랫폼이다. 이는 중앙화된 거래소의 해킹 위험이나 규제 압력으로부터 자유롭고, 사용자에게 더 높은 프라이버시와 낮은 거래 수수료를 제공한다. 에스크로 Escrow 시스템이나 다중 서명 Multisig 지갑과 같은 보안 기능을 통해 안전한 거래를 지원한다.

바이낸스 P2P Binance P2P는 세계 최대 암호화폐 거래소인 바이낸스가 운영하는 P2P 거래 플랫폼이다. 사용자는 바이낸스 P2P를 통해 USDT, BUSD, DAI 등 다양한 스테이블코인을 법정화폐로 직접 사고팔 수 있다. 에스크로 시스템을 통해 거래의 안전을 보장하며, 다양한 결제 수단을 지원한다. 팍스풀 Paxful은 전 세계적으로 널리 사용되는 P2P 디지털자산 마켓플레이스로, 다양한 스테이블코인 거래를 지원한다. 은행 계좌가 없는 사람들도 P2P 거래를 통해 금융 서비스에 접근할 수 있도록 돕는 것이 특징이다. 로컬코인스왑 LocalCoinSwap은 비수탁형 non-custodial P2P 거래소로, 사용자가 직접 자금을 관리하면서 거래할 수 있다. USDT, USDC 등 스테이블코인을 포함한 20여 가지의 디지털자산을 거래할 수 있으며, 스마트 콘트랙트와 에스크로 보호 기능을 통해 안전한 거래 환경을 제공한다. 마지막으로 호들호들 Hodl Hodl은 KYC(고객 신원 확인) 절차가 없는 비수탁형 P2P 거래소이다. 주로 비트코인과 같은 디지털자산을 거래하지만, 스테이블코인 거래도 지원하며, 다중 서명Multisig 지갑을 이용해 사용자 간의 신뢰를 높이고 안전한 거래를 보장한다.

스테이블코인으로 더욱 확장되는 P2P 서비스

스테이블코인은 P2P 거래의 본질적인 장점을 극대화하고, 기존 금융 시스템의 한계를 뛰어넘는 새로운 가치를 제공한다.

항목	전통 P2P 거래	스테이블코인 기반 P2P 거래
중개기관	플랫폼, 은행 등 다수 중개기관 필요	중개자 감소 또는 제거 (직접 거래)
거래 비용	높은 수수료 (특히 국경 간, 소액 거래)	매우 낮은 수수료 (몇 센트 이하)
거래 속도	느림 (국경 간 며칠 소요, 은행 영업시간 제약)	빠름 (수 초~수 분 이내, 24/7 가능)
투명성	중개기관에 의존, 정보 불투명성 존재	블록체인 기반의 높은 투명성 및 추적 가능성
신뢰도	중개기관의 신뢰에 의존	스마트 콘트랙트 기반의 기술적 신뢰, 위변조 불가
금융 포용성	은행 계좌 등 전통 금융 접근성 필요	모바일 지갑과 인터넷만으로 접근 가능 (금융 소외 계층 포용)
프로그래밍 가능성	제한적, 수동적 처리	스마트 콘트랙트를 통한 자동화된 조건부/스케줄링 결제 가능

〈P2P 각 요인별 스테이블코인 활용의 장점〉

거래 효율성 및 비용 절감

스테이블코인 기반 P2P 거래는 기존 금융 시스템 대비 압도적인 효율성과 비용 절감 효과를 제공한다. 주요 고성능 블록체인에서 스테이블코인 거래는 송금 금액과 관계없이 수 초에서 수 분 이내에 완료되며, 수수료는 단 몇 센트에 불과하다. 이는 며칠이 소요되고 높은 고정 수수료가 발생하는 전통적인 해외송금SWIFT이나 카드 결제 시스템(2~3% 수수료)과 대조된다.

스테이블코인은 P2P 거래에서 '마찰 없는 금융frictionless finance'을 실현하여, 거래 비용을 혁신적으로 낮추고 속도를 극대화함으로써 기존에는 비경제적이었던 소액/고빈도 거래 시장을 개척한다. P2P 거래에서 중개자가 감소하거나 제거됨으로써, 복잡한 결제 시스템으로 인한 불필요한 비용이 사라지고 실시간 직거래를 통한 비용 절감 효과가 발생한다. 기존 금융 시스템의 비효율성은 주로 다수의 중개자와 복잡한 정산 과정에서 발생한다. 스테이블코인은 블록체인 위에서 직접 P2P 거래를 가능하게 하여 이러한 중개 단계를 '제거'한다. 이로 인해 수수료는 거의 0에 수렴하고, 시간은 실시간에 가까워진다. 이는 특히 국경 간 거래에서 2~3%의 이중 환전 비용을 절감하며, 소액 결제나 마이크로페이먼트(몇 천 원 단위)를 경제적으로 가능하게 하여, 한류 콘텐츠 결제, 개인 크리에이터 후원, 온라인 강의 수강료 등 기존 시스템으로는 불가능했던 새로운 P2P 사용 모델을 제시한다.

투명성 및 신뢰도 향상

블록체인 기반의 스테이블코인 P2P 거래는 높은 수준의 투명성과 신뢰도를 제공한다. 모든 거래 내역이 분산원장(Distributed Ledger)에 기록되어 위변조가 불가능하며, 필요시 실시간으로 거래 내역을 확인할 수 있다. 또한, 스마트 콘트랙트를 통해 특정 규칙에 따라 결제가 자동으로 실행되므로, 데이터 오류나 누락된 거래를 방지하고 계약 조건이 충족되지 않으면 결제가 이루어지지 않도록 하여 거래 당사자를 보호한다. 이는 P2P 거래에서 발생할 수 있는 신뢰 비용을 크게 줄이고, 거래 당사자 간의 불확실성을 해소한다.

스테이블코인과 스마트 콘트랙트의 결합은 P2P 거래에서 '인간적 신뢰'의 필요성을 줄이고 '기술적 신뢰'를 기반으로 한 자동화된 거래를 가능하게 하여, 거래의 범위와 복잡성을 확장시킨다. P2P 거래는 본질적으로 당사자 간의 신뢰를 요구한다. 전통적인 P2P에서는 플랫폼의 중개나 에스크로 서비스가 이 신뢰를 보장했다. 그러나 블록체인의 불변성(immutability)과 스마트 콘트랙트의 자동 실행 기능은 이러한 신뢰를 '코드'로 구현한다. 즉, 계약 조건이 충족되면 약속된 자금이 자동으로 이동하므로, 사기나 불이행의 위험이 최소화된다. 이는 P2P 거래가 단순한 송금을 넘어, 복잡한 조건부 거래나 담보 대출 등으로 확장될 수 있는 기반을 제공하며, 거래 당사자가 서로를 알지 못해도 안전하게 거래할 수 있는 환경을 조성한다.

국경 간 거래 및 금융 포용성 증대

스테이블코인은 국경 간 P2P 거래를 획기적으로 용이하게 하며, 특히 금융 시스템에서 소외된 계층의 접근성을 높이는 데 기여한다. 스테이블코인은 법정화폐처럼 결제 수단, 자산 저장 수단 등의 기능을 수행하지만, 공식적인 통화 공급 주체에 의해 통제되지 않는다는 특성상 국경을 넘나드는 거래에 매우 효율적이다. 모바일 지갑과 인터넷만 있으면 누구나 스테이블코인을 통해 자금을 송금하고 받을 수 있어, 은행 계좌가 없거나 전통 금융 서비스 접근이 어려운 개발도상국 및 신흥 시장의 사람들에게 금융 서비스를 제공하는 중요한 수단이 된다. 2024년 기준 전 세계 디지털자산 소유자는 5억 6,000만 명을 넘어섰으며, 65%의 소유자가 디지털자산으로 결제하기를 원한다고 응답했다. 이는 P2P 스테이블코인에 대한 잠재적 수요가 매우 크다는 것을 시사한다.

스테이블코인은 특히 비기축통화국의 개인들이 '디지털 달러'에 접근하고 이를 통해 글로벌 경제에 직접 참여할 수 있는 통로를 제공하여, 통화 주권 문제를 야기할 수 있으나 동시에 금융 포용성을 획기적으로 증대시킨다. 스테이블코인이 주로 미국 달러에 연동된다는 점과 국경 없는 블록체인 위에서 작동한다는 점은 비기축통화국에서 '디지털 달러화' 현상을 가속화할 수 있다. 이는 중앙은행의 통화 주권에 대한 우려를 낳을 수 있지만, 동시에 자국 통화의 불안정성에 시달리는 개인들에게 안정적인 가치 저장 및 교환 수단을 제공한다. 이로 인해 해외 송금 비용이 절감되고, 은행 인프라가 부족한 지역에서도 금융 서비스에 접근할 수 있게 되어, 글로벌 금융 포용성 증대에 지대한 영향을 미친다.

프로그래밍 가능한 화폐의 확장성

스테이블코인은 단순한 가치 저장 및 교환 수단을 넘어, '프로그래밍 가능한 화폐Programmable Money'로서 P2P 거래의 새로운 가능성을 열어준다. 이는 특정 조건이 충족될 때만 결제가 실행되는 조건부 결제나, 정해진 기간에 걸쳐 분할 지급되는 스케줄링 결제 등 기존 금융 시스템으로는 구현하기 어려운 다양한 결제 방식을 P2P 환경에서 손쉽게 구현할 수 있게 한다. 이러한 기능은 P2P 대출 상환, 소규모 프로젝트 자금 조달, 혹은 콘텐츠 사용료 지불 등에서 혁신적인 변화를 가져올 수 있다.

스테이블코인의 프로그래밍 가능성은 P2P 거래를 단순한 자금 이동에서 벗어나, 복잡한 비즈니스 로직과 자동화된 계약 이행이 가능한 '스마트 거래'로 진화시켜 새로운 P2P 비즈니스 모델의 등장을 촉진한다. 전통적인 P2P 거래는 주로 단순한 송금이나 대출에 그쳤다. 그러나 스테이블코인이 스마트 콘트랙트와 결합되면, '돈' 자체에 '규칙'을 부여할 수 있게 된다. 예를 들어, P2P 대출에서 특정 성과 달성 시 이자율을 조정하거나, 공동 구매 프로젝트에서 모든 참여자의 자금이 모였을 때만 결제가 실행되도록 프로그래밍할 수 있다. 이는 P2P 거래의 복잡성을 관리하고 신뢰를 높이는 동시에, 기존에는 중개자가 필요했던 다양한 형태의 P2P 금융 서비스를 '탈중앙화'된 방식으로 구현할 수 있는 기반을 제공한다.

더 알아보기

세계 최대 은행도 달러 스테이블코인을 발행했다

JP모건체이스는 미국에서 가장 큰 은행이다. 즉, 세계 1등 은행인 셈이다. JP모건의 CEO인 제이미 다이먼(Jamie Dimon)은 반(反) 디지털자산 인사로 유명한데, 비트코인을 싫어하는 정도가 아니라 '무가치한 것'이라고 극언을 한 바 있다. 그런 JP모건도 비트코인 비즈니스는 하는데, JP모건 고객들이 비트코인에 투자하겠다고 하면 말리지 않고 구매해준다. 위험이 고객 몫이기 때문이다. JP모건은 코인도 발행한 바 있다. 예금 담보 스테이블코인, 즉, 디포지트 토큰(Deposit Token)으로 약자로는 JPMD라고 한다. JP모건 은행에 예치된 예금을 기반으로 한 디지털자산으로, 결국 달러 예금을 기반으로 한 코인인 셈이다.

JP모건은 이 코인이 통상의 스테이블코인이 아니며 발행자의 예금을 디지털 코인으로 만든 것이라고 주장한다. 결국 달러를 담보로 코인으로 만들었으니, 스테이블코인의 변형 같은데 아니라고 우기는 것이다.

미국에서는 스테이블코인 발행 요건을 규정한 법률, 앞서 이야기한 '지니어스법'이 이미 마련돼 있다. 이 법의 기준만 충족하면 누구든 스테이블코인을 발행할 수 있기 때문에, 기존 금융권도 긴장할 수밖에 없다. 스테이블코인은 송금과 결제 시 수수료가 거의 없고 속도도 빠르기 때문이다. 그런 점에서 JP모건 CEO가 언제까지 반 디지털자산 입장을 고수할지가 시장의 관심사로 떠올랐다.

김외현

〈비인크립토〉 동아시아 편집장

〈한겨레〉 정치부·국제부 기자, 베이징 특파원을 거쳐 청와대 행정관으로 근무했다. 블록체인 전문 매체 〈코인데스크코리아〉 편집장을 지냈으며, 지금은 글로벌 전문 매체인 〈비인크립토〉에서 동아시아 지역의 팀과 콘텐츠를 총괄하고 있다. 기술이 바꾸어가는 세상에 관심이 많으며, 그곳의 목격자이자 기록자이고 싶어 한다. 테라-루나 사태를 다룬 백서인 《테라-루나, 7년의 기록》을 포함해 다수의 책을 쓰고 번역했다.

5장
스테이블코인과 글로벌 경제

··· **들어가며** ···

21세기 글로벌 경제는 하나로 연결되어 있지만, 역설적으로 국경을 건너는(국경 간, cross-border) 자금 이동은 여전히 20세기 시스템에 의존하고 있다. 한국 기업이 베트남 공급업체에 대금을 지급하거나, 미국에서 일하는 한국인이 고향에 송금하거나, K-팝 콘텐츠를 해외에서 판매할 때, 우리는 여전히 복잡하고 느리며 비용이 많이 드는 전통적인 은행 시스템을 거쳐야 한다.

스테이블코인은 이러한 패러독스를 해결할 수 있는 혁신적인 도구다. 디지털 통화의 안정성과 블록체인의 효율성을 결합하여, 국경 간 거래를 실시간으로, 저비용으로, 그리고 투명하게 처리할 수 있는 새로운 패러다임을 제시한다.

이 장에서는 스테이블코인이 어떻게 기존 국제 결제 시스템의 한계를 극복하고, 특히 원화 기반 스테이블코인이 어떻게 한국 경제의 글로벌 경쟁력을 강화할 수 있는지 구체적인 사례와 함께 살펴본다.

기존 국경 간
거래 시스템의 한계

스위프트 시스템의 구조적 문제점

현재 국제 송금의 대부분은 '국제은행간통신협회', 스위프트SWIFT, Society for Worldwide Interbank Financial Telecommunication 네트워크를 통해 이루어진다. 곧, 금융기관끼리 안전하게 거래할 수 있도록 도와주는 고도의 보안을 갖춘 전산망이 존재하는 셈이다.

스위프트 이전 국가 간 금융거래는 수동 결제 시스템 '텔렉스Telex' 등을 통해 이뤄졌지만 느리고 많은 비용이 필요했다. 1970년대 벨기에 금융계를 중심으로 좀 더 안전하고 통일된 시스템을 만들자는 움직임이 시작됐고, 1973년 5월 15개국 239개 은행으로 이뤄진 스위프트가 출범했다. 스위프트는 참가하는 금융기관에 '스위프트 코드'라는 고유 식별코드를 부여해 표준화된 보안 메시지를 주고받는 방식이다.

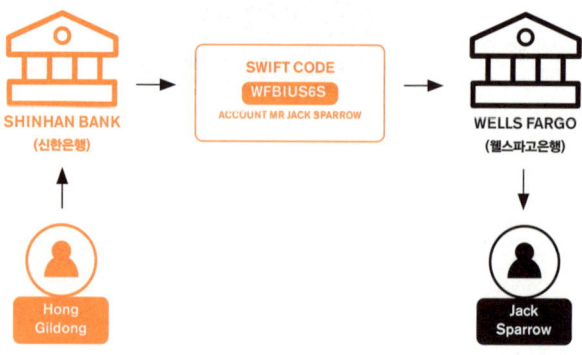

〈스위프트 개념도〉

이를테면, 한국의 신한은행 홍길동의 계좌에서 미국의 웰스파고은행 잭 스패로우의 계좌로 돈을 보낸다고 할 때, 신한은행은 스위프트를 통해서 웰스파고에 메시지를 보내게 된다. 자금이 곧바로 이전하는 것이 아니라 잭에게 송금된 돈을 웰스파고가 지급하라는 근거를 주는 형태다. 실제 자금의 이동은 이후 중앙은행이나 은행 간에 개설된 계좌를 통해 정산 형태로 이뤄진다.

스위프트에서 전송되는 메시지를 FIN 메시지라고 하는데, 2024년 하루 평균 134.9억 건이 전송된 것으로 나타난다. 5년 전인 2019년(86.7억 건)보다 55.6%가 늘어난 가파른 성장세를 보이고 있다. 이처럼 스위프트 시스템은 반세기가 지난 지금도 글로벌 금융의 중추 역할을 하고 있지만, 디지털 시대의 요구를 충족하기에는 명백한 한계가 있다.

첫째, 처리 시간의 문제이다. 스위프트를 통한 국제 송금은 통상 3~5영업일이 소요된다. 이는 여러 중개은행을 거치는 복잡한 절차 때문이다. 예를 들어, 서울의 한 중소기업이 독일 공급업체에 대금을 지급하려면, 국민은행 → 코레스폰던트 은행(예: JP모건) → 독일 현지은행 → 최종 수취인 계좌의 경로를 거쳐야 한다. 각 단계마다 은행의 영업일이어야 하는 제약이 따르고, 각 금융기관별로 법적 검토가 필요할 수 있다.

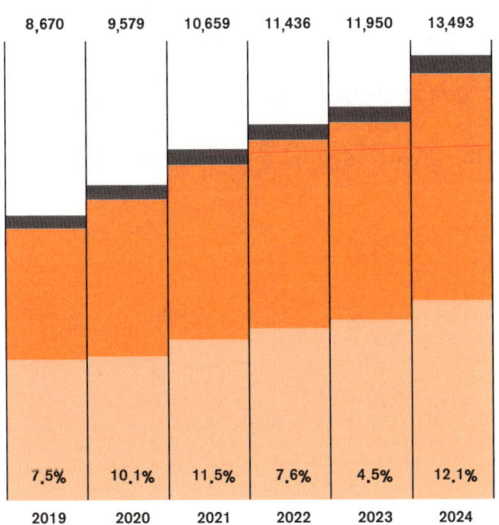

⟨스위프트의 금융기관 간 메시지 하루 평균 전송 건수⟩
출처: 2024년 스위프트 연례보고서

둘째, 높은 수수료가 발생한다. 국제 송금 수수료는 송금액의 3~7%에 달한다. 처리 시간의 문제와 마찬가지로 여러 중개은행을 거치게 되기 때문에, 송금은행 수수료, 중개은행 수수료, 수취은행 수수료가 붙는다. 여기에 원화에서 달러로 환전, 달러에서 현지통화로 환전하는 수수료가 추가된다. 특히 소액 송금의 경우 수수료 비중이 더욱 높아져, 100달러 송금 시 실제 수취액이 90달러에 불과한 경우도 빈번하다.

셋째, 환손실 위험이 따른다. 스위프트 시스템에서 처리 시간이 걸리는 탓에, 송금 시점과 수취 시점의 환율 차이로 인한 손실이 발생할 수 있다. 또한 중개은행들이 적용하는 환율 마진이 불투명하여, 실제 환전 비용을 사전에 정확히 예상하기 어렵다. 다시 말해, 실제 수령하는 금액이 얼마가 될지 알 수 없다. 최악의 경우, 이로 인한 분쟁이 발생할 수도 있다는 의미다.

컴플라이언스와 규제의 복잡성

국경 간 거래에서 돈을 보내는 사람과 돈을 받는 사람이 누군지를 아는 것은 중요한 일이다. 두 사람 사이에서도 필요한 일이지만, 전쟁, 테러, 착취, 자금세탁 등에 연루된 자금은 국제적인 제재 대상일 수 있기 때문이다. 북한의 핵실험에 대해 유엔이 제재 결의안을 채택해 북한과 관련된 자금이 다른 곳으로 이동하지 못하도록 동결시킨다거나, 러시아의 우크라이나 침공에 대해

러시아 은행들을 스위프트에서 배제시켜 러시아와 돈거래를 원천 차단시키는 등이 그 예다.

그렇기 때문에 자금세탁방지^AML 원칙과 이를 위한 고객확인^KYC은 국경 간 결제 시스템에서 매우 중요한 요소가 된다. 문제는 국경 간 결제는 본질적으로 여러 단계와 기관을 거치는데, 각국의 중개은행이 AML/KYC의 엄격한 규제 요구사항을 각각 개별적으로 적용하고 있다는 점이다. 각 중개기관마다 실질적 소유자 확인과 거래 스크리닝을 반복적으로 수행하는 구조인 탓에, 결제 시스템은 복잡한 프로세스가 될 수밖에 없다.

스위프트의 통계를 통해 구체적으로 살펴보면, 하나의 국제 송금 거래는 평균 3~4개 이상의 금융기관을 거치며 각 은행이 중복적으로 AML/KYC 절차를 수행하고 있다. 이 과정에서 네트워크 내 어느 한 곳이라도 추가 확인이나 보류가 발생하면 전체 거래가 지연되며, 평균적으로 국제 송금에 3~5영업일 이상이 소요되는 결과로 이어지게 된다.

특히 국제 제재 대상 국가나 고위험 고객이 관여된 경우, 중개은행 가운데 어느 한 곳이라도 경고^Flag를 부여하면 거래가 중단되거나 추가 설명 자료 제출 절차가 요구된다. 이처럼 복수의 기관이 요구하는 규제를 준수해야 하는 부담이 국경 간 결제 시장의 속도, 투명성, 비용 효율성을 심각하게 저해하는 것이 현실이다.

중소기업, 소상공인의 접근성 문제

대부분의 은행 기반 국제 송금 서비스는 은행과 규제 리스크, 비용 회수의 어려움 등으로 인해 '최소 송금액 제한'을 둔다. 세계은행World Bank 자료를 보면, 시중은행 가운데 많은 은행이 100~500달러 미만의 소액 송금을 제한하고 있으며, 은행 자체 수수료 외에도 중개하는 은행 및 기관의 수수료, 환전 스프레드 등 다양한 거래 비용을 부과하고 있다.

이러한 수수료 구조에서는 송금액이 낮을수록 총비용 비율이 크게 높아진다. 예를 들어 100달러를 송금할 때, 전체 거래 비용이 7~10%에 달하는 사례가 적지 않다. 이렇다 보니, 적은 금액을 자주 거래하는 긱 이코노미Gig Economy(디지털 플랫폼 경제) 참여자들, 곧 작은 기업과 프리랜서들은 수수료가 과도하다는 불만을 갖게 될 수밖에 없다. 게다가 거래 목적과 고객 신원에 대한 반복적인 증빙 요구, 복잡한 인터페이스, 송금 거절 및 답변 지연 등을 겪다 보면 국경 간 결제 시스템으로부터 소외된다고 느끼게 된다.

기존 시스템의 구조적 한계는 저소득층, 소상공인, 해외 근로자 등을 금융소외 계층으로 만들며 진입 장벽을 높인다는 것이다.

국경 간 거래는
새로운 목표가 아니다

비트코인의 꿈, 블록체인의 꿈

블록체인과 암호화폐의 '창세기'라 할 수 있는 2008년 사토시 나카모토의 논문은 그 제목이 〈비트코인: 개인 간 전자화폐 시스템A Peer-to-Peer Electronic Cash System〉이었다. 다시 말해 개인끼리 돈을 주고받을 수 있는 시스템에 대한 아이디어였고, 그 궁극적 목표는 은행과 정부라는 중개자 없이도 자유롭게 가치를 전송할 수 있는 새로운 금융 시스템을 만드는 것이었다.

이는 곧 국경 간 결제 혁신에 대한 꿈이기도 했다. 미국에서 한국으로, 브라질에서 나이지리아로, 복잡한 은행 네트워크와 높은 수수료, 며칠간의 대기 시간 없이 몇 분 만에 자금을 보낼 수 있다면? 이것이 바로 암호화폐가 그리던 미래였다.

2010년 1만 비트코인으로 파파존스 피자 두 판을 구매한 것을 시작으로, 비트코인으로 물건값을 결제하려는 시도는 부단히 이어졌다. 하지만 초기 비트코인은 더딘 거래 속도와 높은 거래 수수료 때문에 결제 수단으로는 부적절했다. 미래의 화폐를 내걸고 등장했지만, 비트코인 거래가 완료되는 데에는 평균 10분가량이 걸렸다. 화폐로서는 불합격처럼 여겨졌다.

이후 여러 암호화폐가 비트코인의 약점을 극복하겠다고 선언했다. 비트코인 탄생 2년 뒤인 2011년 '비트코인의 가벼운light 버전'을 표방하며 등장한 라이트코인부터가 거래 속도를 단축시킨다는 구호를 앞세웠다. 2012년 나온 리플XRP은 아예 국제적인 송금 분야에 특화시키겠다면서 전통 금융기관들의 네트워크 참여를 추진했고, 시장은 스위프트의 단점을 극복할 거라며 리플에 찬사를 보냈다. 비트코인도 2018년 라이트닝네트워크가 등장하면서 빠른 지급·결제를 구현해냈다는 평가를 얻었다.

이 같은 흐름은 글로벌 현상이었고 한국도 예외가 아니었다. 2013년 12월 3일 오전 파리바게뜨 인천시청역점은 한국에서 최초로 비트코인 결제를 받아들였다. 매장에는 '비트코인 가맹점 국내 1호점'이라는 플래카드가 내걸렸고, 점장은 많은 언론 인터뷰로 유명인사가 됐다. 개발자로 일하는 큰아들이 결제 시스템을 직접 개발했다.

해외 송금을 위해 리플을 활용하는 국내 서비스도 등장했다. 코인원 자회사 코인원트랜스퍼가 만든 '크로스'는 2018년 태국과 필리핀으로 송금할 수 있는 서비스를 출시했다. 2025년 8월 현재 이 서비스는 5분 안에 82개 국가로 송금이 가능하다고 홍보하고 있다.

이러한 개별적 시도들은 분명한 진전을 보여줬지만, 여전히 근본적인 한계가 남아 있었다. 비트코인을 포함한 암호화폐의 극심한 가격 변동성은 안정적인 결제 수단으로 활용하기 어렵게 만들었고, 일반 소비자들에게는 여전히 복잡하고 낯선 기술이었다. 또한 각각의 프로젝트들이 독립적으로 진행되면서 상호 연결성과 확장성에도 한계를 드러냈다. 하지만 블록체인 기술을 통해 국경 간 결제의 혁신을 이루겠다는 꿈은 계속 이어졌고, 이는 2019년 훨씬 더 야심 찬 프로젝트의 등장으로 이어지게 된다.

페이스북의 야심 찬 도전: 리브라 프로젝트

이러한 한계를 극복하고자 2019년 페이스북(현 메타)이 제시한 것이 리브라Libra(후에 디엠으로 개명) 프로젝트였다. 페이스북은 단순히 새로운 암호화폐를 만드는 것이 아니라, 글로벌 결제 인프라의 근본적 혁신을 꿈꿨다.

리브라의 핵심 아이디어는 명확했다.

- **안정성**: 주요 통화 바스켓과 연동하여 가격 변동성 최소화
- **접근성**: 27억 페이스북 서비스 이용자에게 즉시 서비스 제공 가능

- **효율성**: 전 세계 어디든 몇 초 만에 거의 무료로 송금
- **포용성**: 은행 계좌가 없는 17억 명의 금융 소외 계층도 포함

페이스북의 구상은 구체적이었다. 왓츠앱으로 메시지를 보내듯 간단하게 돈을 보낼 수 있고, 케냐의 소상공인이 미국 고객에게서 즉시 대금을 받을 수 있으며, 필리핀 해외 근로자가 고향 가족에게 수수료 걱정 없이 송금할 수 있는 세상이 곧 리브라가 그린 미래였다.

"리브라는 분명 암호화된 화폐이며 그 덕분에 새로운 디지털 통화의 매력적인 특성을 모두 갖게 됩니다. 다시 말해, 즉각적인 송금이 가능하고, 암호화된 보안을 갖추었으며, 국경을 넘어 쉽게 자금을 이동할 수 있는 자유를 갖고 있습니다. 친구가 세계 어디에 있든지 휴대전화로 메시지를 보낼 수 있는 것처럼, 리브라를 이용하면 즉각적으로 안전하게 그리고 저렴하게 돈을 보낼 수 있게 됩니다."

- 《리브라 백서 An Introduction to Libra: White Paper》

하지만 리브라는 출범도 하기 전에 거센 반발에 부딪혔다. 당초 리브라는 복수 국가의 통화로 바스켓을 구성하고, 스위스에서 그에 연동한 코인을 발행할 계획이었다. 이는 사실 국가 권력,

페이스북(현 메타)이 추진했던 블록체인 프로젝트 리브라에는 다양한 분야의 28개 기업이 참여 의사를 밝혔으며, 이들은 리브라 협회를 만들어 프로젝트 운영 및 관리를 하기로 했다.
출처: 리브라 홈페이지(libra.org, 2019년 6월 조회)

주권 세력으로부터 독립을 추구한다는 의미였다. 각국 정부와 중앙은행들은 페이스북이라는 거대 빅테크 기업이 사실상의 글로벌 중앙은행 역할을 하게 될 가능성을 우려했다. 27억 사용자를 보유한 페이스북이 자체 통화를 발행한다면, 이는 기존 통화 주권에 대한 심각한 도전이 될 수 있었다.

세계 정치인들은 리브라를 인정할 수 없다고 선언했다. 미국 의회 청문회에 불려 나온 리브라 프로젝트 책임자 데이비드 마커스는 "리브라는 달러를 대체하려는 것이 아니라 보완하려는 것"이라고 해명했지만, 의구심은 쉽게 가라앉지 않았다. 여러 나라 정부에서 리브라로부터 잠재적으로 발생하는 통화 주권 위협을 철저히 조사하겠다고 나섰다. 유럽중앙은행 크리스틴 라가르드 총재는 "리브라는 화폐 주권과 금융 안정성에 위험을 가져올 수 있다"고 경고했다.

다양한 압박에 시달리던 끝에 메타로 사명을 바꾼 페이스북은 2022년 결국 관련 프로젝트를 공식적으로 중단한다고 발표했다. 규제 불확실성과 파트너들의 이탈, 그리고 메타가 새로이 메타버스를 우선순위로 설정하는 등의 과정이 결합된 결과였다.

스테이블코인과 국경 간 결제

사실 스테이블코인은 리브라 이전부터 존재했다. 처음엔 코인-코인 시장 진입의 디딤돌이었다. 변동성에 의한 불확실성을 조금이라도 줄이려던 목적이었다. 리브라 계획이 나올 때쯤엔, 이미 코인 시장 밖에서 다양한 쓰임새를 찾아가던 단계였다.

스테이블코인이 코인 시장 밖에서 쓰인 대표적인 예로, 블록체인 전문매체 〈코인데스크〉는 2019년 7월 30일 "중러 국경 간 암호화폐 거래 금액 수백만 달러… 그중에선 테더가 '왕'"이라는 제목의 기사를 보도했다. 내용을 요약하면 다음과 같다.

Millions in Crypto Is Crossing the Russia-China Border Daily. There, Tether Is King

Tether has a real-world use case: Chinese importers of cheap goods in Russia use it to send millions home daily.

BY ANNA BAYDAKOVA

Updated May 9, 2023, 12:03 p.m. Published Jul 30, 2019, 1:00 p.m.

2019년 7월 30일 블록체인 전문매체 〈코인데스크〉는 중국의 대러시아 무역상들이 암호화폐로 결제하고 있으며, 그중에서도 테더가 으뜸이라고 보도했다.
출처: 〈코인데스크〉

- 모스크바의 암호화폐 환전소에서는 매일 약 300만 달러어치의 암호화폐를 중국 무역상들에게 판매한다. 판매되는 암호화폐 가운데 80%는 테더USDT, 20%는 비트코인이다.
- 중국 상인들은 현금을 들고 와서 USDT 지갑 주소를 제공하고, 환전소 딜러는 현금을 받고 해당 지갑으로 USDT를 전송한다.
- 모스크바에서 중국 무역상들이 하루에 구매하는 USDT 규모는 1,000~3,000만 달러에 이른다. 모스크바 시티 지역에는 이 같은 환전소가 많다.

- 시내 한 호텔에 위치한 환전상에서는 하루 1,000~1,200만 암호화폐가 홍콩으로 송금되고 있었으나, 경찰이 급습해 운영이 잠시 중단됐다.
- 이들은 2018년 이전엔 비트코인을 주로 구매했지만, 가격 하락 이후 리스크 회피 차원에서 테더를 선호하게 됐다.
- 중국은 개인의 연간 외화 매입 한도를 5만 달러로 제한하고 있으며, 일부 중국인들은 이를 우회하기 위해 암호화폐로 국경 간 자금 이동을 시도한다.
- 중국은 공식적으로 국내에서 암호화폐-법정화폐 거래를 금지하지만, 환전상을 통해 위안화로 환전할 수 있다.
- 러시아 중앙은행은 모스크바 쇼핑몰에서 발생하는 월 95억 달러 규모의 비공식 현금 흐름이 대부분 중국 무역상들과 관련된 것으로 본다.

다시 말해, 테더는 이 무렵부터 중국 무역상들이 무역대금으로 받은 외환을 신속하면서도 제한 없이 본국으로 보낼 수 있는 통로를 만들어주고 있었던 셈이다. 이 기사가 특히 주목받았던 이유는 중국이 오랫동안 시행해온 외환 규제와 크림반도 합병(2014) 이후 러시아에 대한 국제사회의 제재를 우회하는 길을 암시했기 때문이다.

아예 무역대금을 암호화폐로 받는 경우도 있었다. 2021년 7월

7일에 보도된 "압박 속에서 성장하다: 제재 속에서도 나이지리아에서 암호화폐가 성장하는 이유"라는 코인데스크 기사를 보면, 국내 외환 부족으로 달러를 구하기 힘든 나이지리아에서 비트코인이 무역 결제 수단으로 기능하고 있는 현실이 그려진다. 중앙은행이 암호화폐 관련 계좌를 폐쇄시키는 등 강경한 태도를 취했음에도 코인 시장의 규모가 커지는 이유였다.

2020년 8월 블록체인 분석기업 체이널리시스가 발표한 '글로벌 암호화폐 채택 지수 Global Crypto Adoption Index'를 보면, 암호화폐를 가장 활발하게 받아들이고 있는 나라들은 우크라이나(1위), 러시아(2위), 베네수엘라(3위) 순으로 나타났다. 우크라이나와 러시아는 기업 간 송금, 국경 간 거래에 암호화폐를 사용하는 비중이 컸고, 베네수엘라는 저축 및 개인 간 거래 비중이 높았다.

그중에서도 특히 우크라이나는 터키에서 물품을 수입하는 소상공인들이 외환 규제를 우회하기 위해 암호화폐를 이용하는 경우가 많은 것으로 알려졌다. 매주 약 500만 달러어치의 암호화폐가 결제에 쓰이는데, 90%가 테더USDT로 추산되었다. 우크라이나에서는 암호화폐 투자 시장이 활성화되고 있기도 했다. 주식 시장이 부실해서 사실상 존재하지 않는다고 간주되는 데다, 현지 화폐가 불안한 탓이었다. 여느 코인 시장이 그러했듯이, 이 같은 거래 과정에서는 스테이블코인, 그중에서도 테더가 주된 매개였을 것이다.

순위	2020년	2025년
1	우크라이나	인도
2	러시아	미국
3	베네수엘라	파키스탄
4	중국	베트남
5	케냐	브라질
6	미국	나이지리아
7	남아공	인도네시아
8	나이지리아	우크라이나
9	콜롬비아	필리핀
10	베트남	러시아

〈글로벌 암호화폐 채택 지수〉

블록체인 분석기업 체이널리시스는 해마다 '글로벌 암호화폐 채택 지수'를 발표한다. 구매력(PPP) 기준 거래량과 사용량 등을 기준으로 순위를 매긴다.

이후 이처럼 테더를 위시한 스테이블코인이 세계적으로 코인 시장 밖에서 쓰인다는 이야기는 끊이지 않았다. 특히 자국 통화가 불안하고, 금융 인프라가 제한적이며, 국제 통화로의 접근성이 떨어지거나, 규제를 우회하려는 사람들이 많은 신흥국에서 이런 현상을 촉진했다.

한국에도 상륙한 스테이블코인의 국경 간 결제

한국은 그런 환경은 아니지만, 이 같은 글로벌 현상에서 한국이 특별히 예외였을 것 같지는 않다. 분명 국내에서도 스테이블코인의 쓰임새를 찾는 이들이 존재했겠지만, 본격적으로 화제가 된 것은 2024년 10월이었다. 〈한국경제〉는 국내 무역상들이 대금을 테더로 수령하고 있는 경우가 상당수 있다고 보도했다. 보도 내용은 특히 정부 관계자를 인용해 구체적인 수치를 제시하며 관련 업계를 발칵 뒤집었다.

> 정부 관계자는 "국내 무역 거래의 10%는 스테이블코인으로 이뤄지고 있는 것으로 추정한다"고 했다. 국내 암호화폐 거래소에서 사고 팔리는 스테이블코인 거래량보다 훨씬 더 큰 규모가 무역 거래에서 수출입 결제 수단으로 활용되고 있다는 얘기다.
> - 〈한국경제〉, "韓무역 10% 스테이블코인으로 거래'… 통계 안 잡혀 지표 왜곡 불러", 2024년 10월 8일

기획재정부는 즉각 반박 자료를 냈다. 기사에서 한국 무역거래의 10%가 스테이블코인으로 결제된다고 한 것은 부정확하며, 최대치로 잡아도 3.4% 수준이라는 내용이었다. 다만, 기재부는 그럼에도 스테이블코인의 쓰임새가 실물경제로 확산될 가능성을 전제로 제시했다. 기재부 자료에는 "현재 스테이블코인은 주

로 가상자산 생태계에서 여타 가상자산의 거래·교환수단으로 활용되고 있으나, 국경 간 거래 등을 통해서도 사용되며 실물경제의 지급·거래수단 등으로 기능이 확장될 가능성이 있습니다"라는 내용이 담겼다.

2025년 상반기 들어서는 갑작스러울 정도로 국내 스테이블코인 이용 실태에 대한 기사가 쏟아졌다. 서울 동대문의 의류 도매상에서 스테이블코인이 결제 목적으로 쓰인다는 보도가 나오는가 하면, 실제로는 그렇지 않다며 반박하는 기사도 나왔다. 외국인 노동자들이 본국 송금의 편의성을 위해 급여를 스테이블코인으로 받는 것을 선호한다는 보도도 있었다. 홍콩 핀테크 기업이 만든 스테이블코인 카드 상품이 한국에서 결제가 된다는 기사도 나왔다. 이런 흐름에 힘입어 6월 3일 대통령선거를 앞두고 각 정당 후보들은 스테이블코인 관련 공약을 발표했다. 후보 TV 토론에서도 화두가 됐다.

이제 스테이블코인은 더 이상 암호화폐 거래소 안에서만 머무르는 기술적 실험이 아니다. 전 세계 곳곳에서 실제 무역 결제와 해외 송금의 수단으로 자리 잡고 있으며, 한국도 예외가 아님이 드러났다. 그렇다면 스테이블코인이 기존 금융 시스템의 한계를 어떻게 극복하고 있을까? 비트코인이 꿈꿨던 국경 간 자유로운 가치 전송은 스테이블코인을 통해 어떻게 현실화되고 있을까?

스테이블코인
국경 간 거래의 실제

스테이블코인 샌드위치: 국경 간 결제의 새로운 패러다임

전통적인 국경 간 송금을 떠올려보자. 한국에 있는 홍길동이 미국에 있는 친구 잭 스패로우에게 돈을 보내려고 한다. 홍길동의 돈은 먼저 한국의 은행에서 출발해 여러 중개은행을 거쳐야 한다.

> 홍길동 → 신한은행 → (국제 중개은행들) → 웰스파고 → 잭 스패로우

이 과정에서 만약 홍길동이나 잭 스패로우의 거래은행이 규모가 작아서 직접 국제 중개업무를 하지 않는다면 코레스폰던트 은행이 필요하게 된다. 그러다 보면 많을 땐 각각 세 곳의 은행을 거쳐야 할 수도 있다. 신흥국 은행의 경우 종종 이런 일이 발

생하는데, 문제는 은행마다 AML/KYC 등 확인 작업을 이행해야 한다는 점이다. 결국 도합 여섯 개의 금융기관이 개입하게 되면 각 기관마다 서로 다른 영업시간 속에서 확인 절차를 거치면서 송금이 지연된다. 심하면 2주일이 걸리기도 한다.

스테이블코인은 이런 복잡한 과정을 혁신적으로 바꿔놓는다. '스테이블코인 샌드위치'라고 불리는 이 방식은 마치 샌드위치처럼 단순한 구조를 가진다. 빵-속재료-빵처럼, 법정화폐-스테이블코인-법정화폐의 3단계로 구성된다.

구체적인 과정을 살펴보자. 홍길동이 100만 원을 보내고 싶다면, 먼저 이 돈이 USDT테더 같은 스테이블코인으로 변환된다. 이 스테이블코인이 블록체인 네트워크를 통해 몇 분 만에 미국으로 전송되고, 현지에서 다시 미국 달러로 바뀐다. 전체 과정이 5~10분이면 완료된다.

> 홍길동 → 원화/스테이블코인 환전 → 전송 →
> 스테이블코인/달러 환전 → 잭 스패로우

이 시스템이 가능한 이유는 스테이블코인 송금을 둘러싼 기술 생태계가 구성되기 때문이다. 기본적으로 블록체인 네트워크가 있고, 홍길동이 100만 원을 내고 USDT를 받을 수 있게 하는, 다시 말해 법정화폐를 암호화폐로 바꿔주는 '온램프' 서비스가 있다. 그리고 잭 스패로우가 반대로 USDT를 주고 달러를 받아 가도록 해주는 '오프램프' 서비스가 있다. 여기에 홍길동과 잭 스패로우 본인을 확인해주는 KYC 솔루션도 필요하다. 그리고 송금을 편리하게 만드는 앱과 홈페이지 등이 존재한다. 이 가운데 특정 서비스가 특화되기도 하고, 몇 개 서비스를 묶어서 효율성을 높이기도 한다. 세계적으로 운영되는 많은 서비스가 이 같은 샌드위치 구조를 띠고 있다.

금융 인프라가 상대적으로 낙후한 신흥국 시장에서 이런 서비스가 발전하는 것은 당연한 일이다. 예를 들어 아프리카 여러 국가에서 결제를 받아 유럽 본사로 송금해야 하는 항공사들은 스테이블코인을 적극 활용하고 있다. 스테이블코인을 다루는 전문기업들의 서비스도 점점 정교해지고 있다. 80~90개 통화를 실시간으로 지원하는 서비스도 등장했다.

더 흥미로운 것은 '오픈 샌드위치'라는 새로운 트렌드다. 기존에는 반드시 양쪽 끝에서, 곧 홍길동과 잭 스패로우가 법정화폐로 바꿔야 했지만, 이제는 한쪽은 스테이블코인 그대로 받기를 원하는 사람들이 늘고 있다. 이를테면, 잭 스패로우가 USDT 형태로 받겠다고 하는 것이다. 테더를 그대로 쓸 수 있는 곳이 충분히 많다면, 잭 스패로우로서는 환전 수수료를 한 번 더 아낄 수 있으므로 당연한 선택이다. 샌드위치의 한쪽 빵이 사라진 구조인데, 언젠가 스테이블코인을 쓰는 것이 자연스러운 세상이

온다면 결국 양쪽 빵이 모두 불필요할지도 모른다.

스테이블코인을 통한 국경 간 거래의 특징

기술적 우위

(24/7 실시간 거래) 블록체인 기반의 스테이블코인은 주말이나 공휴일에 관계없이 24시간 365일 거래가 가능하다. 스마트 콘트랙트가 자동으로 거래를 실행하므로, 인간의 개입 없이도 수분 내에 국경 간 자금 이동이 완료된다.

(중개자 제거) 기존 시스템의 다층 구조와 달리, 스테이블코인은 송금인과 수취인을 직접 연결한다. 이를 통해 중개은행 수수료를 제거하고, 거래의 투명성을 크게 향상시킨다.

(프로그래밍 가능성) 스마트 콘트랙트를 통해 조건부 송금, 분할 송금, 자동 환전 등 복잡한 비즈니스 로직을 코드화할 수 있다. 예를 들어, "상품 납품 확인 후 자동으로 대금 지급"과 같은 조건을 미리 프로그래밍할 수 있다.

경제적 효율성

(수수료 절감) 세계은행은 평균적인 송금 수수료 비율을 추적한다. 이 비율은 지난 몇 년 간 6~6.5%를 유지해왔다. 스테이블코인을 활용한 국경 간 거래의 수수료는 송금액의 0.1~1% 수준

으로, 기존 대비 70~90% 절감이 가능하다. 이는 특히 중소기업, 소상공인 및 개인 사용자에게 큰 경제적 이익을 제공한다.
(환율 투명성) 블록체인의 투명성으로 인해 모든 환율 정보가 공개되며, 사용자는 실시간으로 정확한 환전 비용을 확인할 수 있다. 이는 기존 시스템의 불투명한 환율 마진 문제를 근본적으로 해결한다.

확장성과 포용성

(소액 결제 활성화) 낮은 거래 비용으로 인해 기존에는 경제성이 없던 소액 국경 간 거래가 가능해진다. 이는 글로벌 긱 이코노미 확산과 디지털 콘텐츠 유통에 새로운 기회를 제공한다.
(금융 소외 계층 포용) 은행 계좌가 없거나 제한적인 금융 서비스에 접근하는 개발도상국 주민들도 스마트폰만 있으면 스테이블코인을 통해 글로벌 경제에 참여할 수 있다.

스테이블코인을 활용한
국경 간 거래의 활용

이번에는 앞서 살펴본 간략한 역사와 특징을 토대로 한국의 각 분야에서 구현할 수 있는 스테이블코인의 쓰임새를 가상으로 구성해볼 것이다. 반드시 원화 기반 스테이블코인일 필요는 없다. 그러나 만약 다른 통화 기반 스테이블코인으로 이 같은 기회의 공간이 열릴 수 있는데 원화 기반이 아니라면, 한국으로서는 그만큼 기회를 잃는 것일 수 있다. 그러므로 여기서 한국, 한국사람들, 한국 기업들을 주인공으로 상정한 스테이블코인 세상은, 한국 돈에 기반한 스테이블코인을 전제로 한다.

국제 무역(B2B):
스위프트 망의 지연 없이 수출입 거래대금 조달 및 결제

한국은 세계 8위의 수출 국가로, 연간 6,000억 달러 규모의 국제 무역을 수행하고 있다. 원화 스테이블코인은 이러한 무역 거래의 효율성을 혁신적으로 개선할 수 있다.

사례 1: 자동차 부품 수출 기업의 혁신

부산에 위치한 자동차 부품 제조업체 A사는 독일 BMW에 월 500만 달러 규모의 부품을 수출한다. 기존에는 L/C(신용장) 방식으로 거래했지만, 복잡한 서류 작업과 2~3주의 대금 회수 기간이 현금 흐름에 부담을 줬다.

원화 스테이블코인 도입 후:

- **즉시 결제:** 상품 선적과 동시에 스마트 콘트랙트가 자동으로 대금을 지급
- **조건부 결제:** "화물 추적 시스템에서 독일 도착 확인 시 자동 지급" 조건 설정
- **환율 헤지:** 계약 체결 시점의 환율로 고정하여 환율 위험 제거
- **비용 절감:** 기존 L/C 수수료 0.5~1.5% → 스테이블코인 거래 수수료 0.1%
- **결과: 연간 250만 달러의 금융 비용 절감 및 현금 흐름 개선으로 연간 매출 20% 증가**

사례 2: 중소 수입업체의 글로벌 소싱

서울의 패션 액세서리 수입업체 B사는 인도, 터키, 베트남 등 다수 국가에서 소량 다품종 제품을 수입한다. 기존에는 각 공급업체별로 별도의 송금 절차를 거쳐야 했고, 소액 거래 시 수수료 부담이 컸다.

원화 스테이블코인 활용 시:

- **다중 공급업체 동시 결제:** 하나의 트랜잭션으로 여러 공급업체에 동시 송금
- **스마트 에스크로:** 품질 검수 완료 후 자동 대금 지급
- **소액 결제 효율성:** 100달러 결제 시 기존 15달러 수수료 → 1달러로 절감
- **결과:** 공급업체 관리 효율성 증대 및 제품 다양성 확대로 경쟁력 강화

글로벌 전자상거래(B2C): 한국 기업의 해외 진출 가속화

K-뷰티, K-푸드, K-패션 등 한국 제품의 해외 인기가 높아지면서, 글로벌 전자상거래 시장에서 한국 기업들의 기회가 확대되고 있다. 원화 스테이블코인은 이러한 기회를 현실화하는 핵심 도구가 될 수 있다.

사례 3: K-뷰티 브랜드의 글로벌 직판

제주도 천연 화장품 브랜드 C사는 기존에 아마존, 알리바바 등 플랫폼을 통해야만 해외 판매가 가능했다. 이 때문에 플랫폼 수수료와 결제 수수료로 매출의 20~30%를 지불해야 했다.

원화 스테이블코인 기반 자체 몰 구축 후:

- **직접 결제**: 해외 고객이 원화 스테이블코인으로 직접 결제
- **실시간 정산**: 주문과 동시에 원화로 매출 확정
- **글로벌 접근성**: 140개국 고객이 현지 결제 수단 없이도 구매 가능
- **마케팅 비용 절감**: 플랫폼 의존도 감소로 브랜드 파워 강화
- **결과: 플랫폼 수수료 절감으로 수익률 25% 개선, 직접 고객과의 관계 구축으로 브랜드 가치 향상**

사례 4: 디지털 콘텐츠의 글로벌 유통

웹툰 플랫폼 D사는 한국 작가들의 작품을 전 세계에 유통하고 있다. 기존에는 각국별 결제 시스템 연동과 환전 절차가 복잡하여 진출 국가가 제한적이었다.

원화 스테이블코인 도입 효과:

- **단일 결제 시스템**: 전 세계 사용자가 동일한 방식으로 결제
- **소액 결제 활성화**: 에피소드당 1달러 미만의 소액 결제도 경제성

확보
- **창작자 정산**: 작가에게 실시간으로 로열티 지급 가능
- **신규 시장 진출**: 결제 인프라 구축 없이도 새로운 국가 진출 가능
- **결과**: 서비스 제공 국가 50개국 → 120개국 확대, 창작자 수익 증대로 콘텐츠 품질 향상

해외 송금: 더 빠르고 저렴한 대안

한국에는 약 250만 명의 외국인이 거주하고 있으며, 이들은 본국에 상당한 규모를 송금한다. 또한 해외에 거주하는 한국인들의 국내 송금 규모도 작지 않다.

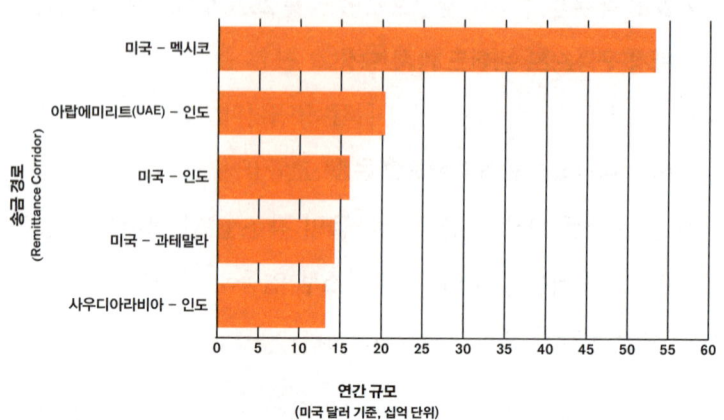

〈세계 송금 발신국-수신국 기준 송금량 비교〉

세계 송금 발신국-수신국 기준으로 송금량을 비교하면, 미국-멕시코의 송금 금액이 가장 큰 것으로 나타난다. 모든 송금 경로를 정확히 파악하기는 어렵지만, 미국에서 멕시코로 송금되는 금액은 2021년 기준 500억 달러, 2025년 현재 640억 달러 수준으로 추산된다. 이는 멕시코 국내총생산[GDP]의 4% 수준이다. 그 뒤로는 UAE-인도, 미국-인도, 미국-과테말라, 사우디아라비아-인도 순으로 나타난다.

출처: KNOMAD, Remitstat, Atlas, World Bank, Banxico, Bitso Business

사례 5: 베트남 근로자의 본국 송금

경기도 안산에서 일하는 베트남 출신 노동자 응웬 씨는 매월 1,000달러를 베트남의 가족에게 송금한다. 기존 방식으로는 은행 방문, 서류 작성, 3~5일 대기, 높은 수수료(40~50달러) 등의 불편함이 있었다.

원화 스테이블코인 활용 시:

- **즉시 송금**: 스마트폰으로 5분 내 송금 완료
- **수수료 절감**: 기존 50달러 → 5달러로 90% 절감
- **투명성**: 실시간 환율과 정확한 수취 금액 확인 가능
- **접근성**: 24시간 언제든지 송금 가능

사례 6: 해외 거주 한국인의 부모님 용돈 송금

미국 실리콘밸리에서 일하는 김우빈 씨는 매월 부모님께 용돈을 송금한다. 기존에는 와이어 트랜스퍼로 35달러의 수수료를 지불했고, 3~4일이 소요됐다.

원화 스테이블코인 사용 후:

- **비용 효율성**: 월 35달러 → 3달러로 수수료 절감
- **편의성**: 부모님이 직접 원화로 수취, 별도 환전 불필요
- **정기 송금 자동화**: 스마트 콘트랙트로 매월 자동 송금 설정

프리랜서 및 긱 이코노미: 글로벌 인재 활용의 새로운 패러다임

디지털 전환이 가속화되면서 원격 근무와 프리랜서 문화가 확산되고 있다. 한국 기업들도 글로벌 인재 풀을 활용하여 경쟁력을 강화할 수 있는 기회가 늘어나고 있다.

사례 7: IT 스타트업의 글로벌 개발진 활용

서울의 핀테크 스타트업 E사는 인도와 우크라이나의 개발자들과 원격으로 작업한다. 기존에는 월말 정산 시 페이팔이나 와이어 트랜스퍼를 사용했지만, 높은 수수료와 지연이 늘 문제가 됐다.

원화 스테이블코인 도입 후:

- 즉시 정산: 작업 완료와 동시에 대금 지급 가능
- 성과 기반 보상: 마일스톤 달성 시 자동으로 보너스 지급
- 수수료 절감: 기존 8~12% → 1% 미만으로 대폭 절감
- 글로벌 인재 유치: 경쟁력 있는 보상으로 우수 개발자 확보
- 결과: 개발 비용 30% 절감과 동시에 프로젝트 품질 향상, 글로벌 시장 진출 가속화

사례 8: 디자인 에이전시의 국제 협업

부산의 디자인 에이전시 F사는 일본, 싱가포르, 호주 클라이

언트들과 작업한다. 프로젝트 규모가 다양하고 납기가 짧아 신속한 결제가 중요했다.

원화 스테이블코인 도입 후:
- **프로젝트 단위 에스크로:** 계약 체결 시 대금을 스테이블코인 에스크로에 예치
- **단계별 정산:** 디자인 초안, 수정, 최종 완료 단계별로 자동 지급
- **다중 통화 대응:** 클라이언트는 현지 통화로 지불, 에이전시는 원화로 수취
- **결과:** 프로젝트 리스크 감소, 현금 흐름 개선, 해외 클라이언트 확대

한류와 문화 콘텐츠: K-컬처의 글로벌 확산

한류의 글로벌 확산과 함께 K-컬처 콘텐츠의 수익화 기회가 급증하고 있다. 원화 스테이블코인은 이러한 문화 콘텐츠의 글로벌 유통과 수익화를 혁신적으로 개선할 수 있다.

사례 9: K-팝 아티스트의 글로벌 팬클럽 운영

대형 엔터테인먼트 회사 G사는 전 세계 80개국에 팬클럽을 운영하고 있다. 기존에는 각국별로 다른 결제 시스템과 환전 절차로 인해 통합 관리가 어려웠다.

원화 스테이블코인 활용 시:

- 글로벌 멤버십: 전 세계 팬들이 동일한 방식으로 멤버십 가입
- 디지털 굿즈: NFT 포토카드, 독점 영상 등을 스테이블코인으로 판매
- 팬 참여 프로그램: 콘서트 투표, 앨범 크라우드펀딩 등에 활용
- 실시간 정산: 각국 수익을 실시간으로 원화로 집계

사례 10: 독립 웹툰 작가의 글로벌 진출

개인 웹툰 작가 H씨는 자신의 작품을 직접 글로벌 독자들에게 판매하고 싶었지만, 복잡한 결제 시스템과 높은 수수료로 인해 포기하고 있었다.

원화 스테이블코인 기반 플랫폼 활용 시:

- 직접 판매: 중간 플랫폼 없이 독자와 직접 거래
- 소액 결제: 에피소드당 0.5달러의 소액도 경제성 확보
- 팬 후원: 독자들이 작가에게 직접 후원금 전달
- 2차 창작 수익: 팬아트, 굿즈 판매 수익 공유

스테이블코인
국경 간 거래의 미래

시장 규모: 지금은 미미하지만 잠재력은 크다

전통적인 국경 간 결제 시스템의 비효율성에도 불구하고, 글로벌 국경 간 결제 시장은 지속적으로 확대되고 있다. 업계 전망에 따르면, 2024년 195조 달러 규모인 국경 간 결제는 2032년까지 320조 달러 이상으로 성장할 것으로 예측된다.

이 중에 스테이블코인은 어느 정도나 될까? 사실 현재로서는 아주 미미해 보인다. 수천억 달러 수준으로, 전체 결제 시장의 1%가 되지 못한다는 추산도 있다. (이는 BVNK, Conduit, Orbital 등 현재 출시된 여러 서비스의 규모를 통해 유추한 결과다. 그나마 스테이블코인의 다양한 거래에는 단순한 자산 이동이나 코인 거래 목적도 있어 국경 간 결제를 위해 쓰인 것이 얼마나 되는지를 정확히 파악하는 것은 어렵다는 것을 전제로 한 것이다.)

그러나 스테이블코인 국경 간 거래 시장의 잠재력이 엄청나다는 데 대해서는 이견이 없다. 복잡한 기존 시장의 약점을 극복하고 있는 이 기술이 성장할 수 있는 영역이 분명히 드러나고 있기 때문이다.

국경 간 결제 흐름에서 가장 큰 비중을 차지하는 것은 도매Wholesale 또는 은행 간interbank 거래다. 유동성 관리, 외환거래 및 헤지, 증권 결제 등이 포함되는 이 영역이 전체 거래량의 대부분을 차지한다. 하지만 비도매non-wholesale 결제 흐름도 무시할 수 없는 성장세를 보이고 있다. 향후 8년간 연평균 성장률 6.2%로 꾸준히 확대될 전망이다.

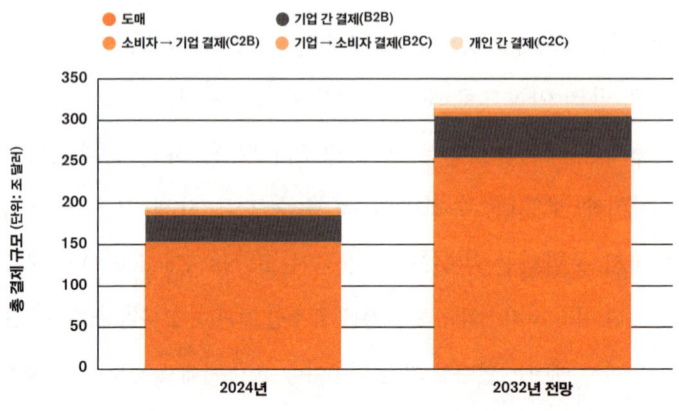

〈국경 간 결제 시장 성장 전망〉
출처: FXC인텔리전스

특히 주목할 만한 것은 B2C(기업→소비자) 국경 간 결제 부문이다. 현재 시장 규모는 1.9조 달러 수준으로 상대적으로 작지만, 연평균 성장률 11.1%로 가장 빠르게 성장하고 있다. 이러한 급성장의 배경에는 긱 경제의 확산이 있다. 소셜 미디어 플랫폼에서 활동하는 크리에이터들에 대한 지급, 프리랜서들의 국경 간 업무 수행, 온라인 플랫폼을 통한 서비스 제공 등이 새로운 결제 수요를 창출하고 있는 것이다.

이러한 시장 환경의 변화는 스테이블코인에 절호의 기회를 제공한다. 특히 빠르게 성장하는 B2C 부문과 긱 경제 영역에서 기존 결제 시스템의 한계를 극복할 수 있는 혁신적 대안으로 자리 잡을 가능성이 크다. 높은 수수료와 느린 처리 속도로 인해 소액 결제가 제약받던 영역에서, 스테이블코인은 실시간 저비용 결제를 통해 새로운 패러다임을 만들어갈 수 있을 것이다. 이 같은 경로를 성공적으로 완주한다면, 스테이블코인이 전 세계 비도매 결제의 41~59%를 차지할 것이라는 전망도 나온다.

스테이블코인 국경 간 거래가 성공할 수 있는 곳은?

FXC인텔리전스의 2025년 7월 보고서를 보면, 현재의 스테이블코인 국경 간 거래는 '기초단계'이며, 관련 규제 정비, 인프라 확충, 기관투자자 참여 확대 등이 이뤄질 경우 급속히 확산할 가능성이 크다. 특히 현재 수수료 구조가 불투명하고 결제 속도가

송신 지역	수신 지역	수수료	속도	스테이블코인 잠재력
중남미	중남미	매우 높음	느림	매우 높음
아프리카	중동	높음	매우 느림	매우 높음
중남미	북미	높음	매우 느림	매우 높음
아프리카	유럽	높음	매우 느림	매우 높음
남아시아	중남미	보통	매우 느림	높음
아프리카	북미	보통	매우 느림	높음
남아시아	아프리카	보통	매우 느림	높음
중남미	동아시아	높음	느림	높음
중남미	남아시아	높음	느림	높음
아프리카	동아시아	높음	느림	높음
중남미	유럽	높음	느림	높음
북미	유럽	높음	보통	꽤 높음
아프리카	남아시아	높음	보통	꽤 높음
북미	유럽	높음	보통	꽤 높음
아프리카	아프리카	높음	보통	꽤 높음
중동	동아시아	높음	보통	꽤 높음
중남미	중동	매우 높음	빠름	꽤 높음
중동	아프리카	높음	매우 빠름	꽤 높음
중남미	아프리카	매우 높음	매우 빠름	꽤 높음
동아시아	중동	보통	느림	꽤 높음
동아시아	동아시아	보통	느림	꽤 높음
북미	북미	보통	느림	꽤 높음
아프리카	중남미	보통	느림	꽤 높음

〈P2P 결제에서 스테이블코인 활용 가능성이 가장 높은 '거래 루트'〉

느린 신흥시장, 그중에서도 송금이 빈번히 이뤄지는 '거래 루트 payment corridors'에서 스테이블코인의 경쟁력이 빛을 발할 것이다.

보고서는 세계를 북미, 중남미, 동아시아, 유럽, 남아시아, 중동, 아프리카 등 권역으로 구분하고, 현재의 송금 비용과 속도를 토대로 스테이블코인 결제 사업의 잠재력을 검토했다. 그 결과, 스테이블코인이 개인 간P2P 송금에서 유망한 루트는 중남미 ↔ 중남미, 아프리카 → 중동, 중남미 → 북미, 아프리카 → 유럽 등이었다. 이들 경로는 전통 금융 수수료가 높고 속도가 느려, 저비용·고속 송금 수단인 스테이블코인의 수요가 크다. 한국이 속한 동아시아에서는 동아시아 → 중동 또는 동아시아 ↔ 동아시아 거래가 승산이 있어 보였다.

반면, 유럽 ↔ 유럽, 북미 → 남아시아처럼 이미 금융 인프라가 발달하고 비용이 낮은 루트는 활용 가능성이 낮다. 신흥시장 간 송금 수요가 스테이블코인 확산의 핵심 동력임을 보여준다. 한국이 속한 동아시아에서 유럽, 남아시아, 북미 등으로 향하는 스테이블코인 국경 간 송금 사업은 잠재성이 제한적이었다.

B2B 및 B2C 국경 간 결제 시장에서 스테이블코인의 활용 가능성은 지역 간 금융 인프라의 불균형에 따라 크게 달라진다. 예를 들어 아프리카에서 중남미나 동아시아로의 송금은 수수료가 매우 높고 속도도 느려 스테이블코인의 대체 가능성이 매우 높다. 중남미 내부나 아프리카 내부 결제 역시 유사한 문제를 겪고 있어 스테이블코인 기반 인프라에 대한 수요가 급증하고 있다.

반면, 유럽에서 유럽으로, 또는 북미에서 남아시아로의 송금

송신 지역	수신 지역	수수료	속도	스테이블코인 잠재력
유럽	유럽	매우 낮음	보통	매우 낮음
유럽	남아시아	매우 낮음	보통	매우 낮음
북미	남아시아	매우 낮음	보통	매우 낮음
북미	중남미	낮음	빠름	매우 낮음
동아시아	유럽	낮음	느림	낮음
유럽	북미	낮음	느림	높음
중동	북미	낮음	느림	제한적
중동	남아시아	낮음	보통	낮음
동아시아	남아시아	낮음	보통	낮음
유럽	동아시아	낮음	보통	낮음
북미	중동	보통	빠름	꽤 낮음
중동	중남미	보통	빠름	꽤 낮음
남아시아	유럽	낮음	매우 느림	꽤 낮음
남아시아	북미	낮음	매우 느림	꽤 낮음
남아시아	중동	낮음	매우 느림	꽤 낮음
남아시아	동아시아	낮음	매우 느림	꽤 낮음
남아시아	남아시아	낮음	매우 느림	꽤 낮음
동아시아	북미	낮음	매우 느림	꽤 낮음
북미	아프리카	보통	보통	제한적
유럽	아프리카	보통	보통	제한적
중동	유럽	보통	보통	제한적
중남미	유럽	보통	보통	제한적
동아시아	아프리카	보통	보통	제한적

〈P2P 결제에서 스테이블코인 활용 가능성이 가장 낮은 '거래 루트'〉

처럼 기존 금융망이 잘 구축된 루트에서는 스테이블코인의 이점이 상대적으로 작다. 특히 유럽과 중동, 동아시아 간 거래는 낮은 수수료와 비교적 빠른 처리 속도를 제공하고 있어 스테이블코인의 활용도가 낮은 편이다. 이러한 분석은 스테이블코인이 단순한 암호화폐를 넘어, 글로벌 결제의 구조적 문제를 해결할 전략

송신 지역	수신 지역	수수료	속도	스테이블코인 잠재력
아프리카	중남미	매우 높음	매우 느림	매우 높음
아프리카	동아시아	매우 높음	매우 느림	매우 높음
중남미	중남미	매우 높음	매우 느림	매우 높음
아프리카	중동	높음	매우 느림	높음
중남미	동아시아	높음	매우 느림	높음
북미	동아시아	높음	느림	꽤 높음
북미	유럽	높음	느림	꽤 높음
북미	중남미	보통	매우 느림	꽤 높음
유럽	아프리카	보통	매우 느림	꽤 높음
아프리카	아프리카	보통	매우 느림	꽤 높음
아프리카	남아시아	보통	매우 느림	꽤 높음
아프리카	유럽	보통	매우 느림	꽤 높음
북미	중동	보통	매우 느림	꽤 높음
북미	아프리카	보통	매우 느림	꽤 높음
북미	북미	보통	매우 느림	꽤 높음
중동	남아시아	보통	매우 느림	꽤 높음
중남미	유럽	보통	매우 느림	꽤 높음
중남미	북미	보통	매우 느림	꽤 높음
중남미	중동	보통	매우 느림	꽤 높음
중남미	남아시아	보통	매우 느림	꽤 높음
남아시아	중동	보통	매우 느림	꽤 높음
동아시아	남아시아	보통	매우 느림	꽤 높음

〈B2B & B2C 결제에서 스테이블코인 활용 가능성이 가장 높은 '거래 루트'〉

적 수단이 될 수 있음을 보여준다.

P2P와 B2B, B2C의 경향을 모두 종합하면, 스테이블코인 국경 간 거래의 활성화는 신흥시장에서 먼저 확산하고, 이후 점차 선진국 루트로 확장하게 될 가능성이 커 보인다.

송신 지역	수신 지역	수수료	속도	스테이블코인 잠재력
유럽	유럽	매우 낮음	보통	낮음
남아시아	북미	매우 낮음	매우 느림	꽤 낮음
동아시아	중남미	매우 높음	매우 느림	꽤 낮음
중동	북미	매우 낮음	매우 느림	꽤 낮음
북미	남아시아	보통	빠름	꽤 낮음
유럽	중남미	보통	빠름	꽤 낮음
유럽	북미	낮음	빠름	꽤 낮음
남아시아	유럽	낮음	느림	제한적
유럽	동아시아	낮음	느림	제한적
유럽	남아시아	낮음	느림	제한적
동아시아	유럽	낮음	느림	제한적
동아시아	동아시아	낮음	느림	제한적
중동	동아시아	낮음	매우 느림	제한적
중동	유럽	낮음	매우 느림	제한적
동아시아	북미	낮음	매우 느림	제한적
동아시아	중동	낮음	매우 느림	제한적
동아시아	아프리카	낮음	매우 느림	제한적
아프리카	북미	낮음	매우 느림	제한적
중동	중동	낮음	매우 느림	제한적
남아시아	동아시아	낮음	매우 느림	제한적
유럽	중동	보통	보통	제한적

〈B2B & B2C 결제에서 스테이블코인 활용 가능성이 가장 낮은 '거래 루트'〉

국경 없는
디지털 화폐의 시대

　이 장을 통해 국경 간 거래에서 스테이블코인이 가져올 수 있는 혁신적 변화를 살펴봤다. 반세기 동안 글로벌 금융의 중추 역할을 해온 스위프트 시스템은 이제 3~5일의 처리 시간과 높은 수수료, 불투명한 환율 구조라는 근본적 한계를 드러내고 있다. 복잡한 중개은행 네트워크와 중복적인 컴플라이언스 절차는 특히 중소기업과 개인 사용자들에게 진입 장벽으로 작용해왔다.

　스테이블코인 기반 국경 간 거래는 이러한 문제들에 대한 명확한 해답을 제시한다. '스테이블코인 샌드위치' 구조를 통해 법정화폐-스테이블코인-법정화폐의 단순한 3단계 과정으로 복잡한 중개 구조를 대체할 수 있다. 24시간 365일 실시간 처리, 0.1~1% 수준의 저렴한 수수료, 투명한 환율 구조는 기존 시스템 대비 압도적인 경쟁우위를 보여준다.

특히 주목할 점은 이것이 단순한 기술적 개선이 아니라는 것이다. 비트코인이 2008년 제시했던 "개인 간 전자화폐 시스템"의 꿈, 페이스북이 리브라 프로젝트로 구현하려 했던 글로벌 결제 인프라의 비전이 스테이블코인을 통해 현실화되고 있다. 이미 크고 작은 여러 무역 현장에서 실제로 활용되고 있으며, 한국도 예외가 아닌 실정이다.

현재 전체 국경 간 결제 시장에서 스테이블코인이 차지하는 비중은 1%에도 못 미치지만, 320조 달러로 성장할 전체 시장과 연평균 11.1%로 성장하는 B2C 부문을 고려할 때 그 잠재력은 엄청나다. 특히 신흥시장 간 거래에서 스테이블코인의 경쟁력이 두드러지는 만큼, 최빈국에서 단시간에 선진국으로 도약한 한국이 여러 개발도상국들과 함께 손잡고 성장하는 길을 도모할 수 있는 기회이기도 하다.

특히, 우리가 살펴본 10가지 활용 사례는 원화 스테이블코인이 한국 경제에 가져올 수 있는 구체적 변화를 보여준다. 자동차 부품 수출업체의 즉시 결제 시스템, K-뷰티 브랜드의 글로벌 직판 플랫폼, 베트남 근로자의 저비용 본국 송금, IT 스타트업의 글로벌 인재 활용, K-팝 팬클럽의 통합 관리까지, 이 모든 것이 원화 스테이블코인을 통해 실현 가능한 미래다.

물론 넘어야 할 산들이 있다. 각국의 서로 다른 규제 체계, 법정화폐-암호화폐 간 전환을 위한 인프라 구축, 충분한 유동성 확보, 사용자들의 인식 전환 등이 그것이다. 무엇보다 원화 스테이블코인의 생태계를 잘 만드는 것은 가장 우선해야 할 전제조건이다. 하지만 이는 극복 불가능한 장애물이 아니라 시간과 노력으로 해결할 수 있는 과제들이다.

결국 스테이블코인을 통한 국경 간 거래 혁신은 단순히 새로운 결제 수단의 도입이 아니다. 이는 20세기 금융 시스템의 한계를 뛰어넘어 21세기 디지털 경제에 맞는 새로운 금융 인프라를 구축하는 일이다. 우리로서는 한반도에서 시작된 원화가 디지털 형태로 전 세계를 자유롭게 오가며, 한국 기업들이 글로벌 시장에서 더욱 경쟁력을 갖추고, 개인들이 국경의 제약 없이 경제활동을 펼칠 수 있는 미래를 열 수 있는 기회이기도 하다. 변화는 이미 시작되었다.

더 알아보기

미국의 최고 수출품은 달러다?

미국은 막대한 재정·무역적자를 안고 있는 나라이다. 국가 부채는 무려 37조 달러에 달한다. 그럼에도 미국이 떵떵거리는 이유는, 글로벌 금융과 무역을 지배하는 통화가 바로 달러이기 때문이다. 미국은 달러를 '수출'한다. 급할 때는 윤전기를 돌려 달러를 찍어내고, 그 돈으로 세계 각국에서 물건을 사들인다. 그래서 "미국의 최대 수출품은 달러"라는 말은 결코 농담이 아니다.

달러는 글로벌 기축통화이자 세계 경제의 근간이기 때문에 이런 특권이 가능하다. 그리고 달러 스테이블코인은 이러한 달러의 힘을 더욱 강화한다. 디지털 형태의 달러 스테이블코인은 물리적인 국경의 장벽도 무력화할 수 있다. USB 하나에 담아 국경을 넘어도 누구도 알아차릴 수 없기 때문이다. 실제로 서울 명동에서는 달러 스테이블코인이 이미 사용되고 있다.

스테이블코인의 위력을 누구보다 빨리 인식하고 사업에 뛰어든 인물 중 하나가 트럼프 대통령의 아들인 도널드 트럼프 주니어이다. 그는 '월드리버티파이낸셜'이라는 회사를 통해 USD1이라는 이름의 달러 스테이블코인을 발행했다. 미국 대통령 전용기 '에어포스 원(Air Force One)'에서 착안한 이름으로, '대통령이 발행한 스테이블코인'이라는 의미를 담고 있다.

USD1은 한 번에 20억 달러 규모가 발행된 사례도 있다. 중동 아부다비 정부가 글로벌 암호화폐 거래소 바이낸스에 투자하면서, 그 자금을 USD1로 집행한 것이다. 발행을 지원한 곳 역시 바이낸스였다. 이 거래소의 운영자는 중국계 캐나다인 창펑자오(趙長鵬)이다. 비즈니스 세계에서는 국적보다 통화 패권이 더 중요하며, 트럼프 가문 역시 "달러로 하나되는 세계"를 현실화하고 있다.

강형구

한양대학교 경영학과 교수, 컴퓨테이셔널파이낸스 공학과 주임교수

서울대학교 경제학과를 졸업하고 버지니아주립대학교에서 경제학 박사과정을 수료했으며 듀크대학교 푸쿠아 경영대학에서 박사 학위를 받았다. 리먼브러더스 아시아본부 퀀트전략팀, 액센추어 등에서 재무와 금융에 관한 교육 및 프로젝트를 수행했다. 하버드대학교 에드먼드 J. 사프라 윤리센터(Edmond J. Safra Center for Ethics)의 리서치 펠로우를 역임하기도 하였다. 이재명 정부 국정기획위원회 자문교수로 활동하기도 했다. 금융 관련 다양한 위원회와 컨설팅 활동을 수행 중이다. 주 연구 분야는 혁신/기술금융이며 문화콘텐츠금융, 창업금융, 인공지능, 채권, 금융공학 등을 강의하고 있다.

6장

원화 스테이블코인과 머신 대 머신 경제

··· 들어가며 ···

우리는 인터넷으로 물건을 사고, 돈도 보낸다. 보통은 신용카드 결제나 무통장입금을 이용하는데, 사실 인터넷은 처음부터 돈을 주고받는 기능을 내장하고 있었다. 지금까지 그 기능을 잘 활용하지 않았을 뿐이다. 신용카드 결제나 무통장입금 역시 인터넷을 이용한 결제 방식이지만, 수수료가 높고 효율이 떨어진다는 한계가 있다.

인공지능(AI) 시대에는 이런 불편이 더욱 두드러진다. AI와 연결된 인터넷 환경에서는 아주 작은 금액을 빈번하게 주고받는 상황이 많아지기 때문이다. 그리고 이러한 환경에서 필요한 수단이 바로 암호화폐 또는 스테이블코인이다. 이번 장에서는 AI와 AI가 어떻게 '돈'을 주고받는지, 즉 AI 간 가치 이동의 방식을 자세히 살펴볼 것이다.

머신 경제란
무엇인가?

　오늘날 인터넷 경제에서는 거래의 주체가 대부분 사람이다. 온라인으로 결제를 하더라도 사람이 직접 카드 정보를 입력하거나 앱에서 버튼을 눌러 승인을 한다. 반면 머신 경제Machine Economy에서는 기계와 소프트웨어 에이전트들이 스스로 거래의 주체가 된다. 예를 들어, 인공지능AI 비서나 로봇, 자율주행차 같은 에이전트들이 사람의 지시 없이 서로 서비스와 자원을 사고팔 수 있다. 이 경제에서는 기계가 기계에 결제를 하고 계약을 맺는 것이 일상화된다.

　머신 경제는 기존 인터넷 경제와 여러 면에서 다른 특징을 보인다. 첫째, 속도와 빈도에서 차이가 난다. 사람은 1초에 한 번 결제하기도 어렵지만, AI 에이전트는 1초에 수십 건의 결제를 수행할 수도 있다. 예를 들어 어떤 에이전트는 0.001달러짜리 데이터를 수천 번에 걸쳐 실시간으로 구매할 수 있는데, 현재의 카드나 은행 시스템은 이런 초고빈도·초소액 결제를 처리하기 어렵다. 둘째, 신원 인증 및 신뢰 구축 방식에 근본적인 차이가 있다. 현 금융 시스템은 사람이 금융 계좌를 만들고 본인 확인KYC을 거치는 구조인데, 기계에는 주민등록번호도 신용점수도 없다. 한 AI 에이전트가 다른 AI에게 돈을 보내려 할 때, 현행 시스템은 이를 부정행위로 간주하고 차단할 수도 있다. 마지막으로, 사람의 개입을 전제로 한 기존 결제 방식이 기계 간 거래의 장애물로 작용한다. 웹사이트의 결제 창, SMS 인증, 캡차CAPTCHA 등은 사람 사용자가 최종 승인을 하는 구조인데, 기계 대 기계 거래에서는 이런 요소들이 장애물이 된다. 실제로 AI 에이전트가 결제를 시도하면, 인증 팝업이나 추가 확인 단계에서 막혀버려 완전히 자동화된 거래가 불가능한 경우가 많다.

    이처럼 기존 금융 인프라는 사람 중심으로 구축되어 있어 머신 경제의 요구를 충족하기 어렵다. 따라서 머신 경제를 실현하려면, AI 에이전트들이 경제 주체로 활동할 수 있는 새로운 기반이 필요하다. 구체적으로는 24시간 내내 자동으로 거래를 처리할 수 있는 결제 수단과 시스템, 그리고 에이전트들이 서로 신뢰를 갖고 안전하게 통신할 수 있는 프로토콜이 요구된다. 다행히도 최근 이런 기반을 마련하려는 기술들이 등장하고 있다. 스테이블코인 기반의 새로운 결제 표준x402과 에이전트 간 통신을 위한 프로토콜^{A2A}³ 등이 바로 그것이다. 이러한 혁신들은 "가치가 웹만큼이나 자유롭고 즉각적으로 이동하는" 새로운 경제의 토대를 만들고 있다.

---

3   사람이 언어와 문법에 맞춰 대화를 할 수 있는 것과 유사하게, 기계나 컴퓨터 사이의 '대화 규칙' 또는 '소통 약속'으로 이해할 수 있다.

x402:
웹을 통한 기계 간 자동 결제의 열쇠

x402는 머신 경제에서 자동 결제를 가능하게 해주는 새로운 웹 표준이다. 이름의 유래대로 HTTP의 미사용 상태 코드인 402 "Payment Required" 코드를 활용하여, 웹상에서 바로 스테이블코인 결제 정보를 주고받는 방식이다. 쉽게 말해, 기계(클라이언트)가 유료 데이터/서비스를 사용하기 위해 해당 웹사이트나 API에 구매를 요청하면, 서버는 즉시 데이터를 주는 대신 소정의 요금을 지불하라는 응답을 보낸다. 그러면 요청을 보냈던 기계가 자동으로 해당 금액만큼의 스테이블코인을 지불하고, 결제가 확인되면 서버가 정상적인 데이터나 서비스를 보내주는 식이다. 이 모든 과정은 사람의 개입 없이 자동으로 처리될 뿐만 아니라, 기존 웹 브라우저나 서버에 최소한의 수정만으로 적용할 수 있도록 설계되어 범용성이 높다.

예를 들어, AI 에이전트 'A'가 어떤 유료 데이터 API에 정보를 요청한다고 해보자. 그러면 해당 서버는 HTTP 402[4] 코드를 응답하며 "이 데이터를 얻으려면 0.01달러 상당의 토큰을 지불하세요"라는 결제 요청 정보를 전송한다. 'A'는 자신의 디지털 지갑으로 그 금액만큼의 스테이블코인(예: USDC나 원화 스테이블코인)을 지정된 주소로 보내는 지불 서명을 생성하고, 이를 HTTP 헤더에 담아 재요청한다. 서버는 온체인On-chain[5]에서 결제의 유효성을 확인한 뒤 요청된 데이터를 'A'에게 전송한다. 이 모든 흐름이 순식간에 자동으로 이루어지기 때문에, 사람이라면 번거롭게 느꼈을 수많은 단계(회원가입, 카드 등록, 결제 승인 등)가 생략된다. x402를 활용하면 "웹 페이지 띄우듯" 기계들이 가치를 주고받게 되는 셈이다.

이 프로토콜의 등장은 인터넷 경제의 오랜 문제를 풀 열쇠로 평가받는다. 코인베이스의 개발팀은 "인터넷에는 가치(돈)를 주고받는 네이티브 수단이 항상 필요했는데, 스테이블코인과 x402가 비로소 그걸 가능케 한다"고 설명했다. x402로 인해 사업자와 소프트웨어 에이전트가 데이터를 주고받듯 돈을 주고받는 시대가 열릴 수 있는 것이다. 실제로 미국의 AWS(아마존 웹서비

---

[4] '결제 필요(Payment Required)'를 의미하는 공식 웹 표준 코드로, x402 프로토콜이 이 코드를 활용하여 자동 결제를 구현한다.
[5] 블록체인 기술 용어로, 거래나 데이터가 블록체인이라는 공공 거래 장부에 직접 기록되고 검증되는 것을 의미한다.

스), Anthropic(클로드 AI 개발사) 등도 x402의 출시에 협업 파트너로 참여하여, 자사 서비스에 자동 결제를 적용하는 방안을 모색하고 있다. 이는 API 이용료 과금, 온라인 콘텐츠 소액 결제, 클라우드 컴퓨팅 자원 사용료 등 현재는 사람이 일일이 처리해야 하는 수많은 거래를 자동화된 머신 결제로 전환할 잠재력을 지니고 있다. 요약하면, x402는 머신 경제의 '결제 전용 고속도로'를 인터넷 위에 새롭게 깔기 시작한 것이다.

A2A 프로토콜:
안전한 에이전트 간 상호작용

　에이전트들끼리 금융거래를 하려면, 서로를 알아보고 신뢰할 수 있는 통신 방법이 반드시 필요하다. 이를 위해 등장한 기술 표준이 바로 A2A(Agent-to-Agent) 프로토콜이다. 구글이 2025년 4월 발표한 A2A는 서로 다른 플랫폼이나 회사에서 만들어진 AI 에이전트들이 공통 언어로 대화하고 협력할 수 있게 하는 개방형 규격이다. 쉽게 말하면, "에이전트들끼리 안전하게 소통하는 인터넷 통신 규칙"이다. 이 프로토콜은 발표와 동시에 Atlassian, Salesforce, SAP, 코히어(Cohere), 페이팔 등 50여 개 기업이 참여하여 업계 표준으로 자리 잡을 채비를 하고 있다.

　A2A의 핵심은 보안과 상호운용성이다. 구글이 이끄는 A2A 설계팀은 HTTP, SSE, JSON-RPC 등 검증된 웹 표준 위에 프로토콜을 구축함으로써, 기존 IT 시스템과 쉽게 통합되도록 했다.

또한 OpenAPI 인증 체계에 준하는 수준의 강력한 인증·권한 부여 메커니즘을 도입하여 기본 설정 자체가 안전하도록 만들었다. 이를 통해 승인된 에이전트들만 서로 통신하고 정보를 주고받도록 통제할 수 있다. 예를 들어, 에이전트 'A'가 A2A를 통해 에이전트 'B'에게 데이터를 요청하면, 각 에이전트는 상대가 신뢰할 만한지 확인하는 인증 절차를 자동으로 거친다. 마치 사람이 SSL 인증서로 웹사이트의 신원을 확인하듯, 에이전트는 상대 에이전트의 자격증명(토큰, API 키 등)을 검증한다. 이 과정에서 인증에 통과한 에이전트들만 암호화된 안전 채널로 통신하게 되므로, 도청이나 위변조 위험 없이 데이터를 교환할 수 있다.

A2A의 뛰어난 점은 단순한 정보 교환을 넘어서 에이전트 간의 "거래"까지 염두에 두고 있다는 것이다. 구글은 A2A를 소개하며 에이전트들이 인간 기업처럼 서로 서비스에 대가를 지불하고 협상할 수 있는 기반을 강조했다. 실제로 초기 파트너로 참여한 한 스타트업 Supertab은 "A2A를 통해 에이전트들이 서로 서비스를 판매하거나 구매하며, 요금을 청구할 수 있게 될 것"이라고 밝힌 바 있다. 예를 들어 한 AI 에이전트가 다른 에이전트에게 실시간 기상 정보를 구매한다고 생각해보자. A2A 프로토콜은 두 에이전트가 안전하게 손을 맞잡는 역할(AI 간 핸드셰이크)을 하고, 그다음 x402 같은 결제 수단이 실제 스테이블코인 지불을 처리하게 만들 수 있다. 즉 A2A는 에이전트 세계의 신뢰 네트워크

를 구축하여, 그 위에서 자동 결제와 계약(x402 등)이 실행되도록 돕는 셈이다. 궁극적으로 A2A를 통해 각종 AI 비서와 서비스봇들이 서로 발견하고 연결되어, 마치 네트워크에 연결된 여러 컴퓨터 프로그램들이 자유롭게 협력하듯 작동하게 될 전망이다.

왜 하필 원화 기반 스테이블코인인가?

머신 경제의 거래에서는 화폐의 선택도 중요한 이슈이다. 현재 전 세계 스테이블코인 시장은 달러화가 사실상 독점하고 있다. 대표적인 미 달러 연동 스테이블코인인 USDT(테더)와 USDC(서클)가 암호화폐 거래량의 90% 이상을 차지하며, 사실상의 디지털 기축통화 역할을 하고 있다. 이는 많은 디지털 거래가 곧 달러로 표시되고 정산된다는 뜻이다. 한국 입장에서 보면, 국내 기계들끼리 하는 거래까지 모두 '디지털 달러화'되는 상황을 우려할 수 있다. 실제로 새로운 결제 프로토콜인 x402를 논하면서도 "별도 통화 지정을 안 하면 자동으로 달러 사용이 전제될 수 있다"는 지적이 나온다. 쉽게 말해 머신 경제를 달러에만 의존하게 놔둘 경우, 우리의 디지털 경제 주권이 약화될 수 있다는 것이다.

원화 기반 스테이블코인을 도입하면 이러한 달러 의존도를 낮추고, 원화의 디지털 주권을 지킬 수 있는 장점이 있다. 우선, 원화 스테이블코인으로 거래하면 환율 변동이나 환전 수수료 걱정 없이 국내 거래를 처리할 수 있다. 예를 들어 한국의 전기차와 충전소가 달러 대신 원화 스테이블코인으로 결제하면, 실물 경제에서 원화를 사용하는 것과 동일한 효과를 낸다. 이렇게 되면 원화가 디지털 환경에서도 자연스럽게 통용되어, 한국 경제가 디지털화되면서도 자국 통화 기반을 유지할 수 있다. 장기적으로 원화 기반 스테이블코인이 나오면 디지털 환경에서 원화의 사용성과 확장성이 훨씬 커질 것이다.

또한 규제 및 법률 측면에서도 원화 스테이블코인은 의미가 있다. 미 달러 스테이블코인은 미국의 규제 영향을 크게 받는다. 반면 한국에서 승인된 원화 스테이블코인이 있다면, 국내법 테두리 안에서 관리되어 기업들이 안심하고 활용할 수 있다. 실제로 한국에서도 '디지털자산기본법' 논의가 진행되면서 스테이블코인의 제도권 편입 가능성이 언급되고 있고, 정치권과 업계에서도 한국형 스테이블코인 활성화 방안을 본격 논의하기 시작했다. 이는 정부 차원의 규제 준수(컴플라이언스)를 충족하는 스테이블코인이 등장할 토양이 마련되고 있음을 시사한다. 가령 은행이나 공인된 금융사가 준비금을 보유하고 발행하는 원화 스테이블코인이 나온다면, 자금세탁방지[AML]나 거래 투명성 측면에서 기준을 충족할 수 있을 것이다. 이렇게 신뢰할 수 있는 원화 스테이블코인이 있어야, 머신 경제에서 발생하는 수많은 거래들을 당국도 모니터링하고 과세하며 안정적으로 관리할 수 있다. 더 나아가, 원화 스테이블코인은 한국의 통화정책 효과를 디지털 영역까지 확장시킬 수 있는 도구가 될 수도 있다. 달러 기반 스테이블코인의 확산이 미국의 기축통화 지위를 강화시키는 것처럼, 원화 스테이블코인은 원화의 영향력을 디지털 경제에서도 유지하게 하는 버팀목이 될 것이다.

머신 경제 속
원화 스테이블코인 활용 사례

이제 앞서 설명한 개념들을 바탕으로, 미래 머신 경제에서 원화 스테이블코인, x402, A2A 프로토콜이 어떻게 쓰일지 구체적인 시나리오를 통해 알아보도록 한다. 이 시나리오들은 모두 사람의 개입이 최소화된 채 기계와 에이전트들이 자동으로 상호작용한다는 공통점을 갖는다.

- **전기차 충전소 자동 결제:** 은수는 아침에 전기차를 몰고 출근한다. 회사 주차장에 들어서기 전, 전기차 AI 에이전트는 은수를 대신하여 인근 충전소 에이전트와 A2A 프로토콜로 통신하여 자리를 예약해준다. 충전기가 차량을 인식하면, x402 프로토콜을 통해 충전량에 따라 실시간으로 요금을 과금하게 된다. 예를 들어 1kWh당 300원씩 과금된다면, 차가 충전되는 매 분마다 몇

원씩 원화 스테이블코인으로 자동 지불되는 것이다. 은수는 차에서 내릴 필요도, 결제 앱을 열 필요도 없다. 차량과 충전소가 알아서 안전하게 인증(A2A로 상호 신원 확인)하고, 필요한 만큼만 즉시 결제(x402로 원화 토큰 전송)하여 충전을 완료한다. 이때 모든 거래는 원화 기반이라 은수의 신용카드로 처리될 때도 환전이나 수수료 문제가 없다.

- **홈 로봇의 클라우드 서비스 구매:** 진호의 집에는 AI 홈 로봇이 있다. 이 로봇은 집안 청소와 보안 점검을 책임지는데, 이를 위해 가끔 대용량 이미지 인식이나 고도의 연산 작업을 해야 하는 경우가 발생한다. 평소에는 집에 있는 컴퓨팅 자원을 쓰지만, 부족할 경우 클라우드의 GPU 서버를 잠깐 임대하기로 프로그래밍되어 있다. 어느 날 이 로봇이 집 주변 이상 상황을 분석하려고 대형 이미지를 처리해야 하는 경우가 발생한다. 이를 위해 로봇의 에이전트는 클라우드 제공사 에이전트에 A2A로 접속해 "2시간 동안 GPU 1대를 쓰고 싶다"고 요청하게 된다. 그러면 클라우드 에이전트가 "요금은 2시간에 5,000원"이라고 제안하고, 자동 협상 끝에 승인이 이루어진다. 곧바로 x402 결제가 실행되어 로봇의 지갑에서 5,000원 상당의 원화 스테이블코인이 클라우드 측에 전송된다. 결제가 확인되는 즉시 로봇은 GPU 접근 권한을 받아 필요한 연산을 수행한다. 이 모든 과정에서 진호가

개입하지 않았지만, 사후에 로봇의 지출 내역을 살펴볼 수 있다. 로봇의 지갑과 거래 기록은 블록체인에 투명하게 기록되므로, 진호는 과도한 지출이나 오남용이 없었는지 체크할 수도 있다.

- **스마트 공장의 자동 거래:** 한편 제조업 분야에서도 머신 경제가 구현될 수 있다. 예를 들어, 한국의 한 스마트 공장에서 생산 로봇들이 스스로 원자재를 주문하고 설비 유지보수 서비스를 계약한다고 가정해보자. 공장의 메인 AI 에이전트는 원자재 재고가 일정 이하로 떨어지면 공급사 AI 에이전트에 자동으로 주문을 넣게 된다. 두 에이전트가 A2A 프로토콜로 상호 인증을 마치면, 공급사 에이전트가 납기일, 가격을 제안하고 계약이 체결된다. 계약과 동시에 에스크로 스마트 콘트랙트(조건부 자동지급계약)가 생성되고, 공장 측 에이전트는 계약금에 해당하는 원화 스테이블코인을 콘트랙트에 송금하게 된다. 이후 공급사의 물류 드론이 공장에 원자재를 배송하면, 스마트 콘트랙트가 자동으로 대금 지급을 완료한다. 이 과정에서 각 단계별로 에이전트들이 알아서 대금 정산을 하므로 사람 관리자 입장에서는 모든 거래가 투명하고 자동화되어 있는 것이다. 또한 공장의 AI 에이전트는 필요에 따라 추가 클라우드 로봇 공수를 계약하거나 외부 정비 로봇을 호출할 때도, 똑같이 A2A로 안전하게 연결하고 x402로 비용을 즉시 지불하게 된다. 중요한 점은, 모든 결제가 원화 스

테이블코인으로 이루어지므로 공장 회계처리와 세무 신고에도 혼선이 없다는 것이다. 원자재 대금, 용역 비용 등이 모두 원화로 책정되어 있기 때문에, 기존 회계 시스템에 바로 연결해 기록할 수 있다.

이러한 사례들은 일부에 불과하며, 머신 경제에서는 상상할 수 있는 거의 모든 분야에서 기계 간 거래가 일어날 수 있다. 개인 AI 비서가 여행 상품을 알아서 결제하고, 여러 기업의 소프트웨어 에이전트들이 공급망에서 자동으로 대금 정산을 하며, 자율주행차들이 서로 정보나 에너지를 사고파는 모습까지 등장할 것이다. 이때 원화 스테이블코인은 한국 내 경제 주체인 기계들이 서로 통용하는 기본 화폐 역할을 함으로써, 디지털 시대의 원화 사용 범위를 크게 넓혀줄 것으로 기대된다.

앞으로의 과제

물론, 머신 대 머신 경제가 본격화되고 원화 스테이블코인이 그 안에서 쓰이려면 여전히 해결해야 할 숙제들이 많다. 주요 도전 과제와 이에 대한 논의를 정리하면 다음과 같다.

- **지갑 보안 및 키 관리**: 기계 에이전트들은 디지털 월렛(지갑)을 통해 자금을 보유하고 결제한다. 이 지갑의 프라이빗 키(비밀키)가 유출되거나 해킹당하면, 마치 지갑을 도둑맞은 것처럼 큰 피해가 발생할 수 있다. 따라서 하드웨어 보안 모듈HSM이나 안전한 키 보관 기술로 각 기계의 지갑을 보호하는 것이 필수이다. 또한 에이전트가 허가된 소프트웨어만 결제 명령을 내릴 수 있도록 기기 보안도 강화해야 하다. 예컨대 가정용 로봇의 지갑은 로봇 소프트웨어만 접근 가능하도록 하고, 외부에서 임의 조작이 불가

능하게 만들어야 한다. 앞으로 IoT 기기 보안과 블록체인 지갑 보안의 융합이 중요한 연구 분야가 될 것이다.

- **인증 및 규제 준수**: 머신 경제에서는 거래 당사자가 기계인 경우가 많아 전통적인 KYC(고객 신원 확인)나 AML(자금세탁방지) 규정을 적용하기 어렵다. 특히 큰 금액의 거래가 누적될 경우 누가 법적 책임을 질 것인지 모호해질 수 있다. 이를 해결하려면 에이전트 지갑과 해당 에이전트의 소유자(사람 또는 기업)를 연결 짓는 제도가 필요하다. 가령 기업이 운영하는 AI 에이전트 지갑을 미리 등록해두고, 해당 기업의 책임 아래 거래하도록 하는 식이다. 또한 거래 소액화로 탈세나 불법 자금 흐름을 쪼개 숨기는 문제도 생길 수 있어, 모니터링 시스템과 규제 기술(RegTech)의 발전이 요구된다. 규제 당국은 새로운 법·제도를 통해 자동화된 기계 거래에도 현행 금융법의 목적을 반영하려 할 것이다. 예컨대 일정 규모 이상의 머신 지갑에는 신원 인증을 의무화하거나, 거래 로그(기록)를 별도로 보고하게 할 가능성도 거론된다.

- **사용자 통제와 거버넌스**: 아무리 똑똑한 AI라 해도, 최종 소유자인 사람의 이익에 부합해야 한다. 에이전트가 무한정 지출을 하거나 예상치 못한 거래를 하지 않도록 사용자의 통제 장치가 필요하다. 예산 한도를 설정하거나 지출 승인 규칙을 두어, 일정 금

액 이상은 사람에게 확인을 받도록 하는 식이다. 과거에는 인간의 개입 없이 작동하던 알고리즘 거래봇이 버그로 인해 한 시간 만에 70억 달러어치 주식을 잘못 사들여 회사가 파산 위기에 처한 사례도 있다. 이러한 일이 재발하지 않도록, 에이전트의 행동을 감독·취소할 수 있는 후견인 메커니즘도 고려되어야 한다. 또한 여러 에이전트들이 협력할 때 나타나는 충돌 문제나 업데이트에 따른 호환성 문제 등 거버넌스 이슈도 발생할 수 있다. 이를 조율하는 표준화 기구나 오픈소스 커뮤니티의 역할도 중요해질 것이다.

- **과세 및 회계 처리**: 기계들끼리 자동으로 주고받는 수많은 거래를 어떻게 과세하고 회계 장부에 기록할지도 큰 과제이다. 예를 들어 앞서 든 스마트 공장 사례에서, 각 에이전트 거래에 부가가치세VAT를 부과한다면 실시간 전자세금계산서 발행 같은 새로운 체계가 필요할 수 있다. 기업 입장에서는 에이전트 거래 내역을 자동으로 집계해 재무제표에 반영하는 시스템이 요구된다. 다행히 블록체인에 기록된 거래는 변경 불가능하고 투명하므로 회계 감사에는 유리한 면도 있다. 하지만 국경 간의 기계 거래에 어느 나라가 세금을 매길지, 소득의 귀속 주체를 누구로 볼지(에이전트 소유주 vs. 개발자 등) 등 법률적으로 새로운 질문들이 제기된다. 각국의 과세 당국과 국제기구는 디지털 경제에 맞는 과세

원칙을 정립해야 할 것이다.

- **스테이블코인 자체의 리스크 관리:** 머신 경제에서 화폐 역할을 하는 스테이블코인의 신뢰성도 매우 중요하다. 스테이블코인이 제 가치를 잃거나 작동에 문제가 생기면, 거기에 의존한 기계 거래들 또한 피해를 입게 된다. 담보 자산의 투명성 부족, 발행사의 부도 위험, 가격 페그 탈출(디페깅) 등이 대표적 리스크이다. 알고리즘 스테이블코인의 경우 2022년 테라USD 붕괴가 보여주었듯 구조적 한계로 순식간에 가치가 붕괴될 수도 있다. 따라서 한국 원화 스테이블코인을 설계한다면, 신뢰할 수 있는 담보(예: 현금이나 국채)로 1:1 가치를 확실히 보장하고, 준비금에 대한 투명한 감사 시스템을 갖추는 것이 필수적이다. 또한 극단적 상황에서의 정부 개입Backstop 여부도 고민해야 한다. 아울러 스테이블코인 발행사나 관련 플랫폼의 기술 장애에 대비한 비상 계획(예: 결제 중단 시 대체 경로)도 마련되어야 한다. 마지막으로, 디지털 원화CBDC 발행 가능성도 고려해야 한다. 만약 중앙은행이 직접 발행한 디지털 화폐가 나온다면, 민간 원화 스테이블코인과 공존 혹은 경쟁 구도가 생길 수 있다. 이러한 통화 공급 측면의 변화까지 감안하여, 머신 경제의 결제 수단을 다변화하고 리스크를 분산하는 전략이 필요하다.

요약하면, 머신 대 머신 경제는 사람의 개입 없이 자동화된 거래가 이루어지는 새로운 패러다임이며, 이를 구현하는 기술로 x402 결제 표준과 A2A 에이전트 프로토콜이 등장하고 있다. 특히 한국 원화에 연동된 스테이블코인은 이 경제에서 디지털 원화의 지위를 확보하고 지역 금융 주권을 지키는 열쇠가 될 수 있다. 앞으로 기술과 제도가 성숙하면, 우리 주변의 수많은 기계가 스스로 경제 활동을 하는 풍경이 펼쳐질 것이다. 고속도로 하이패스처럼 보이지 않는 곳에서 기계들이 알아서 요금을 주고받고, 인간은 보다 전략적인 의사결정과 창의적인 업무에 집중하게 될지 모른다. 물론 넘어야 할 산들이 있지만, 지금 이 순간에도 전 세계 기술자들과 정책입안자들이 그 해법을 찾아가고 있다. 머지않은 미래에, "똑똑한 에이전트가 경제 주체로 활약하는" 새로운 디지털 경제가 현실이 될 것이다. 우리가 그 변화를 주도하고 준비한다면, 원화와 대한민국 경제의 역할도 한층 확장될 것이다.

머신 경제에서 스테이블코인 외에는 대안이 없는 이유

은행계좌, 신용카드, CBDC는 왜 부족한가?

머신 경제에서 가장 먼저 시험해볼 수 있는 도구는 익숙한 은행계좌 기반 체크카드이다. 그러나 은행계좌 원장은 은행 업무시간이 끝나면 갱신이 멈추고 국경을 넘을 때마다 각국 지급 결제 규정에 종속된다. API 호출 직후 화면에서는 "결제 완료"가 뜨더라도, 실제 자금 이체와 정산이 끝나기까지 몇 시간씩 지연될 수 있다. 국가마다 다른 메시지 규격 때문에 사물인터넷 기기가 서로 계좌를 주고받으며 작동하기도 쉽지 않다. 거래 수수료 구조는 소액을 자주 주고받는 용도에 맞추어져 있지 않아, 자동화하려는 핀테크 기업들조차 실무 부담을 호소한다.

신용카드 네트워크는 결제 데이터를 먼저 끌어간 뒤(Pull 방식) 승인·매입·정산을 여러 단계로 처리한다. 이 과정은 즉시 최종성을 보장하지 못하고 거래 한 건마다 1~3% 안팎의 수수료가 붙는다. 차지백Chargeback(지불 이의 제기) 위험도 존재한다. 센트 단위 결제와 초고빈도 거래가 일상인 머신 경제에 이런 비용과 불확실성은 치명적이다. 카드사의 토큰화 서비스는 개인정보 보호에 도움을 주지만, 온체인에서 자산이 직접 이동하는 구조가 아니어서 기계가 요구하는 기밀성·불가역성·글로벌 상호 운용성을 충분히 담보하지 못한다.

중앙은행 디지털 화폐CBDC는 국가가 직접 발행하므로 법적 신뢰도는 높다. 문제는 설계가 대체로 사람 소비자를 염두에 두고 접근성·정책적 가역성·익명성 제한에 초점을 맞춘다는 점이다. 각국 시스템은 규제 경계가 분리돼 있어, 한국에서 발행된 CBDC를 독일 제조 로봇이 받아 다시 쓰려면 다자간 환율 규칙과 상호 운용 모듈을 별도로 구축해야 한다. 중앙은행이 통화정책과 금융안정을 우선하면 프로그래머블 기능에 높은 제약을 둘 가능성도 큰데, 이는 실험과 빠른 진화를 필요로 하는 머신-투-머신Machine-to-Machine 애플리케이션에 걸림돌로 작용한다. 게다가 전 세계 개발자가 자발적으로 참여할 만큼 매력적인 개발자 도구와 생태계를 중앙은행이 제공할 수 있을지 역시 불확실하다.

AI 에이전트 간 상거래가 작동하려면 고정 가치 유지, 글로벌 유통, 즉시 최종성, 스마트 콘트랙트 호환성, 그리고 개방적 거버넌스를 모두 만족하는 결제 자산이 필요하다. 은행계좌·신용카

평가 항목	은행계좌 기반 체크카드	신용카드 네트워크	CBDC	스테이블코인
결제 속도 및 최종성	은행 업무 시간과 국경 규제에 종속되며 실제 정산까지 수 시간이 걸림	승인·매입·정산이 분리되어 실시간 최종성 결여	파일럿 설계가 제한적 접근성과 정책적 가역성을 전제로 하므로 즉시 결제를 보장하지 않음	온체인 결제로 즉시 최종성이 확보됨
소액·고빈도 거래 비용	수수료 구조가 고정되어 소액·빈번 거래에 비경제적	거래마다 1~3% 수수료와 차지백 위험이 수반됨	정책 목적에 따라 수수료·사용 한도가 달라질 수 있으며 미정인 경우가 많음	네트워크 수수료가 낮고 단위가 작아도 경제성을 유지
글로벌 상호 운용성	국가별 메시지 규격 차이로 IoT 기기 간 자동 운용이 어려움	카드사·가맹점 간 복합 네트워크로 API 호출 지연과 데이터 보안 문제	국가 단위 시스템으로, 국경을 넘으면 추가 환율·규제 모듈이 필요	퍼블릭 블록체인 기반으로 국경 제약이 거의 없음
프로그래머블 기능	은행 시스템이 폐쇄적이기 때문에, 스마트 콘트랙트 호환성이 낮음	온체인 자산 이전이 아니라 프로그래밍 확장성이 제한적	중앙은행 정책 제약으로 프로그래블 머니 기능이 높지 않을 가능성이 큼	스마트 콘트랙트와 원활히 연동되어 자동화 로직 구현이 용이
거버넌스 및 혁신 속도	전통 금융 규제와 레거시 시스템으로 혁신 속도가 느림	다단계 이해관계로 표준 개편이 더딤	중앙은행 주도로 개방형 개발 생태계 구성에 불확실성이 있음	분산 거버넌스와 오픈소스 생태계로 빠른 기능 개선이 가능
머신-투-머신(A2A) 경제 적합성	실시간·초소액·국경 초월 거래 요건을 충족하지 못함	수수료와 지연, 차지백 위험으로 적합하지 않음	제약 조건과 상호 운용성 한계로 실험적 애플리케이션에 부적합	고정 가치·즉시 결제·글로벌 유통·스마트 콘트랙트 호환성을 모두 만족하여 최적
종합 평가	레거시 인프라 한계가 뚜렷해 대안으로 적합하지 않음	비용·지연·위험이 커서 머신 경제에 부적합	제도적 강점은 있으나 개방성과 민첩성이 부족	현재 요건을 가장 완결성 있게 충족하며 사실상 유일한 대안

〈머신-투-머신 경제에서 은행계좌, 신용카드, CBDC, 스테이블코인 비교〉

드·CBDC는 각기 전통 금융 규제와 정책 목적에 맞추어 설계된 탓에, 실시간·초소액·국경 초월 자동 거래를 전제로 하는 머신 경제의 요구 조건을 직접 충족하기 어렵다(표 참고).

결론적으로 스테이블코인은 블록체인이라는 분산화된 기술 위에서 달러나 원화 같은 현실 화폐와 1:1 가치를 유지하도록 설계된다. 또한, 블록체인상에서 한번 전송된 거래는 은행의 확인 절차 없이 즉시 확정되어 되돌릴 수 없는 특징을 가진다. 이러한 투명하고 안정적인 기술 덕분에 글로벌 개발자 커뮤니티가 참여할 수 있는 개방적 생태계와 빠른 혁신 속도를 유지할 수 있다. 이 모든 장점을 현재 가장 완결성 있게 충족하는 방식이 스테이블코인뿐이므로, 머신-투-머신 경제의 결제 계층에서 스테이블코인의 역할은 독보적이고 사실상 대체 불가능하다.

> **더 알아보기**

AI가 가장 좋아하는 돈은?

AI가 일을 대신해주는 시대가 오면 우리의 생활 방식은 크게 달라질 것이다. 예를 들어 뉴스 읽기를 생각해보자. 지금은 출근길에 뉴스 포털을 들어가거나, 유튜브에서 뉴스를 정리해주는 영상을 찾아본다. 하지만 앞으로는 핸드폰에 내장된 AI가 내 취향에 맞춰 뉴스를 읽어줄 것이다. 구글에 뉴스를 검색하면 AI가 요약한 기사만 보여주니, 굳이 언론사 사이트에 들어갈 필요가 없다.

문제는 여기서 생긴다. 지금은 독자들이 언론사 사이트에 접속해 뉴스를 읽는 동안 광고에 노출되고, 이 광고 수익이 언론사의 주요 수입원 역할을 한다. 그런데 AI가 요약본만 제공하고 사용자가 언론사 사이트를 방문하지 않게 되면, 광고를 할 이유도 사라진다. 결국 언론사는 수익 구조를 잃고 어려움에 빠질 수 있다.

그래서 앞으로 독자에게 뉴스를 읽어주는 AI와 언론사의 AI가 서로 협상을 해야 할 것이다. "우리 기사 한 꼭지를 읽으려면 2원을 내라"는 식으로 말이다. 뉴스를 구독하는 방식도 완전히 달라질 것이다. 특정 언론사의 뉴스를 구독하기보다, 내 취향에 맞는 필요한 기사만 선택적으로 소비하는 경향성이 더욱 짙어질 것이다. 그리고 독자의 AI 에이전트가 이 작업을 알아서 대신해줄 것이다.

그렇다면 독자의 AI와 언론사 AI가 합의한 2원을 어떻게 주고받을까? 지금의 신용카드 결제 시스템으로는 이런 소액 거래가 불가능하다. 수수료가 너무 높기 때문이다.

바로 여기에서 암호화폐와 스테이블코인이 필요해진다. AI들은 인터넷에 내장된 프로토콜에 따라 스스로 소액 결제를 처리하고, 나에게 필요한 기사들만 가져온다. 나는 불필요한 광고에 노출되지 않고 쓸데없는 뉴스를 걸러낼 수 있다.

AI들이 이런 자동 거래를 빈번하게 하려면 결제 수수료를 거의 0에 가깝게 줄일 수 있는 수단이 필요한데, 그 역할을 하기엔 스테이블코인이 제격이다.

3부

원화 스테이블코인 심화 적용 및 미래 전망

김용영

〈매일경제〉 블록체인 자회사 엠블록컴퍼니 최고전략책임자(CSO)

〈소프트뱅크미디어〉, 〈지디넷코리아〉를 거쳐 2005년 〈매일경제〉에 입사해 증권, 금융, 국제와 IT, 스타트업 등 다양한 분야를 취재했다. 2018년 〈매일경제〉가 설립한 블록체인 전문 미디어 〈디스트리트〉의 편집장으로 근무하면서 한국 디지털자산 산업의 태동과 성장을 직접 목격했다. 2022년부터 엠블록컴퍼니에서 매경미디어그룹의 미디어와 산업적 역량을 집결시켜 새로운 디지털 금융의 정립과 발전에 매진하고 있다. 서울대학교 대기과학과를 졸업하고 카이스트에서 과학저널리즘 석사를 마쳤으며 한양대학교 경영대학원에서 재무금융 박사를 수료했다.

7장

탈중앙화 금융(DeFi)을 위한 필수 관문

··· 들어가며 ···

2009년 블록체인 기술을 이용한 첫 번째 암호화폐인 비트코인의 발명 이후 등장한 가장 혁신적인 변화 중 하나는 바로 탈중앙화 금융(DeFi)이다. 블록체인 기술을 이용해 전통적인 은행과 금융기관의 중개 없이 금융 서비스를 제공하는 이 새로운 시스템은 불과 몇 년 만에 예치자산(TVL, Total Value Locked)만 1,000억 달러를 넘기는 시장으로 성장했다.

그 중심에는 스테이블코인이 있다. 달러나 원화 같은 법정화폐의 가치에 연동된 디지털자산인 스테이블코인은 변동성이 큰 암호화폐 시장에서 안정성을 제공함으로써 탈중앙화 금융 생태계의 핵심 인프라 역할을 수행한다.

원화 스테이블코인은 가상자산 거래 분야에서 전 세계 세 손가락에 꼽히는 한국에서 글로벌 탈중앙화 금융시장과 국내 투자자들을 연결하는 중요한 가교 역할을 할 것으로 예상된다. 이 장에서는 한국의 일반 투자자와 금융업계 종사자들이 원화 기반 탈중앙화 생태계를 이해하고, 그 잠재력과 리스크를 균형 있게 파악할 수 있도록 하는 것을 목표로 한다. 복잡한 기술적 내용보다는 가급적 실제 활용 사례와 경제적 의미에 초점을 맞춰 설명한다.

글로벌 탈중앙화 금융으로 가는 길, 원화 스테이블코인

탈중앙화 금융이란?

　탈중앙화 금융은 기존 금융 시스템의 근본적인 한계를 해결하기 위해 등장한 새로운 금융 패러다임이다. 전통적인 금융에서는 은행, 증권사, 보험사 같은 중앙화된 기관들이 모든 금융거래를 중개하고 관리한다. 예를 들어 대출을 받으려면 은행에 가서 복잡한 서류를 제출하고 신용평가를 받아야 하고, 해외 송금을 하려면 여러 은행을 거쳐 며칠씩 기다려야 한다. 이런 중개 기관들은 서비스 제공의 대가로 수수료를 받고, 때로는 높은 마진을 챙기기도 한다.

　반면 탈중앙화 금융은 이런 중개 기관 없이 개인과 개인이 직접 금융거래를 할 수 있게 해준다. 마치 당근마켓에서 개인이 개인에게 직접 물건을 사고파는 것처럼 돈을 빌려주고 싶은 사람과 빌리고 싶은 사람이 직접 거래할 수 있다. 이때 모든 거래 조건과 실행은 블록체인이라는 디지털 장부에 투명하게 기록되고 스마트 콘트랙트라는 자동화된 프로그램이 계약 조건을 정확히 이행한다.

그러나 많은 사람들이 중개 기관 없이 어떻게 금융거래를 안전하고 확실하게 할 수 있을지 우려를 표한다. 이게 가능한 핵심적인 이유는 블록체인 기술과 스마트 콘트랙트에 있다. 블록체인은 전 세계 모든 사람이 공유하는 거대한 회계 장부와 같다. 예를 들어 A가 B에게 100만 원을 빌려준다면 이 거래 내역이 전 세계 수천 대의 컴퓨터에 동시에 기록된다. 한 곳에서 장부를 조작하려고 해도 나머지 수천 곳의 장부와 다르기 때문에 즉시 발각되어 무효 처리된다. 이렇게 분산된 시스템이 기존 은행의 중앙 서버보다 오히려 더 안전할 수 있다.

더 중요한 것은 스마트 콘트랙트라는 자동 실행 프로그램이다. "A가 담보를 제공하면 B에게 대출금을 지급하고, 만약 담보 가치가 떨어지면 대출금액을 회수하고 대출에 대한 청산 절차를 밟아"라는 절차는 기존 은행에서는 여러 복잡한 서류와 승인을 거쳐야 하고 실행에만 수주에서 수개월까지 걸리는 업무다. 그러나 스마트 콘트랙트에서는 몇 가지 조건만 설정해서 프로그래밍하면 사람의 개입 없이 거래가 자동으로 실행된다. 은행 직원이 서류를 검토하고 승인하는 과정이 필요 없기 때문에 몇 분 만에 대출을 받을 수 있고 인건비나 임대료 같은 운영 비용이 들지 않아 대출자에게 더 좋은 조건을 제공할 수 있다.

탈중앙화 금융은 이 같은 구조로 기존 금융보다 더 높은 효율성과 더 우수한 접근성을 제공한다. 신용등급이 낮거나 소득 증빙이 어려운 사람들은 은행 대출에서 배제되지만 탈중앙화 금융에서는 충분한 담보만 있으면 누구든지 대출을 받을 수 있다. 또한 은행 영업시간에 구애받지 않고 365일 24시간 언제든지 금융 서비스를 이용할 수 있으며 중간 수수료가 없어 더 나은 조건으로 거래할 수 있다. 예를 들어 은행 예금금리가 연 2%일 때 탈중앙화 금융에서는 연 5~8%의 수익률을 얻을 수도 있다.

하지만 탈중앙화 금융에도 위험은 있다. 가장 큰 차이점은 예금자보호법 같은 안전망이 없다는 것이다. 은행에 예금하면 최대 1억원까지 정부가 보장해주지만 탈중앙화 금융에서는 시스템 오류나 해킹으로 인한 손실을 스스로 감당해야 한다. 또한 새로운 기술이다 보니 사용법이 복잡하고 실수로 잘못 조작하면 돈을 잃을 수도 있다. 따라서 높은 수익률의 기회가 있는 만큼 그에 상응하는 위험도 존재한다는 점을 반드시 이해해야 한다.

원화 스테이블코인과 탈중앙화 금융의 연결

21세기 전통적인 글로벌 금융 시스템에서 달러가 기축통화 역할을 하듯 탈중앙화 금융 생태계에서는 스테이블코인이 그 역할을 담당한다. 스테이블코인은 특정 법정화폐나 자산에 가치가 연동된 암호화폐로 비트코인이나 이더리움과 같은 암호화폐가 가진 높은 변동성 문제를 해결하면서도 블록체인의 장점을 그대로 유지한다는 것이 특징이다.

현재 글로벌 스테이블코인 시장은 약 2,600억 달러 규모에 이른다. 이 중 USDT(테더)가 약 62%, USDC가 약 24%의 점유율을 차지하고 있다(2025년 8월 1일 기준, 출처: Defillama). 달러 기반 스테이블코인들은 탈중앙화 금융 프로토콜에서 거래의 매개체, 가치 저장 수단, 그리고 유동성 공급의 핵심 자산으로 활용된다.

스테이블코인의 또 다른 역할은 기존 전통 금융과 탈중앙화 금융 간의 연결을 담당할 수 있다는 것이다. 은행 계좌의 원화를 원화 스테이블코인으로 전환해보자. 그러면 원화 스테이블코인을 이용해 은행 영업시간이나 공휴일에 관계없이 365일 24시간 언제든지 글로벌 탈중앙화 금융 프로토콜에 참여할 수 있다. 마치 현금을 디지털 지갑에 넣어놓고 전 세계 어디서든 즉시 사용할 수 있는 것과 같다. 이미 달러 기반 스테이블코인들은 이 같은 역할을 수행하고 있으며 전 세계 암호화폐 거래소에서 우리나라의 은행 실명계좌를 통해 입금된 원화와 같은 구매 수단으로 자리 잡고 있다.

그렇다면 기존에 잘 사용하고 있는 달러 스테이블코인을 쓰면 될 텐데 왜 굳이 원화 스테이블코인을 사용해야 하는지 의

문이 들 수 있다. 가장 큰 이유는 환율 리스크다. 한국 투자자들이 달러 스테이블코인을 구매, 보유, 사용할 때에는 환율 변동 리스크가 항상 수반된다. 예를 들어 1달러당 1,300원일 때 1,000 USDC를 보유했다가 달러 대비 원화가 약세를 보여 1달러당 1,400원이 되면 달러 기준으로는 손실이 없지만 원화 기준으로 약 7.7%의 손실이 발생한다. 가만히 앉아 내 자산이 7% 이상 삭감되는 것이다. 이런 환율 리스크 때문에 많은 한국 투자자들이 기존 달러 스테이블코인이 주축인 탈중앙화 금융 참여를 망설일 수밖에 없다.

따라서 탈중앙화 금융을 활성화하기 위해서는 원화 스테이블코인이 필수적이다. 원화 스테이블코인은 한국 투자자들이 환율 변동 리스크 없이 탈중앙화 금융 생태계에 참여할 수 있게 해주는 핵심 인프라다. 투자자들은 원화로 직접 탈중앙화 금융 서비스를 이용할 수 있게 돼 투자 수익률을 직관적으로 계산할 수 있어 훨씬 효율적으로 투자할 수 있게 되며 환율 변화로 내 재산이 부지불식간에 삭감되는 사태를 막을 수 있다. 투자 수익에 대한 세무 처리 등도 훨씬 간편하게 진행할 수 있어 법적 리스크도 줄어든다. 또한 달러로 환전하는 과정에서 발생하는 추가 비용과 시간을 절약할 수 있어 탈중앙화 금융 참여의 실질적인 진입 장벽이 크게 낮아진다.

나아가 원화 스테이블코인은 한국이 글로벌 탈중앙화 금융시장에서 독자적인 영향력을 발휘하는 데 기반이 된다. 달러 스테이블코인에 의존하지 않고 자국 통화 기반의 디지털 금융 생태계를 구축한다면 디지털자산으로 새롭게 구성되는 디지털 금융산업에서 한국 금융시장의 자율성을 강화하고 아시아 지역 탈중앙화 금융의 허브로 발전하는 토대를 마련하게 될 것이다. 이는 단순한 기술적 혁신을 넘어서 한국 경제의 디지털 주권, 그리고 통화 주권 확보라는 전략적 의미도 갖는다.

주요 탈중앙화 금융 프로토콜에서의 활용 방법

원화 스테이블코인이 본격적으로 유통된다면 유니스왑, 콤파운드, 에이브 같은 글로벌 탈중앙화 금융 프로토콜에서도 쉽게 활용할 수 있다. 이미 달러 스테이블코인인 USDT, USDC 등이 거래 쌍을 이뤄 사용되고 있기 때문에 원화 스테이블코인도 유사한 형태로 적용할 수 있으며 기술적 난이도도 어렵지 않다. 단 거래를 용이하게 해주는 유동성 공급LP 등을 적극적으로 수행해줄 주체가 필요하다.

원화 스테이블코인의 단위를 SKRW라고 가정해보자. 유니스왑에서는 SKRW/ETH, SKRW/USDC 같은 거래 쌍이 형성돼 한국 투자자들이 환율 리스크 없이 디지털자산을 거래할 수 있다. 콤파운드나 에이브에서는 SKRW를 담보로 다른 암호화폐를 대출받거나 예치를 통해 이자에 상응하는 수익을 얻을 수 있다.

이 같은 탈중앙화 금융 프로토콜들은 블록체인 기술을 이용하는 특성상 무허가Permissionless 방식으로 운영된다. 기존 금융 문법에서는 은행에서 대출을 받으려면 담보를 제공하더라도 복잡한 서류 심사와 신용평가를 거쳐야 하지만 탈중앙화 금융에서는 개인의 신용도와 이력에 상관없이 담보를 쉽게 설정하고 즉시 대출을 받을 수 있다. 신용 이력을 쌓기에는 사회 경험이 짧은 청년층과 신용 등급의 정량화가 어려운 소상공인들에게 새로운 금융 기회를 제공할 수 있다.

최근 탈중앙화 금융은 과거 이더리움 중심의 발전에서 솔라나, 아발란체, 바이낸스 스마트 체인, 폴리곤 등 다양한 블록체인 네트워크로 확산되고 있다. 각 네트워크마다 고유한 장점이 있어 투자자들은 목적에 따라 최적의 네트워크를 선택할 수 있다. 원화 스테이블코인도 크로스체인 브리지 기술을 통해 여러 블록체인에서 동시에 사용될 수 있을 것이다.

원화 스테이블코인이 다양한 블록체인 네트워크로 확산되면 목적이나 전략에 따른 다채로운 투자가 가능하다. 예를 들어 이더리움에서는 보안성과 탈중앙화를 중시하는 대규모 투자에, 폴리곤에서는 낮은 수수료를 활용한 재빠른 소액 거래에, 솔라나에서는 빠른 처리 속도가 필요한 고빈도와 초단기 거래에 각각 활용할 수 있다.

또 네트워크 상황에 따라 투자자에게 다양한 선택권을 보장

구분	유니스왑	콤파운드	에이브
서비스 유형	탈중앙화 거래소(DEX)	대출/예치 플랫폼	대출/예치 플랫폼
쉬운 설명	24시간 운영되는 무인 환전소. 암호화폐를 다른 암호화폐로 바꿀 수 있고, 환전용 자금을 제공하면 수수료를 받을 수 있음	암호화폐 은행. 돈을 맡기면 이자를 주고, 담보를 맡기면 암호화폐를 빌려줌. 모든 과정이 자동화되어 즉시 처리됨	콤파운드와 비슷한 암호화폐 은행이지만 더 다양한 기능 제공. 변동금리와 고정금리 선택 가능하고, 무담보 대출(플래시론)도 지원
주요 기능	• 암호화폐 교환 • 유동성 공급 • 거래 수수료 분배	• 암호화폐 예치 • 담보 대출 • 이자율 자동 조정	• 예치/대출 • 고정/변동 금리 • 플래시론 • 다양한 암호화폐 지원
수익 방식	거래 수수료의 0.3% 분배	예치 시 연 2~8% 이자 수익	예치 시 연 1~10% 이자 수익 (자산별 차이)
전통 금융 비교	외환은행의 환전 서비스와 유사하지만 개인도 환전업자가 될 수 있음	은행의 예금/대출 서비스와 비슷하지만 신용평가 없이 담보만으로 거래	종합금융회사처럼 다양한 금융상품을 한 곳에서 제공
공통 특징	• 365일 24시간 서비스 이용 가능 • 중개 수수료 없이 직접 거래 • 모든 거래 내역 투명 공개 • 최소 거래 금액 제한 없음 • 전 세계 어디서든 접근 가능 • 신용평가나 서류 심사 없음		
주의사항	• 예금자보호법 적용 대상 아님 • 스마트 콘트랙트 오류 위험 존재 • 가격 변동성으로 인한 손실 가능성 • 복잡한 사용법으로 인한 실수 위험 • 해킹이나 시스템 장애 시 자금 손실 위험 • 규제 변화에 따른 서비스 중단 가능성		

〈탈중앙화 금융(DeFi) 프로토콜 비교표〉

출처: 유니스왑, 콤파운드, 에이브 백서 및 공식 문서,
메사리 디파이 현황 보고서, 컨센시스 디파이 보고서 2024

해줄 수 있다. 이더리움 수수료가 네트워크 혼잡으로 높아졌을 때는 다른 네트워크로 이동해서 동일한 서비스를 저렴하게 이용할 수 있고 특정 네트워크에만 있는 독특한 탈중앙화 금융 서비스에도 쉽게 접근할 수 있다.

탈중앙화 금융을 위해 갖춰야 할 조건

규제 친화적 발행 구조

국내 금융 환경과 규제에 적합한 구조로 설계되어야 한다는 점은 탈중앙화 금융을 위한 선결 조건이다. 구체적으로 스테이블코인 발행량에 상응하는 안전 자산의 예치, 준비금 등에 대한 정기적인 감사 보장 등을 들 수 있다. 또 발행사는 국내에 설립된 법인이어야 하고 일정 수준 이상의 자본금과 기술적 역량을 갖춰야 한다. 이는 투자자들의 안심과 함께 탈중앙화 금융의 지속 가능성 보장을 위한 최소한의 조건이라고도 할 수 있다.

현재 전 세계 달러 스테이블코인 시장에서 1위를 차지하고 있는 USDT의 발행사 테더는 규제와 관련한 구설수가 빈번하게 등장하면서 디지털자산시장의 불안감을 높이고 있다. 사실상의 기축 통화가 이처럼 투명성과 안정성을 갖추지 못하면 전체 생태계가 흔들릴 수 있다. 테더는 특히 준비금 부문에서 투명성 논란이 지속적으로 제기되고 있다. 한국의 원화 스테이블코인은 명확한 법적 근거와 감독 체계를 갖춰 이 같은 우려가 재현되지 않도록 해야 한다.

접근성과 사용 편의성 개선

한국 투자자들에게 원화 스테이블코인의 가장 큰 장점은 접근성 개선이다. 달러 스테이블코인을 쓸 수밖에 없는 현 상황에서는 이를 구매하기 위해 원화를 달러로 환전해야 했고 이 과정에서 환전 수수료와 스프레드 비용이 발생했다. 하지만 원화 스테이블코인은 원화로 직접 구매할 수 있어 추가 비용 없이 탈중앙화 금융에 참여할 수 있다.

사용자 인터페이스 측면에서도 큰 개선이 있다. 원화 단위로 표시되기 때문에 투자 금액이나 수익률을 직관적으로 파악할 수 있고 세금 계산이나 회계 처리도 훨씬 간편해진다. 만약 100만 원을 투자해 연 5%의 수익을 얻었다면 5만 원의 이익이 발생한 것을 바로 알 수 있지만 달러 스테이블코인은 환율 변동까지 고려해야 정확한 원화 기준 수익률을 계산할 수 있다.

KYC/AML 규정 준수와 투자자 보호

국내 규제를 준수하는 원화 스테이블코인은 엄격한 고객확인 제도(KYC)와 자금세탁방지(AML) 절차를 거쳐 발행된다. 일견 불편해 보일 수 있지만 실제로는 투자자들에게 훨씬 더 안전한 투자 환경을 제공한다. 신원이 확인된 투자자만이 참여할 수 있어 시장 조작이나 불법 자금 유입을 방지할 수 있다. 또한 문제 발생 시 명확한 책임 소재와 구제 방안을 마련할 수 있어 투자자 보호 측면에서 유리하다. 해외 플랫폼에서 자금을 잃었을 때 구제받기 어려운 것과 달리 국내 규제하에서는 금융분쟁조정위원회나 법원을 통한 분쟁 해결도 가능할 것이다.

원화 기반 자산을 활용한
대출 및 예치 서비스

탈중앙화 대출의 메커니즘과 특징

　탈중앙화 대출은 은행이나 대부업체 같은 전통적인 금융기관을 거치지 않고 블록체인 기술을 통해 개인이 직접 자금을 빌리고 빌려주는 시스템을 말한다. 기존 은행 대출처럼 신용등급, 소득증명서, 재직증명서 등의 복잡한 서류나 심사 과정이 필요 없다. 대신 암호화폐나 디지털자산을 담보로 맡기고 그 즉시 대출을 받는 구조다. 마치 전당포에서 금반지를 맡기고 현금을 빌리는 것과 비슷하다. 하지만 모든 과정이 스마트 콘트랙트에 기반한 프로그램에 의해 자동으로 처리돼 사람의 개입이나 주관적 판단 없이 24시간 언제든지 이용할 수 있다. 담보 가치가 떨어지면 자동으로 담보가 매각되어 대출금이 회수되므로, 대출 기관 입장에서는 손실 위험이 적고 대출자 입장에서는 더 빠르고 간편하게 자금을 조달할 수 있는 것이 특징이다.

탈중앙화 대출의 역사는 2017년 이더리움 블록체인에서 시작됐다. 최초의 탈중앙화 대출 플랫폼은 ETHLend(현 AAVE)로 개인과 개인이 직접 대출 거래를 할 수 있는 P2P 개념에 기반해 탈중앙화 대출을 만들었다. 이후 2018년 등장한 콤파운드는 머니마켓 구조를 적용한 새로운 대출 모델을 개발했다. 이 모델에서는 여러 사람이 돈을 모아 하나의 큰 자금 풀을 만들고 대출을 원하는 사람들이 이 풀에서 자금을 빌려가는 방식으로 작동한다. 콤파운드는 P2P 대출 프로토콜의 단점인 느리고 비동기적이며 자금 유동성이 매우 부족하다는 것을 성공적으로 해결하면서 급성장했다. 2020년 '디파이 여름'이라 불리는 대폭발 시기가 도래하자 탈중앙화 대출 시장이 급성장했고 현재는 전 세계적으로 수백억 달러 규모의 시장으로 발전했다.

탈중앙화 대출이 어떻게 진행되는지 사례를 들어 살펴보자. 콤파운드에서 1억 원 상당의 이더리움을 담보로 제공하면 미리 조성돼 있는 자금 풀에서 담보 비율(보통 150~200%)에 따라 즉시 5,000만~6,600만 원 상당의 원화 스테이블코인을 대출받을 수 있다. 이 전 과정이 몇 분 내에 완료되며 은행처럼 소득 증명서나 신용조회 같은 서류는 전혀 필요하지 않다.

담보 비율이 높은 이유는 암호화폐의 변동성 때문이다. 담보로 제공한 이더리움 가격이 급락해도 대출금을 충분히 회수할 수 있도록 안전 마진을 두는 것이다. 이는 부동산 담보대출에서 시세의 70~80%만 대출해주는 것과 같은 원리다.

대출을 스테이블코인으로 받는 것은 여러 이유가 있다. 채무금의 가치가 고정돼 있기 때문에 스마트 콘트랙트를 이용해 대출 회수 조건을 쉽게 설정할 수 있다. 이를테면 이더리움을 담보로 제공하고 비트코인을 대출한다고 생각해보자. 두 암호화폐의 가격이 동시에 들쭉날쭉하기 때문에 담보 비율에 맞춘 청산 상황을 모니터링하기도 어렵고 청산 이후의 가격 변화 때문에 대출자나 채권자들이 불만을 제기할 수도 있다.

또 탈중앙화 대출은 일반적으로 암호화폐를 보유한 투자자가 이를 팔지 않고도 생활비 등을 충당하기 위해 사용하는 경우가 대다수다. 따라서 실생활에 쓸 수 있는 스테이블코인이 대출의 목적에도 부합한다. 스테이블코인은 암호화폐 거래소를 통해 현금으로 바꿀 수도 있고 다른 암호화폐 투자 용도로도 사용될 수 있기 때문이다.

탈중앙화 대출의 가장 큰 장점 중 하나는 시간과 장소의 제약이 없다는 것이다. 전통적인 은행 대출은 영업시간 내에 지점을 방문해야 하고, 승인까지 며칠에서 몇 주가 걸린다. 하지만 탈중앙화 대출은 연중무휴 24시간 언제든지 접근할 수 있고, 전 세계 어디서든 인터넷만 있으면 이용할 수 있다.

이런 접근성은 특히 긴급 자금이 필요한 상황에서 매우 유용하다. 예를 들어 주말에 급하게 사업 자금이 필요한 자영업자나 해외 거주 중인 한국인이 갑작스럽게 현금이 필요한 경우에도 인터넷만 쓸 수 있다면 대출을 즉시 실행할 수 있다. 또한 대출 승인 과정에서 개인 신용이나 소득 수준이 전혀 고려되지 않기 때문에 신용 이력이 부족한 청년층이나 프리랜서들도 담보만 있으면 동일한 조건으로 대출을 받을 수 있다. 이는 기존 금융 시스템에서 소외받던 계층에게 새로운 기회를 제공하는 의미가 있다.

하지만 이 같은 편리함의 반대 급부로 주의해야 할 점이 있다. 바로 청산Liquidation 리스크다. 담보로 제공한 자산의 가격이 일정 수준 이하로 떨어지면 스마트 콘트랙트가 담보를 자동으로 매각해 대출금을 회수한다. 이 과정에서 대출을 받은 채무자는 담보 자산을 잃을 수 있고 추가로 청산 수수료까지 부담해야 하는 경우도 있다.

예를 들어 살펴보자. 이더리움을 400만 원에 구매해 담보로 제공하고 담보 비율 150%로 200만 원을 대출받았다. 이더리움 가격이 300만 원으로 떨어지면 담보 비율이 150%가 돼 청산 위험 구간에 진입한다. 여기서 더 떨어져서 250만 원이 되면 자동으로 청산이 실행되고 대출 계약이 소멸된다. 대출자는 200만 원의 대출금을 상환할 의무가 없어지더라도 250만 원 가치의 이더리움을 다시 찾을 수 없게 돼 50만 원의 손실을 보게 된다. 여기에 청산 수수료가 10% 부과된다면 25만 원의 추가 손실도 부담해야 한다.

　이런 리스크를 관리하기 위해서는 담보 비율을 여유 있게 유지하거나 가격이 떨어질 때 추가 담보를 제공하거나 부분 상환을 하는 적극적인 관리가 필요하다. 많은 탈중앙화 금융 사용자들이 담보 비율을 200~300% 수준으로 보수적으로 유지하는 이유다.

원화 스테이블코인 예치 서비스

　탈중앙화 금융에서 예치는 전통적인 은행 예금과 근본적으로 다른 구조를 갖는다. 은행은 예금을 받아 대출해주면서 그 이자 마진으로 예금자에게 이자를 지급하고 수익을 올린다. 그러나 탈중앙화 금융에서는 예금자에 해당하는 예치자들이 조성된 자금 풀에 자산을 직접 투입한다. 이 풀에서 대출이 실행되고 그 결과로 발생하는 대출 이자가 예치자들에게 직접 분배된다.

　콤파운드나 에이브 같은 프로토콜에 원화 스테이블코인을 예치하면 자금 풀에 자산이 투입되고 투입된 자산의 가치에 상응하는 cToken이나 aToken을 받는다. 이 토큰들은 은행이 발행하는 예금 증서나 통장과 같은 역할을 한다. 그리고 시간이 지날수록 교환비 또는 가치가 증가하는 방식으로 이자 수익을 반영한다. 예를 들어 1,000만 원에 해당하는 원화 스테이블코인을 예치해서 받은 cToken 또는 aSKRW 토큰은 1년 후 1,050만 원의 가치를 갖게 되고 결과적으로 연 5%의 수익을 얻는 셈이 된다.

탈중앙화 금융에서 금리는 시장의 수요와 공급에 따라 실시간으로 변동된다. 대출 수요가 높으면 금리가 상승하고, 유동성이 풍부하면 금리가 하락하는 자유시장 원리가 적용된다. 이는 중앙은행이나 금융당국이 기준금리를 결정하는 전통적인 시스템과는 완전히 다른 접근법이다.

주요 탈중앙화 금융 프로토콜에서 스테이블코인 예치 시 수익률은 연 2~8% 정도를 기대할 수 있다. 이는 현 국내 은행 예금 금리보다 상당히 높은 수준이다. 특히 시장 변동성이 클 때나 대출 수요가 급증할 때는 연 10%를 넘는 수익률을 기록하기도 한다. 하지만 이 경우 투자자들이 높은 수익을 노려 많은 자산을 예치하면 수요가 늘어나 유동성이 풍부해지기 때문에 금리가 다시 내려가게 된다. 이 같은 시장 구조로 금리는 과하게 넘치지도 않고 너무 박한 수준으로 내려가지도 않게 평형점을 찾아간다.

여기에 인터넷만 가능하면 전 세계 어디서든 접근할 수 있고 은행 영업시간에 구애받지 않는다는 것도 큰 장점이다. 디지털 자산 거래는 주식 시장이나 은행과 다르게 365일 24시간 계속 가동된다. 따라서 예치와 대출도 실시간으로 중지 없이 지속되어야 한다. 이를 만족시킬 수 있는 것은 탈중앙화 금융이 유일하다. 또 모든 거래가 투명하게 공개되어 일부는 은행보다 오히려 더 신뢰할 수 있다는 평가를 내리기도 한다.

하지만 주의해야 할 점들이 있다. 가장 먼저 국내 은행 예금과 탈중앙화 예치 서비스의 가장 큰 차이는 원금 보장 여부다. 은행 예금은 예금자보호법에 의해 최고 1억 원까지 원금이 보장되지만 탈중앙화 예치는 그런 보장이 전혀 없다. 대신 더 높은 수익률을 제공하고, 언제든지 즉시 인출할 수 있는 유동성을 보장한다.

또 다른 주의 사항으로는 스마트 콘트랙트와 관련한 리스크를 들 수 있다. 전통 금융권에서 직원의 실수로 발생하는 문제가 탈중앙화 금융에서는 스마트 콘트랙트의 프로그래밍 오류나 예상치 못한 시나리오로 인해 나타난다. 이런 문제는 자칫하다간 투자자들의 자금이 동결돼 인출할 수 없게 되거나 이로 인해 영구 손실을 야기할 수도 있게 된다.

전통 금융권에서 임직원의 도덕적 해이로 발생하는 문제도 탈중앙화 금융에서 발생할 수 있다. 프로토콜 리스크다. 운영진의 부정행위나 잘못된 의사결정으로 손실이 발생할 수 있다. 마지막으로는 규제 리스크를 들 수 있는데 정부가 탈중앙화 금융 사용을 금지하거나 제한할 경우 자금 회수에 어려움을 겪을 수 있다.

하지만 가장 큰 위험 요인은 해킹이다. 예치 및 대출에 필요한 여러 절차를 스마트 콘트랙트로 대체하다 보니 취약점을 노린 해킹에 취약할 수밖에 없다. 여기에는 스마트 콘트랙트뿐 아니라 은행의 창구에 해당하는 인터넷 홈페이지 입력 코드나 홈페이지 주소 자체를 가짜로 만드는 방법 등도 동원돼 투자자들의 자금을 노린다.

대표적인 사례로 지난 2023년 일어난 오일러 파이낸스의 해킹 사건을 들 수 있다. 오일러 파이낸스는 이더리움 기반 탈중앙화 대출 프로토콜로 당시 상당한 규모의 예치금을 유입받아 자금 풀을 운영하고 있었다. 그러나 해커의 공격으로 이더리움 1억 3,600만 달러, USDC 3,400만 달러, 비트코인 1,900만 달러 등 총 1억 9,700만 달러 규모의 자산을 도난당했다. 투자자들은 하루아침에 예치 자금을 모두 잃어버렸으며 예금자보호법과 같은 보호를 받지 못해 돌려받을 수도 없었다.

원화 기반 거래 쌍에 대한
유동성 공급 및 이자 농사(Yield Farming)

탈중앙화 거래소(DEX)와 유동성 공급

 탈중앙화 거래소는 중앙 기관의 통제 없이 블록체인 네트워크상에서 직접 암호화폐를 거래할 수 있는 플랫폼을 말한다. 한국거래소, 뉴욕 증권거래소 등 기존의 중앙화 거래소와 달리 다양한 종류의 디지털자산을 스마트 콘트랙트를 통해 자동으로 거래한다. 이를 통해 거래소 파산과 같은 위험을 피할 수 있고 중개 수수료를 지급하지 않아도 된다. 또한 블록체인 기술을 사용하기 때문에 높은 검열 저항성과 투명성을 제공한다.

 최초의 탈중앙화 거래소는 2014년 7월 댄 라리머가 개발한 비트셰어BitShares로 볼 수 있다. 스마트 콘트랙트가 일반화되지 않은 당시에는 중앙 기관의 통제 없이 개인 간 거래를 원활하게 지원하는 데 초점을 맞췄다. 이후 이더리움 기반의 이더델타EtherDelta

등이 등장하면서 기존 중앙화 거래소와 유사한 주문서Order Book 방식이 도입됐다. 그러나 2018년 유니스왑이 자동화된 시장조성자AMM, Automated Market Maker 모델을 개발, 도입해 주문서 방식을 대체하면서 탈중앙화 거래소는 전기를 맞이했으며 2020년 '디파이 여름'과 함께 급속히 성장해 현재는 암호화폐 생태계의 핵심 인프라로 자리 잡았다.

AMM은 주문서 방식을 사용하는 전통적인 중앙화 거래소와 탈중앙화 거래소 간의 가장 큰 차이점이다. 기존 거래소가 사용하는 주문서 방식은 매수자와 매도자가 각각 본인들의 주문 내역을 제출한 다음 이를 서로 연결하는 형태로 이뤄진다. 즉 "비트코인을 5만 달러에 사겠다", "이더리움을 3,000달러에 팔겠다"는 식으로 사람들이 주문을 올리고 조건이 맞으면 거래가 성사되는 방식이다. 하지만 AMM은 유동성 풀Liquidity Pool이라는 저장소에 거래할 디지털자산을 보관하고 각 거래는 수요와 공급의 법칙과 유사한 알고리즘을 통해 조건이 생성돼 체결된다. 마치 무인 환전소가 24시간 운영되면서 누구든지 언제나 공정한 환율로 거래할 수 있는 것과 같은 개념이다.

AMM에서 가장 중요한 요소는 유동성 풀이다. 예를 들어 원화 스테이블코인&KRW과 이더리움ETH을 AMM 알고리즘에 따라 거래하려면 두 자산을 모두 확보하고 있어야 한다. 거래를 지원하는 유동성 풀에는 일정 비율(보통 50:50)에 맞춰 두 자산이 저장

돼 있고 거래자들은 이 풀에 저장된 자산을 이용해 거래로 자산을 교환한다. 또 거래가 일어날 때마다 알고리즘에 따라 가격이 자동으로 조정된다. 따라서 한 번에 ETH를 많이 매수하면 ETH의 가격이 오르게 되며 풀에서의 가치도 조정된다.

유동성 풀에서 알고리즘에 따라 거래가 체결되기 때문에 거래를 멈추고 정산을 하거나 청산해야 할 필요가 없다. 따라서 365일 24시간 내내 거래가 가능하다. 또 주문서 방식의 전통적인 거래소에서는 매수 주문과 매도 주문이 서로 연결돼야만 거래가 성사되지만 AMM에서는 충분한 유동성만 있으면 연결 과정 없이 바로 거래할 수 있다. 특히 거래량이 적은 신규 토큰이나 소규모 거래 쌍에서 이런 장점이 더욱 두드러진다.

유동성 풀이 역할을 수행하도록 자산을 제공하는 유동성 공급자는 탈중앙화 거래소에서 핵심 역할을 하는 참가자다. 이들은 자신의 자산을 유동성 풀에 예치해서 거래자들이 언제든지 거래할 수 있는 환경을 만들어주고 그 대가로 거래 수수료를 분배받는다. 탈중앙화 대출 프로토콜에서 대출을 위한 자금 풀에 자산을 예치하고 대출 이자 수익을 할당받은 것과 유사하다.

구체적인 예를 들어보자. 투자자가 1,000만 원 상당의 원화 스테이블코인과 1,000만 원 상당의 이더리움을 유니스왑의 SKRW/ETH 풀에 공급했다고 가정해보자. 이때 해당 풀에서 발생하는 모든 거래 수수료가 LP들에게 분배된다. 분배 기준은 얼마나 많은 자산을 공급했냐에 따라 다르다. 만약 이 투자자가 풀에 예치된 자산의 1%를 차지한다면 모든 거래 수수료의 1%를 수익으로 받게 된다.

　수수료 수익은 거래량에 비례하기 때문에 인기 있는 거래 쌍일수록 동일한 가치의 자산 대비 더 높은 수익을 기대할 수 있다. 주요 탈중앙화 거래소에서 인기 거래 쌍의 경우 연 10~30%의 수수료 수익률을 기대할 수 있다. 이는 전통적인 금융 상품 대비 매우 높은 수익이다. 하지만 여기에도 역시 조심해야 할 문제가 있는데 바로 비영구적 손실Impermanent Loss이다.

　비영구적 손실은 유동성 공급의 가장 중요한 주의 요소다. 유동성 풀에 예치한 두 자산의 가격 비율이 변화할 때 발생하는 기회비용 손실을 말하며 유동성 풀에서 자산을 인출할 때 확정된다.

　예를 들어 설명해보자. 1ETH를 500만 원이라고 설정하고 원화 스테이블코인 500만 원과 이더리움 500만 원을 50:50 비율로 풀에 공급했다고 가정하자. 이런 상황에서 이더리움 가격이 1,000만 원으로 두 배 상승하면 이더리움과 원화 스테이블코인 간의 가치 차이가 발생한다. 이렇게 되면 거래 쌍을 제대로 형성할 수 없게 돼 다수 거래 발생 시 한 자산만 남는 불상사가 발생한다.

　이를 방지하기 위해 AMM에서는 알고리즘에 의해 풀 내 자산 비율을 자동으로 조정한다. 조정된 결과 투자자는 약 707만 원의 원화 스테이블코인과 약 707만 원 상당의 0.707 ETH를 보유하게 돼 총 가치는 1,414만 원이 된다. 하지만 풀에 자산을 공급하지 않고 500만 원의 원화 스테이블코인과 초기 500만 원 가치의 이더리움을 그대로 보유하고 있었다면 가격 상승 이후 자산의 총 가치는 1,500만 원이 됐을 것이다. 이처럼 보유했을 때와 자산 공급을 했을 때 간에 자산 가격 변동에 따른 가치 차이로 발생하는 86만 원(1,500만 원-1,414만 원)의 손해를 비영구적 손실이라고 부른다. 이 손실은 풀에 자산을 그대로 놔둘 때에는 계산상으로만 남아 있고 풀에서 자산을 뺄 때 확정된다.

비영구적 손실을 완화하기 위한 전략도 존재한다. 먼저 가격 상관관계가 높은 자산 간의 거래 쌍을 선택하는 것이다. 예를 들어 원화 스테이블코인과 달러 스테이블코인처럼 비슷한 성격의 자산을 공급하면 서로 간의 가격 변동폭이 작아 비영구적 손실을 최소화할 수 있다. 또 거래 수수료 수익이 비영구적 손실을 상쇄할 수 있을 만큼 거래량이 많은 풀을 선택하는 것도 방법이다.

원화 기반 주요 거래 쌍 분석

원화 스테이블코인이 본격적으로 유통되면 다양한 거래 쌍이 형성될 것이다. 그중에서도 가장 중요한 것은 SKRW/BTC,

SKRW/ETH 같은 주요 암호화폐와의 거래 쌍이다. 이들은 거래량이 많고 투자자들의 관심도 높아 유동성 공급자들에게 안정적인 수수료 수익을 제공할 것으로 예상된다.

KRW/BTC 거래 쌍의 경우, 비트코인의 높은 변동성으로 인해 상당한 비영구적 손실 위험이 있지만, 그만큼 거래 빈도도 높아 수수료 수익도 클 것이다. 해외 탈중앙화 거래소에서 BTC/USDT 거래 쌍은 하루 거래량이 수억 달러에 이르며 유동성 공급자들에게 연 두 자릿수 %의 수수료 수익이 제공된다.

KRW/ETH 거래 쌍도 마찬가지로 높은 거래량과 수수료 수익을 기대할 수 있다. 특히 이더리움은 탈중앙화 금융 생태계의 기축통화 역할을 하고 있어 다른 탈중앙화 금융을 이용하기 위해 ETH로 교환하는 수요가 지속적으로 존재한다. 하지만 이런 주요 암호화폐 거래 쌍은 변동성이 크기 때문에 비영구적 손실 리스크도 높다. 따라서 장기적인 관점에서 해당 암호화폐의 상승을 확신하는 투자자들에게 더 적합한 전략이다.

원화 스테이블코인과 USDT, USDC와 같은 다른 스테이블코인 간의 거래 쌍은 매우 특별한 의미를 가진다. 이들은 모두 안정적인 가치를 유지하도록 설계되어 있어 비영구적 손실 위험이 거의 없으면서도, 환율 변동이나 프리미엄/디스카운트로 인한 차익거래 수요가 지속적으로 존재한다.

예를 들어 SKRW/USDT 거래 쌍에서는 원-달러 환율 변동에 따른 자연스러운 거래 수요가 발생한다. 달러가 강세를 보일 때는 USDT 수요가 증가하고, 원화가 강세를 보일 때는 원화 스테이블코인 수요가 증가한다. 이런 거래들은 유동성 공급자들에게 안정적인 수수료 수익을 제공한다.

또한 이런 스테이블코인 간 거래 쌍은 환율 헷징 도구로도 활용될 수 있다. 원화 자산을 많이 보유한 투자자가 달러 강세를 예상할 때 SKRW/USDT 풀에 유동성을 공급하면서 동시에 환율 변동에 대비할 수 있다. 탈중앙화 거래소에서 기존 스테이블코인 간 거래 쌍들은 다른 거래 쌍에 비해 낮지만 안정적인 수익률을 제공하고 있어 보수적인 투자자들에게 매력적인 선택지가 되고 있다.

이와 더불어 한국에서 개발된 블록체인 프로젝트들의 토큰과 원화 스테이블코인 간의 거래 쌍도 흥미로운 투자 기회를 제공할 수 있다. 카이아KAIA, 아이콘ICX, 보라BORA 등 국내 프로젝트들이 탈중앙화 거래소를 통해 원화 스테이블코인으로 거래될 수 있다면 현 중앙화된 디지털자산 거래소와는 다른 차원의 접근성이 확보될 수 있다.

이런 거래 쌍들의 장점은 국내 투자자들이 해당 프로젝트에 대해 더 잘 이해하고 있고, 국내 뉴스나 이벤트에 민감하게 반응한다는 점이다. 따라서 정보 비대칭성을 활용한 투자 기회가 더 많을 수 있다. 그러나 이런 토큰들은 대부분 시가총액이 작고 변동성이 높아 비영구적 손실 위험도 크다. 또한 거래량이 상대적으로 적어 수수료 수익이 제한적일 수 있다. 따라서 해당 프로젝트에 대한 깊은 이해와 장기적인 관점이 필요한 투자 전략이다.

이자 농사 전략과 리스크 관리

이자 농사Yield Farming는 탈중앙화 금융 내에서 투자자가 자산을 대출하거나 유동성 풀에 공급하는 등 여러 방법을 조합해 수익률을 높이는 전략을 말한다. 단순히 한 곳에 자산을 예치하는 것이 아니라 각 프로토콜 간의 수익률 차이를 활용하거나 복합적인 전략을 통해 더 높은 수익을 기대하는 것이다. 비트코인을 확보하기 위해 여러 컴퓨터를 가동해 광부처럼 일을 시키기 때문에 채굴Mining이라는 단어가 쓰이는 데 반해 탈중앙화 금융에서는 수익을 올리기 위해 일을 시키는 게 아니라 수익률 극대화 전략에 따라 자산을 여러 프로토콜에 흩뿌려 놓기 때문에 농사Farming라는 표현이 사용된다.

이자 농사를 하는 투자자들은 수익을 극대화하기 위해 다양한 대출 시장으로 시시각각 디지털자산을 이동시킨다. 이는 때로 무척 복잡한 형태를 갖기도 하고 전략 수행을 위해 많은 계산과 절차를 밟게 하기도 한다. 따라서 탈중앙화 금융에 대한 이해도가 높고 다수의 경험을 갖춘 고급 투자자들만이 제대로 수행할 수 있다.

간단한 예를 들어보면 다음과 같은 전략을 짤 수 있다. ① 원화 스테이블코인을 탈중앙화 대출 프로토콜의 자금 풀에 예치한다. ② 예치한 원화 스테이블코인을 담보로 다른 스테이블코인을 대출받는다. ③ 대출받은 스테이블코인을 유니스왑과 같은 탈중앙화 거래소의 유동성 풀에 공급한다. 이 과정에서 발생하는 수익은 ①에서 발생하는 원화 스테이블코인의 자금 풀 예치 수익 + ③에서 발생하는 유동성 풀의 거래 수수료 수익 - ②에서 발생하는 스테이블코인 대출 이자다. 이렇게만 계산하면 추가 수익이 높지 않을 수 있다. 하지만 각 탈중앙화 금융 프로토콜이 사용 내역에 따라 토큰을 보상으로 지급한다면 계산이 달라진다. ①, ②, ③ 과정을 통해 탈중앙화 대출 프로토콜과 탈중앙화 거래소의 토큰을 받을 수 있기 때문에 토큰 가격에 따라 수익률은 대출, 유동성 공급 각 하나만 수행할 때보다 훨씬 높아질 수 있다.

이처럼 각 탈중앙화 금융 프로토콜이 발행하는 토큰 보상을 활용하는 전략은 이자 농사의 핵심이다. 많은 프로토콜들이 유동성 공급자들에게 자체 토큰을 보상으로 지급하면서 유동성 풀을 늘려왔다. 이는 2020년 '디파이 여름' 때 극에 달했으며 당시에는 이런 토큰 보상만으로도 연 100% 이상의 수익률을 기록한 사례들도 많았다.

하지만 이런 복합 전략들은 높은 수익률만큼 복잡한 리스크를 수반한다. 각 프로토콜 별로 스마트 콘트랙트 리스크가 있고, 청산 위험, 토큰 가격 변동 위험 등이 복합적으로 작용할 수 있다. 가장 치명적인 리스크 중 하나는 스마트 콘트랙트 취약점으로 프로그래밍 오류나 예상치 못한 상황으로 인해 예치된 자금이 해킹당하거나 동결될 수 있다. 실제로 디파이 역사상 수많은 해킹 사건들이 발생했고, 수십억 달러의 자금이 손실되었다.

리스크를 최소화하기 위해서는 감사Audit를 받은 프로토콜만 사용하는 것이 중요하다. 전문성과 인지도를 보유한 스마트 콘트랙트 전문 감사 회사들의 보고서를 확인하고 발견된 취약점들이 제대로 수정되었는지 검토해야 한다. 또 신규 프로토콜보다는 충분한 운영 기간을 거쳐 안정성이 검증된 프로토콜을 선택하는 것이 좋다. 유니스왑, 콤파운드, 에이브와 같은 대형 프로토콜들은 수년간 운영되면서 다양한 상황을 겪어왔기 때문에 상대적으로 안전하다고 평가할 수 있다.

리스크 분산도 중요한 전략이다. 모든 자금을 한 프로토콜에 집중하지 말고 여러 프로토콜에 분산 투자함으로써 특정 프로토콜의 문제로 인한 손실을 최소화해야 한다.

부동산, 예술품 등
한국 실물자산(RWA)의 토큰화

실물자산 토큰화의 개념과 장점

실물자산 토큰화RWA, Real World Assets Tokenization는 현실상에 존재하는 실물자산을 블록체인 기술을 활용해 네트워크상에서 거래할 수 있도록 디지털 토큰으로 변환하는 기술을 말한다. 부동산, 예술품, 원자재 등 실물자산의 소유권이나 가치를 블록체인에 기록된 디지털 토큰으로 변환하는 과정이다. 여기에는 전통적인 금융 자산인 부동산, 주식, 채권, 파생상품을 비롯해 일부 마니아들만 거래를 즐기던 예술품도 포함된다. 예를 들어 40억 원짜리 빌딩을 RWA를 통해 토큰화하면 전체 가격을 지불하지 않고도 조각 투자를 통해 분할 구매할 수 있게 돼 투자의 진입 장벽이 낮아진다.

전통적으로 부동산이나 고가 예술품은 높은 진입 장벽으로 인해 소수의 부유층만이 투자할 수 있는 영역이었다. 한 채에 20억 원에 달하는 서울 강남 아파트가 있다면 여기에는 일반 투자자는 아예 접근하는 것 자체도 어려운 일이 된다. 하지만 토큰화를 통해 이를 2만 개의 토큰으로 나누면, 10만 원만으로도 해당 부동산의 일부를 소유할 수 있게 된다. 이 아파트가 임대로 수익을 내는 곳이라면 수익의 일부를 할당받을 수 있다.

이런 변화는 단순히 진입 장벽을 낮추는 것을 넘어서 자산 시장의 민주화를 의미한다. 지금까지 정보와 자본력을 가진 소수만이 누렸던 투자 기회가 일반 대중에게도 열리게 되는 것이다. 또한 블록체인의 투명성과 불변성을 통해 소유권 증명과 거래내역이 명확하게 기록돼 기존 시스템보다 더 신뢰성 있는 투자 환경을 제공한다.

기존 실물자산 거래 시장에 있는 단점도 해소할 수 있다. 바로 유동성 부족과 낮은 접근성, 불편한 거래 과정이다. 부동산을 매도하려면 중개업소를 통해 매수자를 찾아야 하고 계약부터 소유권 이전까지 보통 1~3개월이 소요된다. 예술품의 경우에는 더욱 복잡해서 경매를 통해 거래하거나 전문 딜러를 찾아야 하며 진위 감정과 가치 평가에도 상당한 시간과 비용이 들어간다.

하지만 RWA로 토큰화된 자산은 암호화폐처럼 24시간 언제든지 거래할 수 있다. 주말이나 공휴일에도 거래가 가능하고 전 세계 어디서든 인터넷만 있으면 즉시 매매할 수 있다. 이는 투자자들에게 훨씬 큰 유연성을 제공한다. 예를 들어, 서울의 상업용 부동산에 투자한 뉴욕 거주자가 갑자기 현금이 필요할 때, 기존에는 복잡한 해외 부동산 매매 절차를 거쳐야 했지만, 토큰화된 자산이라면 몇 분 내에 일부 또는 전부를 매도할 수 있다. 이런 유동성 개선은 자산의 가치 평가에도 긍정적인 영향을 미쳐, 기존 대비 프리미엄을 받을 수 있는 가능성도 있다.

RWA의 또 다른 장점은 소액으로도 다양한 자산에 분산 투자할 수 있다는 것이다. 기존에는 1억 원을 가진 투자자가 부동산에 투자하려면 특정 지역의 한 가지 물건에만 투자해야 했다. 그러나 토큰화를 통해서는 강남 오피스텔, 홍대 상가, 제주도 펜션, 심지어 뉴욕의 상업용 부동산까지 동시에 투자할 수 있다. 각 부동산의 기대 수익률과 리스크에 따라 적은 자산 규모로도 복합적인 투자 전략을 적은 비용으로 수행할 수 있다. 높은 수익률과 낮은 위험도는 덤이다.

이런 다각화는 리스크 관리 측면에서 매우 중요하다. 특정 지역이나 자산 유형에 집중 투자했을 때의 위험을 분산시킬 수 있고, 각 자산의 수익률 특성을 조합해서 더 안정적인 포트폴리오를 구성할 수 있다. 또한 투자자들은 자신의 투자 철학이나 시장 전망에 따라 자유롭게 포트폴리오를 조정할 수 있다. 부동산 시장이 과열됐다고 판단되면 일부를 매도하고 예술품이나 다른 대체 투자로 옮길 수 있고, 반대로 특정 자산의 상승 잠재력을 확신한다면 비중을 늘릴 수도 있다.

한국 부동산 토큰화 시장의 가능성

한국의 부동산 시장 규모는 2024년 기준으로 주택만 약 7,158조 원으로 집계되는 거대한 시장이다. 특히 서울과 수도권에 집중된 고가 부동산들은 토큰화의 최적 대상이 될 수 있다. 강남 3구의 아파트, 여의도나 강남의 오피스빌딩, 명동이나 홍대의 상업용 부동산 등은 안정적인 임대 수익과 가치 상승 잠재력을 동시에 갖추고 있어 투자자들의 관심이 높다.

현재 일반 투자자들이 부동산에 간접 투자할 수 있는 방법은 리츠REITs가 거의 유일하다. 하지만 국내 리츠 시장은 약 100조 원 규모로 전체 부동산 시장에서 한 자릿수 %에 불과하며 선택할 수 있는 상품도 제한적이다. RWA를 이용한 토큰화가 활성화된다면 이런 제약을 크게 완화할 수 있다.

특히 주목할 점은 한국 부동산 시장의 정보 투명성이 상당히 높다는 것이다. 실거래가 공개, 감정평가 시스템, 등기부등본 등 다양한 공적 데이터가 있어 토큰화에 필요한 자산 가치 평가와 투명성 확보가 상대적으로 용이하다. 이는 해외 부동산 토큰화 사례와 비교했을 때 한국이 가진 경쟁 우위 요소다.

주거용 부동산보다는 상업용 부동산이 토큰화의 첫 번째 대상이 될 가능성이 높다. 오피스빌딩, 쇼핑몰, 호텔 등 상업용 부동산은 명확한 임대 수익 구조를 가지고 있어 투자 수익률 계산이 용이하고, 투자 목적이 분명해 규제 당국의 승인도 받기 쉽다.

예를 들어, 여의도의 한 오피스빌딩을 토큰화한다면 다음과 같은 구조가 가능하다. ① 건물을 1,000억 원으로 평가하고 1억 개의 토큰으로 분할. ② 각 토큰당 1,000원의 가격으로 판매. ③ 월 임대료 수익(약 50억 원)을 토큰 보유 비율에 따라 자동 지급. ④ 건물 가치 상승 시 토큰 가격도 동반 상승. 이런 구조에서 투자자들은 월 수익 분배를 통한 안정적인 현금 흐름을 얻으면서 동시에 부동산 가격 상승에 따른 자본 이득도 기대할 수 있다. 국내 상업용 부동산의 임대 수익률이 연 3~6% 수준임을 고려하면 은행 예금이나 국채보다 훨씬 매력적인 투자 대안이 될 수 있다.

한국 정부는 블록체인과 핀테크 혁신을 위해 규제 샌드박스 제도를 운영하고 있으며 부동산 토큰화도 이 틀 안에서 시범적으로 추진될 수 있다. 이미 카사코리아가 규제 샌드박스를 통해 부동산처분신탁에 의한 부동산 수익증권의 조각투자 승인을 받은 바 있다.

이 같은 규제 샌드박스를 시행할 때 원화 스테이블코인은 장점으로 작용할 수 있다. 기존 법규의 제약을 받지 않고 혁신적인 서비스를 시범 운영하는 것이 규제 샌드박스의 취지인데 원화 스테이블코인은 여기에 날개를 달아줄 수 있기 때문이다. 다양한 투자자들의 유동성 확보와 함께 탈중앙화 금융과의 교두보로도 활용할 수 있다. 또 스마트 콘트랙트를 활용한 투자 간편화로 서비스에 대한 접근성을 높여줄 수 있다.

예술품 및 기타 대체투자 자산

한국의 문화 콘텐츠 산업이 전 세계적으로 주목받고 있는 지금 K-팝, 드라마, 웹툰 등의 지적재산권[IP] 토큰화는 매우 흥미로운 투자 영역이다. BTS나 블랙핑크 같은 글로벌 스타의 음반 수익권, 〈오징어 게임〉이나 〈킹덤〉 같은 히트 드라마의 해외 판권, 〈신과함께〉나 〈이태원 클라쓰〉 같은 웹툰의 2차 저작권 등이 모두 토큰화 대상이 될 수 있다.

IP 토큰화의 장점은 수익 구조가 명확하다는 것이다. 음반 판매, 스트리밍 수익, 콘서트 수익, 굿즈 판매, 광고 모델료 등 다양한 수익원이 있고 이를 토큰 보유자들에게 투명하게 배분할 수 있다. 특히 K-컬처의 글로벌 인기를 고려하면 해외 투자자들의 참여도 기대할 수 있어 시장 규모가 클 것으로 예상된다.

예를 들어 인기 아이돌 그룹의 향후 3년간 음원 수익권을 토큰화한다면 팬들은 단순한 소비자를 넘어서 투자자가 될 수 있다. 그룹이 성공할수록 자신들도 경제적 이익을 얻게 되어, 더욱 적극적인 응원과 홍보에 나설 유인이 생긴다. 이는 기존의 팬덤 문화와 투자가 결합된 새로운 비즈니스 모델이라고 할 수 있다.

원화 스테이블코인을 이용하면 특히 해외 팬들이 그동안 결제의 어려움으로 한국 아이돌들의 굿즈 등을 구매할 수 없었던 상황을 개선할 수 있다. 최근에는 유튜브 동영상 아래에 구매 링크를 걸어놓고 굿즈를 판매하는 사례도 많다. 유튜브는 글로벌 플랫폼이지만 정작 구매 사이트는 글로벌을 지원하지 않아 수많은 해외 팬들이 그림의 떡처럼 굿즈를 쳐다보고 있는 것이 현실이다. 하지만 원화 스테이블코인을 이용한다면 이들을 국내 시장으로 끌어들여 막대한 수요를 창출할 수 있다.

한국의 전통 예술품이나 현대 미술 작품도 토큰화를 통해 새로운 투자 시장을 형성할 수 있다. 이중섭, 박수근 같은 거장의 작품이나 현재 주목받는 젊은 작가들의 작품을 토큰화하면, 미술품 투자의 문턱을 크게 낮출 수 있다.

전통적으로 미술품 투자는 매우 전문적인 영역이다. 작품의 진위 감정, 작가와 시대적 배경에 대한 이해, 미술 시장의 동향 파악 등 상당한 전문 지식이 필요했고, 보관과 관리에도 많은 비용이 들었다. 하지만 토큰화를 통해 이런 부담을 전문기관에 맡기고, 투자자들은 순수하게 투자 수익에만 집중할 수 있게 된다. 이 같은 움직임은 이미 해외에서 시작되고 있다. 전 세계 양대 경매회사인 소더비와 크리스티는 NFT에서부터 디지털자산에 높은 관심을 보여왔고 현재는 예술품 등의 디지털자산화와 토큰화 등 디지털자산 사업에서 새로운 시도를 진행하고 있다.

명품, 시계, 와인, 위스키 같은 수집품 시장도 마찬가지다. 에

르메스 버킨백, 롤렉스 데이토나, 로마네 콩티 와인 등 희소성 있는 수집품들을 토큰화하면, 소액 투자자들도 이런 자산의 가치 상승에 참여할 수 있다. 특히 이런 자산들은 인플레이션 헷지 수단으로서의 가치도 있어, 포트폴리오 다각화 측면에서도 의미가 있다.

하지만 예술품이나 수집품의 토큰화에는 특별한 주의가 필요하다. 가장 큰 문제는 가치 평가의 주관성이다. 부동산은 인근 거래 사례나 공시지가 등 객관적인 기준이 있지만, 예술품의 가치는 작가의 명성, 작품의 희소성, 시장의 트렌드 등 주관적이고 변동성이 큰 요소들에 의해 결정된다.

이런 문제를 해결하기 위해서는 공신력 있는 감정 기관과 평가 시스템이 필요하다. 국제적으로 인정받는 미술품 감정사들의 평가, 보험 가치 평가, 유사 작품의 경매 낙찰가 등을 종합한 객관적인 가치 평가 모델을 구축해야 한다.

투자자 교육도 필수적이다. 예술품이나 수집품 투자는 주식이나 부동산과는 완전히 다른 특성을 가지고 있기 때문에, 투자자들이 해당 시장의 특성과 리스크를 충분히 이해하고 투자해야 한다. 무엇보다 이런 자산들은 유동성이 제한적일 수 있고, 가치 변동이 클 수 있다는 점을 명확히 안내해야 한다.

> **더 알아보기**
>
> ### 이자 주는 스테이블코인이 있다
>
> 미국의 스테이블코인 규제법 '지니어스법'이 철저하게 금지하고 있는 것이 있다. "스테이블코인은 이자를 줄 수 없다"이다. 스테이블코인 발행사가 이자를 주기 시작하면 사실상 은행 예금을 받는 것과 같기 때문이다.
>
> 이자를 주지 말라는 것이지, 고객에게 보상(Reward)을 주는 것까지 뭐라 할 수는 없다. 스테이블코인을 100개 들고 있다고 가정해보자. 디파이 서비스에 맡긴다 할 때, 디파이는 자동으로 돈을 굴려주는 것이니, 즉 내 스테이블코인을 가지고 뭔가 이익이 되는 활동을 할 것이니 보상을 받는 것은 자연스러운 일이다.
>
> 이때 보상을 또 다른 코인으로 준다면 어떻게 될까? 코인은 이자가 아니므로 법을 위반한 것이 아니게 된다. 물론 제대로 된 디파이 서비스를 제공하지 않으면서 높은 보상만을 내세워 스테이블코인만 끌어모으는 악의적인 세력들도 존재한다. 일종의 피라미드 사기에 가깝다.
>
> "거 봐라, 스테이블코인으로 사기 치지 않느냐. 금지해야 한다"라고 주장할 수도 있다. 하지만 과연 그게 스테이블코인의 문제일까? 그 논리라면 사기에 사용된 원화든 달러든 모두 금지해야 한다는 결론에 이른다. 문제는 도구가 아니라 그것을 악용하는 사람이다. 스테이블코인은 죄가 없다.

오종욱

디지털자산 스타트업 웨이브리지(Wavebridge) 창업자이자 CEO

미래에셋자산운용과 삼성자산운용에서 10여 년간 펀드매니저로 활동하며 전통 금융의 전문성을 쌓았다. 2014년 핀테크 스타트업을 창업하며 금융 혁신의 길로 들어섰다. 두 번째로 창업한 웨이브리지는 한국 최초의 라이선스를 취득한 디지털자산 프라임 브로커리지로, '아시아의 코인베이스 프라임'을 꿈꾸며 성장하고 있다. 데이터와 금융공학을 결합해 전통 금융과 디지털자산을 연결하는 새로운 금융 생태계를 만들어가고 있으며, 디지털자산을 미래 글로벌 금융의 핵심 인프라로 바라본다. 전략적 통찰과 집요한 실행력으로 한국 디지털 금융의 지형을 새롭게 그려가고 있다.

8장

원화 스테이블코인이 직면한 한계와 그 너머의 길

··· 들어가며 ···

기술은 완벽하지 않다. 블록체인도 마찬가지다. 새로운 기술이 등장하면, 그 과정에서 드러나는 부족한 부분들은 또 다른 기술로 보완되며 발전해왔다. 원화 스테이블코인이 자리 잡기 위해서도 기술적으로 해결해야 할 과제가 많이 있다. 아무리 우수한 기술이라도 사용자가 쉽게 받아들이지 못하면 확산되기 어렵다. 이번 장에서는 스테이블코인이 극복해야 할 과제들을 살펴본다.

혁신의 길목에서 마주한 질문

디지털 원화를 중심으로 한 스테이블코인은 단순한 기술적 혁신을 넘어, 한국의 금융 주권과 디지털 경제 전략의 핵심이 될 수 있다. 송금은 단 몇 초 만에 끝나고, 기업 간 결제는 은행 영업 시간과 상관없이 24시간 돌아가며, 프로그래밍 가능한 돈은 자동화된 경제를 현실로 만든다.

그러나 새로운 길에는 언제나 장애물이 놓여 있다.

- 일반 사용자들은 "이거 해킹당하면 어쩌지?" 하고 불안해한다.
- 개발자들은 "속도와 안전을 동시에 잡을 수 있을까?"라는 숙제를 안고 있나.
- 정부와 중앙은행은 "국가 통화 질서에 문제는 없을까?"를 묻는다.

디지털 원화가 대중 속으로 들어가기 위해서는 **기술·사용자 경험·보안·제도**라는 네 가지 산을 넘어야 한다. 디지털 원화 스테이블코인이 직면한 주요 장애물들을 네 가지 핵심 영역인 사용자 경험UX과 기술 장벽, 보안 위협, 자산 보관Custody 문제, 그리고 확장성 딜레마Scalability Trilemma으로 나누어 살펴볼 것이다. 실제 사례와 기술 분석을 통해 문제를 구체화하고, 나아갈 수 있는 방향도 제안해볼 것이다.

사용자 경험과 기술적 장벽

새로운 금융 기술은 대중의 손끝에서 시작한다. 아무리 혁신적인 시스템이라도 **사용하기 어렵다면** 보편화되기 힘들다. 스테이블코인을 사용하려면 보통 '디지털 지갑'을 설치해야 한다. 이 지갑은 단순한 앱이 아니라 개인 자산을 직접 관리하는 도구다. 그런데 지갑 설치, 백업, 비밀번호 설정, 개인키 보관 같은 과정은 평범한 사용자에게는 익숙하지 않다. 실수로 비밀키를 잃어버리면 자산을 영영 복구하지 못할 수도 있다.

왜 '인터페이스'가 중요한가

지금의 스테이블코인 기반 앱들은 종종 개발자 중심이다. 사용자 친화적인 디자인, 안내, 직관적인 버튼 배치가 부족하다. '사용자에게 블록체인 기술을 느끼게 하지 않는 것'이야말로 진짜 기술이다. 토스나 카카오페이처럼 자연스럽게 사용할 수 있는 환경이 마련되어야 한다. 또한 젊은 세대는 암호화폐에 익숙할 수 있지만, 중장년층이나 디지털 취약계층은 여전히 '지갑'과 '토큰'이라는 개념조차 낯설다. 디지털 원화가 보편적인 지불 수단이 되려면 금융 포용성을 전제로 한 UX 설계와 교육이 병행돼야 한다.

복잡한 지갑과 '시드 문구'의 불편함

스테이블코인을 쓰려면 먼저 **블록체인 지갑**이 필요하다. 지갑은 단순히 앱이 아니라, 내 자산을 보관하는 디지털 금고이자 은행 창구다. 지갑을 만들면 12~24개의 영어 단어로 된 시드 문구 Seed Phrase가 주어진다. 이 시드 문구는 은행의 비밀번호와 금고 열쇠를 동시에 대신하는 존재다. 단 한 글자라도 잃어버리면 내 자산은 영원히 봉인된다.

하지만 여기서 첫 번째 장벽이 등장한다.

- 시드 문구를 잃어버리면 자산 복구 불가
- 메신저나 이메일로 문구를 입력하면 해커에게 탈취 위험
- 영어 단어에 익숙하지 않은 사용자에게는 이미 높은 허들

문제는 이 과정이 일반 사용자에게 매우 **낯설고 불편**하다는

점이다. 예를 들어, 앱을 설치하고 시드 문구를 받아 종이에 적어 금고에 보관하라는 안내를 보면 대부분의 사용자는 당황하거나 포기하고 싶어진다. 은행 앱은 비밀번호와 지문이면 끝나는데, 블록체인은 왜 이렇게 **불친절한 보안 절차**를 요구할까?

이 불편함의 본질은 **탈중앙화의 책임**에 있다. 중앙화된 은행은 내 비밀번호를 잊어도 신분증으로 복구해주지만, 블록체인은 나만이 내 자산을 지킬 수 있도록 설계되었다. 자유와 통제권을 주는 대신, **책임과 부담도 전가**되는 셈이다.

여기에는 보안과 편의의 **역설적인 균형**이 숨어 있다. 시드 문구를 강제로 외우고, 금고에 넣어두고, 친구에게 일부를 맡기는 과정은 단기적으로는 불편하지만, 장기적으로는 해킹·사기·중앙화 리스크를 줄여준다. 하지만 일반 사용자 입장에서는 이런 과정을 견디기 쉽지 않다.

2022년, 한 40대 투자자는 휴대폰을 교체하다 시드 문구를 잃어버려 약 1억 원 상당의 스테이블코인을 복구하지 못했다. 이 사건은 블록체인이 얼마나 **사용자 책임 중심의 금융**인지 보여준다. 보안상 올바른 설계지만, 대중화를 위해서는 여전히 큰 진입 장벽이다.

따라서 향후 디지털 원화나 한국형 스테이블코인이 성공적으로 확산되려면 **편리하면서도 안전한 지갑 환경**이 필수적이다. 예를 들어, 은행·핀테크와 연계된 **지문·페이스아이디 기반 지갑**이나, 시드 문구를 여러 조각으로 나눠 분산 보관하는 사회적 복구 Social Recovery 방식이 대안이 될 수 있다.

결국, 시드 문구 문제는 단순히 UX의 불편함이 아니라, **탈중앙 금융을 사회가 얼마나 받아들일 수 있는가**를 가늠하는 시험대다.

사례

앞서 얘기한 사례로서 2022년, 한 투자자는 휴대폰을 교체하다 시드 문구를 분실해 1억 원 상당의 스테이블코인을 영영 찾지 못했다. 그에게 블록체인은 '혁신'이 아니라 '공포'였다.

시드 문구의 불편함을 해소하려면 무엇보다 **사용자 친화적인 지갑 환경**이 필요하다. 첫 번째로 고려할 방법은 **국내 은행과 가상자산사업자**VASP **연계 지갑**이다. 이 방식은 기존 금융기관의 신뢰도를 활용해, 사용자가 지갑을 더 쉽게 만들고 복구할 수 있도록 돕는다. 예를 들어, 은행 앱 안에서 지갑을 바로 생성하고, 원화 입출금과 연동되도록 하는 것이다.

두 번째는 **지문·페이스아이디 기반의 생체 인증**을 지갑 복구와 결합하는 방법이다. 이렇게 하면 사용자가 시드 문구를 잊어도 스마트폰 본인 인증으로 빠르게 접근할 수 있다. 여기에 더해, 최근 주목받는 방식이 **사회적 복구 지갑**이다. 사회적 복구 방식에서는 시드 문구를 여러 조각으로 나눠 분산 보관한다.

예를 들어 지갑을 세 조각으로 나눠 본인·은행·지인 각각 한 개씩 보관하고, 세 명 중 두 명이 동의하면 지갑을 복구할 수 있다. 이런 구조는 보안을 유지하면서도, 시드 문구 분실로 인한 자산 손실 위험을 크게 줄여준다.

결국 이런 혁신적 지갑 설계가 도입되어야만, 일반 사용자도 불안과 부담 없이 **디지털 원화**와 같은 스테이블코인을 사용할 수 있다.

온·오프 램프의 불편함

스테이블코인의 핵심 가치는 **원화와의 자유로운 연결**이다. 사용자는 원화를 디지털로 바꾸어 언제든 송금하거나 결제에 쓸 수 있어야 하고, 필요할 때는 다시 원화로 바꿔 지갑이나 은행 계좌로 돌려놓을 수 있어야 한다. 이 과정이 앞선 장들에서 이야기한 온램프와 오프램프이다.

온램프는 현실 세계의 돈을 디지털자산으로 전환하는 입구이고, 오프램프는 디지털자산을 현실 세계로 되돌리는 출구다. 둘 다 매끄럽게 작동하지 않으면 사용자는 금방 불편을 느낀다. 예를 들어, 원화를 스테이블코인으로 전환하려고 거래소에 가입하고 본인 인증을 하고, 계좌를 연결하고, 송금 제한 시간까지 신경 써야 한다면 디지털 원화의 장점인 '빠르고 편리한 결제'는 빛을 잃어버린다.

- **온램프**: 원화를 스테이블코인으로 바꾸는 과정
- **오프램프**: 스테이블코인을 다시 원화로 되돌리는 과정

하지만 한국에서는 스테이블코인을 원화로 전환하거나, 원화를 스테이블코인으로 바꾸는 과정이 쉽지 않다. 현행 제도상 대부분의 전환은 국내 가상자산사업자VASP를 거쳐야 하며, 은행 계좌 연동과 KYC(본인확인), 거래 제한 시간 등 절차가 필수다. 사용자 입장에서는 불편하지만, 이러한 장치는 자금세탁방지와 불법 자금 차단이라는 안전망 역할을 한다. 즉, 불편함 뒤에는 한국 금융시장의 투명성과 제도적 신뢰를 지키기 위한 장치가 숨어 있는 셈이다. 결국 온·오프 램프를 VASP를 통해 거치는 방식은 사용자 편의는 떨어지지만, 국가 차원의 금융안정과 보안 측면에서는 가장 안전한 접근이다.

편리함만 놓고 보면 해외에서 메타마스크와 USDC를 바로 연결하는 경험과는 거리가 멀다. 그러나 이 불편함에는 나름의 제도적 의미와 안전성이 숨어 있다. 테라-루나 사태 이후, 한국 금융당국은 무제한적·비인가 스테이블코인의 위험성을 체감했다. 따라서 현재처럼 VASP를 통한 온·오프 램프 구조는 사용자에게는 다소 불편해도, 불법 자금 유입 차단·자금세탁방지·금융 안정성 확보라는 측면에서 안전망 역할을 한다.

결국 한국의 온·오프 램프는 "편리하지만 위험한 길" 대신 "조

금 불편하지만 안전한 길"을 선택한 결과라 할 수 있다. 이 과정이 정착될수록, 디지털 원화는 점차 제도권 금융 속으로 안정적으로 스며들 수 있다.

개선 아이디어
- 모바일 뱅킹과 연동된 즉시 전환
- 편의점·ATM 현금화
- QR코드 결제 연계로 카카오페이·토스 수준 UX 구현

속도와 수수료의 현실

블록체인 네트워크는 설계상 탈중앙화와 보안을 우선하기 때문에, 거래 처리 속도와 수수료 문제를 항상 안고 있다.

- **이더리움**: 안전하지만 느리고 수수료가 비쌈
- **국내외 L2체인**: 빠르지만 호환성과 보안이 불안정

이더리움과 같은 퍼블릭 블록체인은 수많은 노드가 거래를 검증하며 합의하기 때문에, 거래 처리 속도(TPS, 초당 처리 건수)가 제한적이나. 예를 들어, 이더리움 메인넷은 초당 15~30건 정도의 거래만 처리할 수 있다.

이런 구조에서는 사용자가 몰리면 거래가 한꺼번에 대기열에

쌓인다. 결과적으로 거래 수수료인 가스비Gas Fee가 급격히 올라가고, 평소에는 수천 원이던 송금 수수료가 수만 원까지 치솟기도 한다. 즉, "안전하고 탈중앙화된 네트워크"의 대가로 속도 저하와 수수료 급등을 감수해야 하는 것이다.

이 문제를 해결하기 위해 등장한 개념이 바로 레이어 2Layer 2, L2다. L2는 기존 메인 블록체인Layer1의 보안을 활용하면서도, 거래를 별도의 보조 네트워크에서 처리해 속도를 높이고 수수료를 낮추는 방식이다. 대표적인 기술로는 롤업Rollup, 플라즈마Plasma, 상태 채널State Channel 등이 있다.

1. 롤업은 수많은 거래를 묶어 한 번에 L1에 기록한다.
2. 플라즈마는 하위 체인을 만들어 거래를 처리하고 최종 결과만 메인 체인에 올린다.
3. 상태 채널은 거래 당사자끼리 별도 채널을 만들어 빠른 오프체인 결제를 진행한다.

이런 L2 솔루션을 활용하면 거래 속도는 수백~수천 TPS로 늘어나고, 수수료도 기존 대비 90% 이상 줄어들 수 있다. 하지만 호환성과 보안이 여전히 도전 과제다.

첫째, 일부 L2 체인은 특정 지갑이나 서비스와만 호환되어 사용자가 네트워크를 오가며 자산을 이동할 때 브리지Bridge를 거쳐야 한다. 이 과정에서 과거 여러 차례 브리지 해킹 사건이 발생해 수억 달러 피해가 났다.

둘째, L2는 메인넷의 보안에 의존하지만, 네트워크 자체 운영자가 중앙화되면 특정 시점에 조작·중단 위험이 생길 수 있다. 즉, L2는 속도와 비용 문제를 해결하지만, 완전한 탈중앙성과 장기적 보안 면에서는 아직 검증이 진행 중인 셈이다.

결국 블록체인 기반 스테이블코인이 대중적으로 사용되려면, 속도·수수료·보안·호환성이라는 네 가지 과제를 균형 있게 해결해야 한다. 단순히 거래를 빠르게 만드는 것만으로는 충분하지 않고, 사용자가 안전하게, 저렴하게, 불편함 없이 사용할 수 있는 환경이 필요하다.

사례

2021년, 이더리움에서 스테이블코인 송금 한 건에 30달러(약 4만 원) 수수료가 발생했다. 국내 간편송금 서비스와 비교하면 경쟁력이 없다.

해결 방향:

- 멀티체인 지원: 사용자가 빠른 네트워크 선택
- 오프체인 결제 채널 도입
- CBDC·국가 주도 블록체인과 연계 검토

보안: 스마트 콘트랙트와 자산 보관의 함정

스테이블코인의 세계에서 **보안은 곧 생명**이다. 아무리 혁신적인 기술이라도, 단 한 번의 사고로 모든 신뢰는 한순간에 무너질 수 있다. 금융의 본질은 신뢰이고, 신뢰를 잃은 화폐는 더 이상 화폐가 아니다. 디지털상에서 돌아가는 스테이블코인은 눈에 보이지 않는 숫자에 불과하다. 따라서 한 번의 해킹이나 시스템 오류는 단순한 기술 문제가 아니라, **사용자의 돈과 생태계 전체 신뢰를 무너뜨리는 사건**이 된다.

스테이블코인의 보안은 크게 두 축으로 나눌 수 있다. 첫 번째 축은 **스마트 콘트랙트의 취약점**이다. 스마트 콘트랙트는 블록체인 위에서 돌아가는 자동화된 약속이자 금융 계약이다. 거래 승인, 담보 관리, 예치금 운용, 이자 지급, 청산 조건까지 모든 것이 코드로 움직인다. 덕분에 사람의 개입 없이도 전 세계가 동일한 규칙을 따를 수 있지만, 그 코드는 한 줄의 오류나 취약점이 곧바로 **자산 탈취로 이어질 수 있는 위험**을 안고 있다.

두 번째 축은 **자산 보관의 문제**다. 스테이블코인의 **가치 안정성은 결국 자산 보관에 달려 있다**. 아무리 '1코인=1원'이라고 외쳐도, 실제로 그 1원을 안전하게 예치하고 관리하지 못하면 의미가 없다. 자산 보관은 중앙화된 은행 예치 모델과, 탈중앙화된 담보·알고리즘 모델로 나뉘며, 어느 쪽이든 잘못되면 대규모 뱅크런과 시장 혼란으로 이어질 수 있다.

역사를 돌아보면, 크고 작은 사고가 이를 증명한다. DAO 해킹, 웜홀Wormhole 브리지 공격, 테라루나 붕괴까지, 스마트 콘트랙트와 자산 보관의 허점은 곧바로 수조 원대의 손실로 이어졌다. 이런 사건은 피해자의 지갑뿐 아니라 **스테이블코인 생태계 전체의 신뢰**를 무너뜨린다.

따라서 보안은 단순히 기술적 선택의 문제가 아니다. 그것은 스테이블코인이 금융으로 인정받을 수 있는 **마지막 관문이자 생존 조건**이다. 그럼, 스마트 콘트랙트 취약점과 자산 보관 문제라는 두 가지 보안의 함정을 살펴보고, 왜 이 과제가 스테이블코인의 운명을 좌우하는지 탐구해보자.

스마트 콘트랙트의 취약점

스테이블코인은 단순한 토큰이 아니라 **코드로 운영되는 금융**

시스템이다. 스마트 콘트랙트의 작은 오류도 자산 탈취로 이어질 수 있다.

스테이블코인은 겉으로 보면 단순한 디지털 토큰처럼 보인다. 하지만 그 이면에는 복잡한 **코드로 운영되는 금융 시스템**이 숨어 있다. 우리가 은행에서 송금하거나 예금을 맡길 때는 직원과 전산 시스템이 처리하지만, 스테이블코인은 사람이 아닌 **스마트 콘트랙트**라는 코드가 모든 역할을 수행한다.

스마트 콘트랙트는 거래 승인, 담보 관리, 이자 지급, 청산 조건 같은 전통 금융의 핵심 기능을 그대로 프로그램화한 것이다. 덕분에 국경을 넘나드는 거래도, 은행 없이 자동으로 진행할 수 있다. 그러나 편리함 뒤에는 보이지 않는 **위험의 그림자**가 있다. 코드 한 줄의 오류나 취약점이 발견되는 순간, 수천억 원의 자산이 단 몇 초 만에 사라질 수 있기 때문이다.

역사는 이미 이 위험을 여러 차례 보여주었다. 대표적인 사례가 **2022년 2월, 웜홀 해킹 사건**이다. 웜홀은 서로 다른 블록체인 간에 자산을 이동시키는 브리지 서비스였다. 해커는 스마트 콘트랙트의 검증 절차에서 단 한 줄의 취약점을 찾아냈다. 그 결과 3억 달러, 한화 약 4,000억 원 규모의 자산이 한순간에 탈취되었다. 이 사건은 "스마트 콘트랙트 한 줄의 실수가 곧 은행 금고의 문을 여는 것과 같다"는 사실을 증명했다.

국내에서도 유사한 사고가 있었다. 한 프로젝트에서는 **거버넌**

스 코드 오류로 인해 이용자들의 자산이 장기간 동결되는 사건이 발생했다. 코드상의 권한 관리 오류가 원인이었으며, 사용자는 자산을 잃지는 않았지만 장기간 사용할 수 없었다. 이 사건은 해킹이 아니더라도, **스마트 콘트랙트의 설계 미흡이 큰 불편과 불신**으로 이어질 수 있음을 보여준다.

이런 사고가 발생하면 피해자는 단순히 금전적 손실만 입는 것이 아니다. 스테이블코인 프로젝트 전체가 신뢰를 잃고, 이후 신규 이용자는 참여를 꺼리게 된다. 결국 한 번의 취약점은 **생태계 전체를 무너뜨릴 수 있는 도화선**이 된다.

그렇다면 해결책은 무엇일까? 첫째, 정기적인 보안 감사Audit가 필수다. 스마트 콘트랙트는 배포 후 수정이 어렵기 때문에 외부 전문 기관을 통한 다단계 코드 검증이 반드시 필요하다.

둘째, 화이트해커를 활용한 버그 바운티 제도를 운영해야 한다. 프로젝트 스스로 찾지 못한 취약점을 외부 보안 전문가가 발견하면 보상을 지급해 사전에 문제를 해결하는 방식이다.

셋째, **긴급 정지**Pause **기능**을 설계에 포함해야 한다. 예상치 못한 공격이 발생했을 때, 일시적으로 거래를 멈추어 피해 확산을 방지할 수 있는 안전장치다.

스마트 콘트랙트 취약점은 피할 수 없는 현실이다. 코드는 사람이 만드는 것이고, 사람이 만드는 모든 시스템에는 오류 가능성이 존재한다. 따라서 문제는 "오류가 생기지 않도록 만드는 것"이 아니라, "오류를 빠르게 찾아내고 피해를 최소화하는 구조를 만드는 것"이다.

궁극적으로 스테이블코인이 대중적 금융 인프라로 자리 잡으려면 이런 보안 체계를 체계적으로 갖추어야 한다. 투자자와 사용자에게 신뢰를 주는 유일한 방법은 **보안과 투명성**이라는 토대 위에 시스템을 세우는 것이다. 스마트 콘트랙트의 세계에서는, **편의와 혁신 뒤에 숨어 있는 보안의 함정**을 결코 가볍게 여길 수 없다.

자산 보관의 두 얼굴

스테이블코인의 **가치 안정성**은 결국 자산 보관에서 시작된다. 아무리 기술이 뛰어나고 거래 속도가 빠르더라도, 토큰 한 개를 원화 1원과 동일하게 믿을 수 없다면 그 코인은 화폐로 기능할 수 없다. 즉, "1코인=1원"이라는 약속은 그 뒤에 있는 **실제 자산의 안전한 보관**이 보증해준다.

스테이블코인의 자산 보관 방식은 크게 두 가지로 나뉜다. 첫 번째는 **중앙화형**Custodial **모델**이다. 발행사가 실제 원화 또는 달러를 은행에 예치하고, 그 예치금을 담보로 동일한 수량의 테이블코인을 발행한다. 이 모델의 장점은 명확하다. 은행과 금융기관의 신뢰를 기반으로 하기 때문에, 사용자는 코인을 현금처럼 믿고 사용할 수 있다. 그러나 단점도 존재한다. 은행 시스템이나 발행사 자체의 신뢰에 **절대적으로 의존**한다는 점이다. 은행에 문제가 생기면, 스테이블코인의 신뢰도 함께 흔들릴 수 있다.

두 번째는 **탈중앙형**Non-Custodial **모델**이다. 이 방식은 은행에 의존하지 않고, 암호화폐 담보나 알고리즘을 통해 가치 안정을 유지한다. 예를 들어, 1코인을 발행하려면 1.5배 이상의 가치를 가진 담보를 예치하거나, 시장 상황에 따라 코인 공급량을 자동 조절하는 알고리즘을 사용한다. 이 모델의 장점은 검열 저항성과 글로벌 호환성이다. 그러나 단점은 시장 충격에 취약하다는 점이다. 담보 가치가 급락하거나 알고리즘 신뢰가 깨지면 순식간에 가격이 붕괴될 수 있다.

역사는 이 두 얼굴을 극명하게 보여주었다. 2022년의 **테라-루나 붕괴 사태**는 탈중앙형 테이블코인의 한계를 드러냈다. 60조 원 규모의 시가총액이 불과 며칠 만에 증발했고, 국내외 투자자 수십만 명이 막대한 손실을 입었다. 반대로 중앙화형 모델에서도 안전이 절대적이지 않음을 보여준 사건이 있다. 2023년 **USDC 디페깅** 사건에서, 발행사의 일부 예치 은행이 파산하자 코인 가격이 0.88달러까지 급락했다. 비록 사태는 단기간에 수습되었지만, 중앙화형 모델 역시 은행 시스템이라는 단일 신뢰에 묶여 있음을 증명했다.

그렇다면 어떻게 해야 할까? 첫째, **예치금 실시간 공개**를 통해 사용자의 불안을 줄일 수 있다. 사용자는 언제든 예치금과 발행량이 1:1로 일치하는지 확인할 수 있어야 한다. 둘째, **예금자보호와 유사한 장치**를 검토할 필요가 있다. 만약 발행사나 예치 은행에 문제가 생겨도 사용자의 자산을 일정 한도까지 보호할 수 있어야 한다.

셋째, **멀티시그**Multi-Sig**와 하드웨어 지갑을 활용한 분산 보관**을 통해 단일 기관이나 서버에 자산이 집중되는 위험을 최소화해야 한다. 결국 스테이블코인의 신뢰는 **코드와 기술뿐 아니라 자산 보관의 투명성과 안정성**에서 완성된다. 사용자는 눈에 보이지 않는 지갑 안의 숫자를 믿고 거래해야 하며, 그 신뢰를 지키는 길은 **투명한 보관과 체계적 리스크 관리**뿐이다.

확장성 삼중고와
국가 통화

블록체인의 가장 오래된 난제 중 하나가 바로 확장성 삼중고다. 이 문제는 단순히 개발자들의 기술적 고민을 넘어, 원화 스테이블코인이 실제로 **국민 경제 속에서 통용될 수 있는가**를 가늠하는 시금석이다.

확장성 삼중고는 세 가지 요소의 균형 문제를 말한다. 첫째는 보안Security이다. 해킹이나 위조에 대한 방어력은 금융에서 타협할 수 없는 가치다. 한 번의 침해 사고가 발생하면, 사용자는 물론 국가 경제의 신뢰까지 흔들릴 수 있다.

둘째는 탈중앙화Decentralization다. 블록체인의 탄생 이유는 특정 기관에 대한 절대적 의존을 벗어나기 위함이었다. 네트워크가 여러 참여자에게 고르게 분산되어야 검열 저항성과 투명성이 확보된다. 만약 모든 권한을 한 곳에 집중시키면, 편리할 수는 있지만 그것은 더 이상 진정한 블록체인이 아니다.

셋째는 속도와 확장성Scalability이다. 아무리 안전하고 분산되어 있어도 거래가 느려서 일상 결제에 쓰이지 못하면 의미가 없다. 국민 수백만 명이 하루 한 번씩만 결제해도 하루 수천만 건의 거래를 처리해야 한다. 출퇴근 시간대와 점심시간 같은 피크 타임에는 초당 수십만 건을 처리할 수 있는 속도가 필요하다.

문제는 이 세 가지를 동시에 최상으로 만족시키기 어렵다는 점이다. 속도를 극대화하면 중앙화로 기울어져 보안과 탈중앙화가 약해지고, 완전한 탈중앙화를 지키면 속도와 비용이 크게 희생된다. 보안을 강화하면 거래 확인 과정이 늘어나 속도가 느려진다. 이 **세 마리 토끼를 동시에 잡기는 거의 불가능**에 가깝다.

원화 스테이블코인이 직면한 현실은 더욱 복잡하다.

첫째, **해킹은 단 한 번도 용납될 수 없다**. 국가 통화와 연동된 스테이블코인이 공격을 받으면 신뢰 상실은 국내를 넘어 국제 금융시장까지 번질 수 있다.

둘째, **거래 속도와 편의성**도 반드시 갖춰야 한다. 국민이 하루 종일 결제 지연을 겪는 화폐는 현금이나 카드보다 불편하기 때문이다.

셋째, **중앙화의 유혹**이 늘 존재한다. 중앙 서버 하나로 처리하면 속도 문제는 해결되지만, 그 순간 블록체인이 지닌 신뢰와 투명성의 의미가 퇴색된다.

이 딜레마를 풀기 위한 몇 가지 현실적인 해법이 있다.

첫째는 **레이어2 기술**의 도입이다. 앞에서도 이야기했지만, L2는 메인 블록체인의 보안을 유지하면서 대부분의 거래를 보조 네트워크에서 처리해 속도를 높인다. 대표적으로 롤업과 플라즈마가 있다.

둘째는 **하이브리드 구조**다. 소액·빈번 거래는 중앙화된 시스템에서 빠르게 처리하고, 최종 정산은 블록체인에 기록하는 방식이다. 이 구조는 "속도와 안정성"을 동시에 확보할 수 있는 실용적 절충안으로 주목받는다.

셋째는 **CBDC(중앙은행 디지털 화폐)와의 연계**다. 국가 인프라의 안정성과 민간 기술의 혁신을 결합하면, 신뢰성과 효율성을 모두 잡을 수 있다. 예를 들어, 한국은행의 CBDC 네트워크를 민간 스테이블코인 정산망과 연결하면 대규모 결제 안정성과 국제 신뢰도를 동시에 확보할 수 있다.

결국 확장성 삼중고는 피할 수 없는 과제다. 하지만 역사적으로 혁신은 언제나 **제약 속에서 길을 찾아왔다**. 속도·보안·탈중앙화의 균형점을 모색하면서 원화 스테이블코인은 기술과 제도의 진화를 거듭할 것이다. 이 삼중고를 넘어설 때, 디지털 원화는 단순한 가상자산을 넘어 한국 경제의 **핵심 결제 인프라**로 자리 잡을 수 있다. 장애물은 우리를 막는 벽이 아니라, 더 나은 길을 찾아가라는 **나침반**이 될 뿐이다.

제도·인식의 장벽

아무리 뛰어난 기술도 **신뢰와 제도**라는 토대 없이는 세상에 뿌리내리기 어렵다. 디지털 원화와 같은 스테이블코인 역시 마찬가지다. 코드와 알고리즘만으로는 사람들의 마음을 얻을 수 없고, 법과 제도가 뒷받침되지 않으면 대중화는 요원하다.

규제의 불확실성

현재 스테이블코인은 한국에서 **법적 지위가 매우 모호**하다. 이것이 전자화폐인지, 증권인지, 아니면 완전히 새로운 자산군인지가 아직 명확히 정의되지 않았다. 규제의 공백은 기업과 투자자를 불안하게 한다. 법이 불명확하면 누구도 대규모 투자를 감행하기 어렵다.

예를 들어, 특정 프로젝트가 디지털 원화를 발행했는데 금융

당국이 이를 나중에 "증권형 토큰"으로 판단한다면 어떨까? 이미 유통된 토큰은 불법 증권이 되고, 투자자는 보호받기 어렵다. 이처럼 규제의 불확실성은 **혁신을 가로막는 보이지 않는 벽**이 된다.

한국 정부와 금융당국은 테라-루나 사태 이후 한층 신중해졌다. '특금법', '전자금융거래법', 증권성 가이드라인 등 여러 규제 논의가 이어지고 있지만, 아직 명확한 제도적 틀이 마련되었다고 보기는 어렵다. 기업 입장에서는 "법이 명확해지면 뛰어들겠다"는 관망세가 형성되고 있다.

대중 인식의 장벽

법과 제도 못지않게 중요한 것은 **대중의 인식**이다. 테라 붕괴, 각종 가상자산 거래소 해킹, 투자 사기 사건은 국민들에게 "가상자산은 위험하다"라는 각인을 남겼다. 이런 인식은 디지털 원화에도 쉽게 전이된다. "그거 테라 같은 거 아냐?", "혹시 또 사기 나는 거 아니야?" 이런 질문이 일상에서 등장하는 한, 스테이블코인이 가진 기술적 장점은 설득력을 잃는다.

대중 인식을 개선하려면 **안정성과 신뢰**를 눈에 보이게 증명해야 한다. 예치금 실시간 공개, 은행 연계, 정부 인증 등 눈에 보이는 안전장치가 있어야 불신의 벽을 허물 수 있다. 결국 금융에서 신뢰는 말이 아니라 **행동과 시스템**으로 만들어진다.

국제 호환성 문제

스테이블코인이 한국 안에서만 통용된다면 그 가치는 제한적일 수밖에 없다. 진정한 혁신은 국경을 넘어야 하며, 국제 송금과 무역 결제까지 아우를 때 비로소 완성된다. 그러나 현실은 녹록지 않다. 국제적으로 통일된 **스테이블코인 결제 표준**은 아직 존재하지 않는다. FATF의 트래블룰, 각국의 자금세탁방지 규제, 국경 간 결제 시 KYC 요건 등은 글로벌 확장을 시도하는 기업에 복잡한 장애물이 된다.

예를 들어, 한국 기업이 동남아시아로 디지털 원화를 송금하려 해도 현지 국가가 이를 합법적 결제 수단으로 인정하지 않으면 무용지물이다. 국제 호환성 확보 없이는 글로벌 무역, 해외 송금, 프리랜서·디지털 콘텐츠 결제 등 핵심 활용 사례가 제약을 받을 수 있다.

결국 제도·인식의 장벽은 기술만으로는 넘을 수 없는 **사회적 과제다**. 법적 틀이 명확해지고, 대중 신뢰를 확보하고, 국제적 호환성이 갖추어져야만 디지털 원화는 한국 경제의 새로운 모세혈관으로 흐를 수 있다.

장애물은 길을 가리키는
나침반이다

　원화 스테이블코인의 여정은 결코 단순하지 않다. 기술적 혁신 하나만으로 해결되지 않는, 여러 겹의 산이 우리 앞에 놓여 있다. 사용자 경험의 장벽, 보안에 대한 염려, 확장성의 한계, 그리고 제도적 미비까지. 이 네 가지 산은 한국형 디지털 화폐가 세상 속으로 걸어 들어가기 전에 반드시 넘어야 할 고개들이다. 그러나 역사를 돌아보면, 모든 혁신은 언제나 **장애물과 함께 태어났다**. 자동차가 처음 등장했을 때는 말이 더 안전하다고 비웃었고, 스마트폰이 세상에 나왔을 때도 불편과 위험을 이유로 수많은 우려가 쏟아졌다. 그럼에도 불구하고 새로운 길을 택한 사람들은, 결국 세상을 조금씩 더 빠르고, 더 편리하고, 더 넓게 만들었다.

　원화 스테이블코인이 마주한 장애물 역시 그런 성격을 지닌다. 그것은 우리를 멈추게 하려는 벽이 아니라 **가야 할 길을 알려주는 나침반**에 가깝다. 시드 문구와 온·오프 램프의 불편함은 "어떻게 하면 안전하면서도 쉬운 UX를 만들까"라는 고민을 낳는다. 스마트 콘트랙트 취약점과 자산 보관 문제는 "어떻게 하면 금융의 신뢰를 디지털 환경에서 지킬 수 있을까"라는 질문으로 이어진다. 확장성의 한계와 제도적 불확실성은 "기술과 제도를 어떻게 조화시켜야 하는가"라는 새로운 논의를 촉발한다.

이 장애물을 넘어선 미래에는 어떤 모습이 펼쳐질까? 2030년의 서울을 상상해보면, 편의점 계산대에서 학생이 QR코드로 디지털 원화를 결제하고, 기업은 부서 간 정산과 해외 송금을 단 몇 초 만에 끝낸다. 세금 납부와 복지금 지급, 국제 무역 결제까지 모든 흐름이 더 빠르고 투명하게 움직이는 경제가 된다.

그때의 디지털 원화는 더 이상 '가상자산'이라는 이름으로 불리지 않을 것이다. 그것은 한국 경제의 새로운 모세혈관이자, 기업과 개인의 일상 속을 자유롭게 흐르는 **실질적인 금융 인프라**가 된다. 장애물은 혁신의 길을 막지 않는다. 오히려 길을 잃지 않도록, 우리가 가야 할 방향을 가리키고 있을 뿐이다.

더 알아보기

너의 이름은 뭐니? 스테이블코인 작명법

이재명 정부가 원화 스테이블코인 도입을 추진하면서 여러 기업이 상표권을 등록하기 시작했다. 자기 회사 이름과 연결 지어서 수십 개의 상표를 일단 만들어 올린 것이다.

국제적으로 통용되는 원화의 약자는 KRW이다. Korea Won을 뜻한다. 원화 스테이블코인을 만든다면 KRW에서 시작해야 할 것이다.

미국의 대표적인 스테이블코인 USDC는 써클(Circle)이라는 회사가 발행사로, USD에 회사의 이니셜 C를 붙였다. 세계에서 가장 규모가 큰 스테이블코인은 테더로, 이 코인의 약자는 그래서 USDT이다. 영어 단어 테더는 밧줄, 사슬, 끈을 의미하는데, 블록체인 기술로 전 세계 돈을 연결한다는 뜻이 내포돼 있다.

리플 랩스(Ripple Labs)가 만든 RLUSD라는 스테이블코인도 있다. RL은 무슨 뜻일까? 회사 이름의 약자이기도 하고 리얼(REAL)이라는 뜻이기도 하다. 즉, 진짜 돈이라는 이야기다.

한국의 대표적인 스테이블코인은 과연 어떤 이름을 갖게 될까? 세종대왕이라면 어린 백성들이 쉽게 쓸 수 있는 돈을 뭐라고 했을지 궁금해진다.

이정민

한국금융소비자보호재단 연구위원

금융법을 전공한 법학박사이며 한국여성정책연구원, 김앤장법률사무소를 거쳐 현재 한국금융소비자보호재단에서 금융소비자보호 관련 연구를 총괄하고 있다. 금융소비자보호 외에도 디지털 금융, 디지털자산, 포용금융, 서민금융 등 지속 가능한 금융을 위한 연구를 하고 있다. 현재 신용회복위원회 심의위원과 공정거래위원회 청년자문단으로 활동하고 있으며, BNPL 겸영승인 평가위원, 지자체 청년정책 평가위원을 역임한 바 있다.

9장

대중의 신뢰를 얻기 위한 조건

··· 들어가며 ···

2022년 5월, 디지털자산시장은 하루 만에 수십조 원 규모의 자본이 증발하는 위기를 겪었다. '달러처럼 안전하다'고 믿었던 스테이블코인 테라(UST)는 몇 시간 만에 극단적으로 가치가 하락하였고, 평범한 투자자부터 대형 기관, 국내부터 해외까지 수백만 명의 투자자들이 피해를 입었다.

일반 투자자와 국민에게 디지털자산시장, 스테이블코인은 위험한 것으로 각인됐다. 업계 역시 스테이블코인, 특히 알고리즘 기반 모델이 가진 구조적 취약성을 절실하게 알게 되었다. 국내 외에서 스테이블코인에 대한 제도 정비가 시작되기도 했다.

시장의 신뢰 회복과 이용자의 권리 보호를 위해 준비금 기반의 담보형 스테이블코인 시장 중심으로 변화가 이루어졌다. 주요 업체들은 매월 준비금 공개와 외부 감사 등 투명성을 강화하여 대중의 신뢰를 회복하고자 노력 중에 있다. 각국에서는 스테이블코인에 대한 규제 및 감독, 법적 지위 명확화 등 제도 마련을 위해 발 빠르게 대처하고 있다.

이 장에서는 기존 스테이블코인에서 사용자 피해 사례를 살펴보고 소비자보호를 위한 법과 제도 마련의 필요성을 통해 신뢰 구축 전략에 대해 논해보고자 한다.

대중의 신뢰를 떨어뜨린 스테이블코인 사례

테라-루나 사태: 알고리즘 기반 스테이블코인의 붕괴

2022년 발생한 테라-루나 사태는 알고리즘 기반 스테이블코인의 설계가 금융 시스템을 빠르게 위협할 수 있다는 것을 보여준 대표적인 사례로 스테이블코인에 대한 대중의 신뢰성을 크게 하락시킨 사례라고 볼 수 있다.

테라는 미국 달러와 1:1 가치를 연동하도록 설계된 스테이블코인UST인데, 이 과정에서 테라의 공급량이 많으면 가격이 떨어질 수 있어 이를 보조하는 토큰 루나로 구성된 알고리즘 스테이블코인이다. 알고리즘 스테이블코인은 별도의 실물 자산에 대한 담보 없이 블록체인 기반의 스마트 콘트랙트와 자동화된 수요와 공급 조절의 알고리즘으로 공급량을 조절하는 코인이다. 알고리즘 스테이블코인은 담보가 필요 없다는 장점이 있으나 극단적인 시장 변동 또는 신뢰 하락 시 가격 고정의 페깅^{Pegging}이 깨져 붕괴할 위험이 존재한다.

테라는 앵커 프로토콜의 독창적인 수익구조를 통해 연 20%에 달하는 고정 이자율 제공을 광고하며 자본을 대규모로 유치하였고, 이를 기반으로 테라의 수요를 폭발적으로 늘렸다. 테라는 달러에 1:1 가격 고정을 하려 했지만 실제 달러 자산 담보 없이 루나와의 상호변환 메커니즘을 통해 안정성을 유지하다 보니 루나의 시가총액과 시장 신뢰만이 유일한 담보였다. 앵커 프로토콜에 의하면 담보 코인으로 인한 보상 이자와 대출자의 대출 이자를 통한 이자 수익으로 연 20%를 달성할 수 있을 것으로 보였으나, 실제로는 예치금만 과다해지면서 예상한 수익이 창출되지 못하였고, 약속한 수익을 보장하기 위해 테라 재단의 준비금으로 수익을 보장하였다. 재단 내 프로젝트 성장 등 다양한 사업을 통해 준비금을 확보하고자 하였으나 프로젝트가 성장 둔화되면서 재단의 준비금이 고갈되기 시작하자 투자자들의 불안감이 증폭하기 시작하였다. 투자자들은 시장이 불안해지자 대규모 매도를 하였고, 이에 따라 테라의 가치가 급락하면서 UST가 1달러에서 디페깅하기 시작하였다. 알고리즘에 따라 이를 방어하기 위한 루나가 대량 발행되었는데, 다시 루나의 대량 발행으로 루나 가격이 폭락하면서 테라는 기존 가격보다 추가로 더 하락하게 되었고, 2022년 5월 1주일 만에 119달러에 해당하는 루나는

0.00014달러 수준까지 폭락하였다. 그리고 시가총액 약 50조 원이 증발하며 알고리즘 스테이블코인 시장이 붕괴되었다.

테라-루나 사태는 가상자산 시장 전반에 영향을 주었는데, 2021년 하반기 국내 가상자산 시장의 시가총액은 약 55조 2,000억 원에 달하였으나, 2022년 상반기 23조 원, 하반기 19조 원으로 시장이 크게 축소되었다. 이는 시장의 신뢰성이 얼마나 중요한지를 분명하게 보여주는 지표라 할 수 있다.

> **테라의 앵커프로토콜(Anchor Protocol)은 무엇일까?**
>
> 테라의 앵커프로토콜은 예금을 하면 연 20%나 되는 높은 이자를 준다고 해서 인기를 끌었던 서비스다. 예금자가 은행에 돈을 맡기는 것처럼 테라를 앵커에 넣으면 안정적으로 높은 이자를 받을 수 있었다. 대출을 원하는 사용자는 루나(LUNA), 이더리움(ETH), 아발란체(AVAX) 등 주요 디지털자산을 'bLUNA' 같은 유동화 토큰(bAsset)으로 변환해 담보로 맡겼다. 대출자는 담보를 맡긴 뒤 테라(UST)를 빌릴 수 있었다. 이후 이 담보 코인을 네트워크에 스테이킹하면 보상 코인이 생기는데, 이 코인을 예금자에게 이자로 보상해주는 구조였다. 대출자는 대출 이자를 냈고, 이 이자도 예금자에게 일부 돌아가게 되어 높은 수준의 이자를 지급할 수 있었는데, 만약 담보자산에 대한 보상과 대출 이자를 통한 연 20% 수준의 수익 지급에 어려움이 생기면, 앵커 측에서 따로 쌓아둔 준비금(Yield Reserve)에서 부족분을 채워 수익을 보장했다. 하지만 많은 사람이 예금만 하고 실제로 대출자가 적다 보니 결국 담보에서 나오는 보상과 대출이자만으로는 높은 이자를 보장하기 어려워졌다.

> **알고리즘 스테이블코인**
>
> 알고리즘 스테이블코인은 스마트 콘트랙트와 알고리즘을 이용해 공급량을 자동으로 조절하여 목표가격에 맞추어 가치를 유지한다. 이 과정에서 코인 가격이 목표치보다 높으면 알고리즘 시스템에 의해 신규 코인 발행 등을 통해 공급을 늘리고 가격 하락을 유도한다. 반대로 가격이 목표치보다 낮으면 일부 코인을 회수하거나 소각하여 공급량을 줄임으로써 가격 상승을 유도한다. 담보가 없다 보니 가격 안정 유지에 시장 신뢰가 매우 중요한 변수로 작용하는데, 시장 신뢰가 무너지면 가격 방어 메커니즘이 정상적으로 작동하지 않아 가격이 고정되기 어렵고 알고리즘이 붕괴될 우려가 있다.

새롭게 형성되는 시장은 변동성과 불안정성이 크고 다양한 위험 요인이 도사릴 수밖에 없다. 특히 규제 공백으로 인하여 피해가 발생하여도 실질적 구제가 곤란하며, 불법 행위가 드러나도 이를 처벌할 수 있는 수단이 없기 때문에 투자자 보호가 미흡하다. 결국 규제 공백은 시장 질서가 무너지고 이용자가 피해에 노출된 채로 거래가 계속되면서 전체 시장에 불신으로 연결되므로 이를 위해서는 규제 체계 마련이 매우 중요하다. 시장의 활성화를 위해서라도 규제 마련을 통한 투자자 보호는 필요하다.

테라-루나 알고리즘 스테이블코인의 문제점

알고리즘 스테이블코인은 준비금이나 실물 자산이 아니라,

내부 토큰 경제와 알고리즘만으로 가치를 방어한다. 시장의 신뢰가 무너지면 시스템 내 자산을 지키는 완충장치가 없어질 수 있는데, 스테이블코인 가치가 하락하면 보조 토큰의 대량 발행이 이어지고, 결국 두 자산 모두의 가치가 끝없이 무너질 수 있는 구조이다. 이는 가격 급락 시 투자자들이 대량 매도에 나서게 되면 알고리즘만으로 매수·매도의 균형을 지탱하지 못하게 된다. 시장 신뢰 회복에 사용할 준비금이 충분하지 않게 되면, 가격 붕괴 시 매도 물량을 흡수해줄 내재적 방어막이 취약하게 되고, 실질적으로 투자자가 집단 매도할 경우 매수·매도에 대한 신뢰가 붕괴하여 시스템 복원력까지 상실된다.

알고리즘 스테이블코인의 문제점으로 시장 전체의 신뢰는 단기적으로 크게 위축되었으며, 스테이블코인 생태계 내에서는 법정화폐, 단기 국채 등 담보 형태의 준비금 기반 스테이블코인으로 자금이 대거 이동하게 되었다. 이에 따라 현재 법정화폐 기반의 스테이블코인이 놀라운 성장을 보이며 금융시장을 재편하고 있다. 2025년 3월 기준 BIS 발표에 따르면 미국 달러화로의 전환이 가능한 가상자산의 운용 자산 총액은 2,000억 달러를 돌파하여 주요 외국인 투자자들의 단기 미국 증권 보유량을 넘어서는 수준이다.

각국 규제 당국은 스테이블코인의 투명성을 개선하기 위해 1:1 준비금 완전 담보, 매월의 준비금 공개, 외부 회계감사 의무화, 그리고 사용자 보호장치 마련 등 한층 더 엄격한 규제 체계 수립을 고려하고 있으며, 기관투자자와 대형 거래소 역시 담보형 스테이블코인만을 취급하거나, 위험 관리 체계를 대폭 강화하는 방향으로 움직이고 있다.

'스팀달러(SBD)': 제2의 알고리즘 스테이블코인의 상장폐지

2024년 12월 30일 업비트는 '스팀달러'라는 스테이블코인을 거래 유의종목으로 지정한 뒤 약 2주가 지나 2025년 1월 13일 상장폐지를 공지하였다. 스팀달러가 업비트에 상장된 지 7년이 지난 시점이라는 점, 상장폐지를 앞두고 극심한 가격 변동성을 가졌다는 점에서 제2의 테라-루나 사태나 다름없다고 비판을 받았다.

구체적으로 스팀달러를 살펴보면, 스팀달러는 본래 1달러 가치에 페깅되는 스테이블코인으로 미국 '스팀잇'이라는 발행사가 콘텐츠 제작자 보상 등으로 지급하는 코인이다. 스팀STEEM이라는 내부 토큰과 연동된 알고리즘 기반의 스테이블코인이다. 스팀달러가 연동되기 위해서는 언제든 스팀으로 교환될 수 있어야 하지만 교환시장이 비활성화되거나 내부 토큰 수급이 불안정해지면 스팀달러의 환매 능력이 약화되고 환전 과정에서 차익거래 수요가 쏠릴 경우 인위적 가격 왜곡, 환매 불가능 사태가 발생하게 된다. 테라-루나와 유사한 알고리즘 기반 구조는 외부 충격 시에 스팀달러의 가격을 방어할 완충장치가 부족했다. 결국 스팀달러는 시스템 복원력이 상실되면서 회복하지 못하고 상장폐지되었다.

문제는 스팀달러 전체 발행량의 99% 이상이 업비트에서 거래되었는데, 2017년 10월 상장 당시에는 스팀달러가 1,175원에 거래되다가 12월 21일 한 달이 지난 시점에서는 1만 8,990원까지 오르며 극심한 가격 변동을 보였다는 것이다. 업비트가 7년 동안 스팀달러를 방치하였다는 비판을 받는 이유 중에 하나이다. 상장폐지 결정 이후 업비트는 한 달간의 출금 기간을 지원하였으나, 가격 체계가 무너져 투자자들은 단기간에 큰 손실을 보거나 고점에 매수한 투자자들의 경우 정상가 대비 엄청난 피해를 입었다. 이는 스테이블코인이라고 하더라도 가격 변동에 대한 관리가 제대로 작동하지 않으면 상장폐지 등으로 연결되어 대규모 투자자 피해가 발생할 수 있으므로 스테이블코인에 대한 거래소의 심사 및 관리, 정보 투명성 강화 등이 중요하다는 것을 시사해주는 사례이다.

스테이블코인의 투명성 부족 문제

2021년 10월 미국 상품선물거래위원회CFTC는 테더사에 USDT와 관련하여 허위 또는 오해의 소지가 있는 진술을 하거나 중요한 사실을 누락한 혐의로 기소 및 합의 명령을 동시에 내린 바 있다. 이에 따라 3,100만 달러의 민사상 벌금을 납부하고 '상품거래법CEA, Commodity Exchange Act' 및 CFTC 규정 위반 행위를 중단하도록 요구하였다.

이 사례는 테더사가 이용자(투자자)에게 USDT를 테더사가 보유하고 테더사의 은행 계좌에 "안전하게 예치Safely Deposited"및 USDT에 "상당(대응)하는 해당 법정화폐Equivalent Amount of Corresponding Fiat Currency"인 미국 달러 보유고를 유지하고 있다고 하였으나, 2016년 6월부터 2019년 2월 기간에 실제로 테더사의 보유고는 "완전히 보장"되지 않은 것이 확인되었다. 해당 기간 테더의 예치금 보유율은 27.6%에 불과하였고, 나머지는 채권, 미확인 수취채권 등 무담보 채권과 비법정 자산을 준비금에 포함시켰다. 하지만 그 사실을 테더사는 공개하지 않았다. 특히 준비금 자금을 비트파이넥스Bitfinex의 운영자금 및 고객의 자금과 혼합하였다. 비법정화 금융상품으로 준비금을 보유한 점과 테더와 비트파이넥스의 결합 자산에 제3자의 자금이 포함된 점 등을 확인하였는데, 최소 29개의 계약은 공식 계약조차 없이 진행된 점이 문제가 되었다. 또한 테더사가 비트파이넥스에 테더 준비금을 이체하였으며, 비트파이넥스가 "유동성 위기"에 대응하는 데에도 이런 자금을 유용하였다는 사실을 확인하였다.

또한 테더사는 "항상 100% 준비금을 유지한다"는 것을 입증하기 위해 정기적이고 전문적인 감사를 받았다고 하였으나, 감사도 주기적으로 실시하지 않고 실제로는 일회성 회계 검토에 그쳤음을 확인하였다.

이렇게 예치금(준비금) 투명성 문제는 실제 시스템 위기로 연결될 수 있기 때문에 스테이블코인 시장의 신뢰를 위해 매우 중요하다. 담보 준비금에 대한 불신이 쌓이면 대규모 환매나 자금 동결, 디페깅 사태 등 이용자의 손실 위험이 커질 수 있다. 그러므로 신뢰 확보를 위해서는 준비금 마련은 물론 투명성 확보를 위한 제3자에 의한 감사 등을 지속적으로 이행하여 다양한 규제 위험을 제거하여야 한다.

스테이블코인 사기 피해

스테이블코인 역시 디지털자산의 하나에 해당하기 때문에 이를 악용한 투자자 사기는 날로 증가하고 있다. 스테이블코인으로 인한 피해라기보다는 금융사기에서 스테이블코인이 악용된 경우들이 많은데 최근 미국에서는 이런 금융 범죄를 근절하고자 범죄조직에 대한 스테이블코인 테더USDT 압수를 진행 중에 있다. 테더 관련 구체적인 사기 피해 사건들은 다양한 유형으로 발생했고, 매우 정교한 수법과 대규모 피해가 특징적이다.

기술 지원 사기 Tech Support Scam

피해자의 컴퓨터에 "오류 발생" 또는 "해킹 감지" 등 컴퓨터가 손상되었음을 나타내는 팝업을 띄우고, 마이크로소프트Microsoft 또는 애플Apple 등 공식 지원 번호인 것처럼 전화번호를 안내하여 피해자에게 연락하도록 유도하였다. 피해자가 전화를 걸면, 사기범은 기술 지원 직원으로 가장하여 피해자의 은행 계좌가 도용되었다고 알리고, 피해자 은행의 사기 부서 직원에게 연결한다고 하고 공모한 사기범에게 전화를 전환하였다. 이후 사칭 직원은 "당신의 은행 계좌 정보가 유출되어 모든 자산을 안전한 곳(가상자산)으로 옮겨야 한다"고 설득하였고, 피해자는 자신의 보유 자산을 테더 등으로 변환해 사기범이 제공한 디지털 지갑 주소로 송금하였다.

  미국 법무부와 FBI는 피해자 자금이 유입된 지갑Self-Custody Wallet을 식별하고 자금세탁 정황까지 함께 분석하였다. 이후 검찰은 디지털자산의 범죄 연루 증거와 자금흐름을 상세히 정리해 법원에 압수수색 영장을 신청하였고, 이를 근거로 USDT 발행사에 해당 주소의 자산 동결 및 압수 협조를 요청하였다. 테더는 법원의 영장과 수사기관의 요청에 따라, 해당 지갑에서 불법적으로 보유 중인 USDT를 즉시 동결 후 체인상에서 소각Burn하고, 동일 금액의 USDT를 미국 수사기관이 관리하는 지갑으로 재발행Mint하는 형태로 불법자금을 무력화했으며, 피해 금액을 압수 진행하였다. 이를 통해 기술 지원 사기와 연관된 약 140만 달러 상당의 스테이블코인 테더를 압수하였다.

피그부처링Pig Butchering 사기

피그부처링 사기는 SNS, 데이팅 앱, 문자메시지 등 다양한 온라인 채널에서 거짓 신원정보와 이미지를 활용하여 피해자에게 대화로 친밀하게 접근한 뒤 로맨스, 우정, 투자자문 등 장기간 신뢰 관계를 쌓아 금융사기를 진행하는 방식이다.

> **피그부처링**
>
> '돼지 도살'이라는 의미로 도살자가 돼지를 도살하기 전에 한껏 살찌우듯 범죄자가 피해자에게 범죄를 저지르기 전에 장기간 심리적으로 조작하면서 투자 금액을 점차 늘리도록 유도하고 최종적으로 모든 자산을 빼앗는 방식을 말한다.

피해자와 장기적 신뢰 관계를 통해 소액투자를 시작으로 수익을 경험하게 하고 점차 투자금, 예치금 규모를 키워가도록 유인한다. 이후 가짜 투자 플랫폼과 위조된 디지털자산 지갑 주소로 송금하도록 하고, 출금 단계에서는 '세금', '수수료', '국제법상 규정'을 이유로 추가 송금만 유도하거나 인출을 거부하는 형태로 이 과정에서 OKX 등 글로벌 거래소와 수백 개의 중간지갑이 활용되었으며, 자금세탁을 위해 블록체인 이동Chain-Hopping 등 고도의 디지털 범죄 수법이 활용되었다.

이 과정에서 수사기관은 FBI, 국토안보부DHS, United States Department of Homeland Security, 비밀경호국USSS, United States Secret Service, 테더사와 긴밀

히 공조하여 블록체인 분석 도구를 통한 수백 개의 관련 지갑을 추적, 불법 자금을 식별하여 자금을 동결하였다. 2025년 6월까지 테더는 불법 활동과 관련된 27억 달러 이상의 자금을 동결 및 차단했으며, 실시간 추적, 고급 분석, 그리고 55개국 이상 255개 이상의 법 집행 기관과 직접적으로 협력하며 불법 자산에 대한 압류를 지원하였다. 이는 디지털자산 관련 범죄가 정교하고 지속적으로 발전하는 상황에서 스테이블코인 발행사가 적극적으로 디지털자산 생태계의 신뢰 확보와 금융 시스템의 건전성 보호를 위해 노력하고 있음을 보여주는 사례이다.

송금 피해 사례

스테이블코인은 새로운 테라이며, 탈중앙화 금융과 디지털자산 투자에 있어 교환수단으로서 그 가치를 확립하고 있다. 그러나 결제가 즉각적이기 때문에 송금 피해 또는 송금을 유도한 사기 피해 사례가 증가하고 있는 상황이다.

주소 포이즈닝Address Poisoning, 제로밸류Zero Value 피싱

스테이블코인 송금 시 발생하는 대표적 신유형 범죄로 "주소 오염(주소 포이즈닝)" 사례가 있다. 주소 포이즈닝 수법은 범죄자가 피해자의 지갑과 '매우 유사한' 가짜 주소를 생성하고, 이 주소에 "0 USDT" 또는 아주 소량의 스테이블코인을 피해자 지갑으로 송금해 거래 내역에 자신들의 가짜 주소가 자연스레 기록되도록 만든다.

피해자는 추후 본인이 반복 송금하는 과정에서 거래 기록 중 익숙한 주소를 그대로 복사, 붙여넣기 하면서 실수로 공격자의 가짜 주소로 대량의 스테이블코인을 송금하는 사례가 증가하고 있다.

2025년 5월, 한 투자자는 3시간 만에 두 차례 동일 수법에 당해 총 260만 달러(약 35억 원) 상당의 USDT를 도난당하였다. 이 방식은 단순 해킹이나 시스템 취약점이 아닌, 사용자가 주소를 직접 '잘못 복사'해 발생하는 사회공학적 피싱임이 특징이다. 디지털자산 지갑 주소는 40자리 영문, 숫자 조합으로 사용자가 모두 확인이 어렵고, 실제 다수 투자자들이 '마지막 네 글자'만 확인해 송금하는 경향이 있는데 이를 악용한 사기 수법으로 스테이블코인의 특성상 즉시 송금이 이루어지고 자금의 회수나 취소가 어렵기 때문에 피해 규모는 매우 크다. 특히 최근에는 AI 등으로 자동화된 대규모 피싱 네트워크가 등장, 단시간 동안 수십만~수백만 개의 위조 주소를 배포하여 공격 성공 확률을 높이고 있다는 점에서 주목할 필요가 있다. 그러므로 현재로서 이를 예방하기 위해서는 이용자 스스로 송금 전 항상 주소 진체를 확인하고 반복 사용 주소 역시 매번 세밀히 검증하는 습관을 들여야 하며, 지갑의 보안 경고, 이중 검증 기능을 활용할 필요가 있다.

스테이블코인의
대중화를 위한 전략

새로운 혁신시장이 대중화가 되기 위해서는 시장의 편의성과 혁신은 물론 이용자 보호 및 신뢰성 있는 체계 마련이 중요하다. 이를 위해서는 혁신을 저해하지 않으면서도 시장의 안정성을 강화하는 규제 마련이 필요한데, 규제는 곧 신뢰로 연결되고 신뢰된 시장은 다시 시장의 성장을 촉진하면서 혁신을 가속화시킨

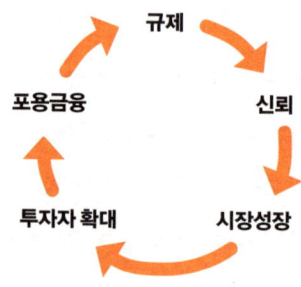

다. 이는 결국 이용자(투자자)의 확대로 연결되고, 시공간 제약을 넘어 금융 접근성 확대를 이끌어 포용금융으로 연결되는 선순환 구조를 이룰 수 있다.

전략 1: 스테이블코인의 신뢰 기반을 위한 규제 마련

규제를 통한 신뢰

알고리즘 스테이블코인 사례와 금융사기에서 스테이블코인이 자금세탁 수단으로 활용되면서 아직까지 대중들은 스테이블코인에 대해 신뢰하지 못하고 불안해하는 경우가 많다. 특히 가치 변동과 해킹, 투명성 부족 등의 위험이 존재한다. 하지만 스테이블코인은 다른 디지털자산과 다르게 자산이 연동되어 가격 안정성이 높고 글로벌 송금, 결제 등 디지털 금융 서비스 확장에 매우 중요한 수단이며, 향후 기술 발전에 따라 활용 영역은 더욱 넓어질 수 있다. 전통적인 금융 시스템이 불안정하거나 소외된 국가에서는 금융 접근성을 높여줄 수 있는 수단임에 따라 포용금융의 입장에서도 스테이블코인은 여러 장점을 가지고 있다. 그렇다면 스테이블코인이 시장에서 대중의 마음을 얻기 위해서는 무엇이 필요할까?

기존 금융시장은 다양한 규제와 감독 장치 마련, 소비자 보호 체계를 구축함으로써 대중의 신뢰를 쌓아왔다. 사전적으로 법을 통해 영업행위 규제를 마련하여 금융회사들을 감독하고 문제가 발생하였을 경우 사후적으로 분쟁조정 등 구제 수단을 법으로 규정하여 피해자들을 보호하였다. 현재 스테이블코인 시장은 현재까지의 성장 속도에 비해 감독 규제 체계가 미흡하고 이에 따라 시장의 신뢰도도 반복적으로 위협을 받아왔다. 그러므로 대중의 신뢰를 얻기 위해서는 견고한 규제 체계 마련이 필수적이다. 규제는 단순히 위험을 줄이기 위한 억제 장치가 아니라, 시장의 투명성, 발행 및 운영회사의 책임 및 회복력을 제도적으로 뒷받침해주는 안전망 역할을 한다. 법적 기반이 마련되면 발행자·운영자·투자자 모두가 예상 가능한 환경에서 행동할 수 있게 되며, 위기가 발생했을 때도 규제에 따라 신속하게 대처할 기반이 마련된다.

특히 대중들은 디지털 금융이 가속화되면서 제한된 화면 내 제공되는 정보를 기준으로 의사결정을 내리게 되는데, 이 과정에서 행동 편향이 발생하며 비합리적인 의사결정으로 연결되는 경우가 많아 규제 체계 마련은 매우 중요하다.

세계적인 규제 논의 흐름

앞선 장들에서 살펴본 것처럼 미국, EU, 싱가포르 등 주요국들도 스테이블코인 규제를 강화하는 분위기이다. 특히 앞서 살펴본 피해 사례에 따라 각국에서는 무담보 알고리즘 스테이블코인을 배제하고 스테이블코인의 안정성을 보장하기 위한 준비금 기반 스테이블코인을 허용하고 있다. 또 자금세탁 또는 금융사기에 스테이블코인이 악용되지 않도록 관련 규제를 스테이블코인 발행자가 적용받을 수 있게 하였다는 점이 특징이다.

- EU

EU의 경우 미국보다 앞서 2024년에 '암호자산 시장에 관한 규정MiCA'을 마련하여 디지털자산시장 전반에 대한 규제 체계를 확립하였으며, 그 가운데 자산준거토큰과 전자화폐토큰으로 스테이블코인을 규정하여 스테이블코인에 대한 규제 체계를 갖추었다. 'MiCA'는 유통되는 스테이블코인만큼 현금, 국채, 단기예금 등 안전자산으로 반드시 1:1 전액 준비금을 보유하도록 의무화하여 무담보 알고리즘 스테이블코인을 차단하였다. 또한 유럽은행감독청EBA, European Banking Authority의 인허가를 받은 경우에만 스테이블코인을 발행할 수 있도록 하였고, 비非유로 기반의 스테이블코인은 유럽중앙은행이 권한을 행사할 수 있도록 유럽 내 스테이블코인 시장 감독 체계를 명확히 하였다. 이외에도 분기별 감사와 상시 공시 및 준비금 실적 공개 등을 의무로 부과하였으며, 대규모 결제, 송금거래 시에는 유럽중앙은행ECB이 직접 개입권을 행사할 수 있도록 하였다. 스테이블코인 발행자는 이자를 지급하지 못하도록 은행과 구분하였으며, 이용자의 상환청구권 등 법적 구제에 대해서도 명시하여 이용자 보호 및 시장 안정을 위한 규제를 강화하였다.

- 미국

미국은 2025년 규제 체계를 마련하였는데, EU와 싱가포르의 규제를 유사하게 가져가면서도 소형 발행기관에는 상대적인 여유를 주는 등 시장 활성화를 위한 규제를 마련하였으며, 스테이블코인만의 규제 체계를 마련하였다는 점이 특징이다.

미국은 법이 마련되기 전 연방기관별로 스테이블코인에 대한 규제 해석 및 주정부 차원의 규제 범위 등이 상이하여 판단 기준이 각기 달랐고, 이는 시장의 혼란을 가중시킴에 따라 연방 차원의 규제 체계에 대한 논의가 계속되어왔다. 이를 반영하여 2025년 7월 스테이블코인 규제법, '지니어스법'이 통과되었다.

2025년 7월 미국에서 통과된 '지니어스법'은 스테이블코인 시장의 신뢰와 건전한 성장을 위해 도입된 첫 미연방 차원의 규제 법안으로, 금융과 디지털자산 경계에 있던 스테이블코인에 명확한 규제 프레임워크를 제시했다는 점에서 큰 의의를 갖는다.

핵심적으로 이 법이 적용되는 스테이블코인은 1:1 비율로 현금, 단기 국채 등 저위험 자산을 준비금으로 보유하여야 하며, 증권법상의 증권에서 제외된다. 스테이블코인은 연방 혹은 주 단위의 허가를 받은 은행, 신용조합, 정부 승인을 받은 비은행 금융

기관 등 자격을 한정하여 허가받은 발행자만 발행하도록 하였으며, 미국 내에서 이외의 발행자가 스테이블코인을 발행하는 것은 불법임을 명확히 하였다. 또한 법은 스테이블코인 시장의 신뢰 회복을 위해 분기별, 월별 준비금 보고와 회계 감사, 외부 감독을 명문화하였고, 준비금을 다른 자산과 명확히 분리 보관하고 임의로 변경하지 못하도록 엄격히 제한하였다. 뿐만 아니라 이용자의 보호 측면에서 발행기관이 파산하여 지급불능에 처한 경우 이용자는 다른 채권자보다 우선하여 준비금 자산에 대한 청구 권한을 가질 수 있음을 명시하였고, 이용자의 상환 청구권을 보장하는 내용을 규정하였다. 그리고 이용자에게 혼동을 줄 수 있는 표현은 사용하지 못하도록 하였으며, 정보 공개 시 규제 준수 여부와 준비금, 상환조건 등을 명확히 명시하도록 하였다.

미국 또한 법을 통해 기존 무담보 알고리즘 스테이블코인의 위험을 차단하였으며, 스테이블코인 발행과 유통에 있어 금융기관에게 적용하는 금융범죄방지 및 자금세탁방지 관련 법률을 함께 적용받도록 하여 불법 송금, 자금세탁과 테러자금 유입 등의 위험이 최소화될 수 있도록 규정하였다.

"증권"과 "금융상품"이 아님을 법적으로 규정함으로써 기존 증권거래위원회SEC 및 상품선물거래위원회CFTC의 규제 대상이 아니며 발행기관의 성격에 따라 통화감독청OCC, 연방예금보험공사FDIC 등 여러 연방 규제기관을 통해 관리 감독받도록 하였다.

이로써 이용자는 물론 핀테크 기업, 전통 금융기관 모두에게 규제 명확성과 예측 가능성을 제공하였다고 볼 수 있다. 이에 따라 미국 내 디지털 결제와 금융 혁신은 물론 달러 기반의 스테이블코인으로 인하여 글로벌 금융시장에서 미국의 영향력이 더욱 커질 것으로 예상된다.

- 싱가포르

싱가포르는 2023년 '지급서비스법 Payment Services Act' 내에 '단일통화 스테이블코인 규제 프레임워크 Single-Currency Stablecoin Framework, SCS Framework'를 마련하였다. 싱가포르 달러 외에도 G10 국가 통화에 페깅된 경우 허용하고 있다는 점이 미국과의 차이이며, 상환 보장, 적격 준비자산 보유, 정보공개, 자금세탁방지를 위한 규정 준수 등은 미국과 유럽 모두와 유사한 형태이다. 싱가포르 내 발행만 허용하면서, 싱가포르금융청 MAS 심사를 받은 경우에만 "MAS 규제 스테이블코인"으로 명시할 수 있도록 하였다.

규제의 중요성

대중이 스테이블코인을 신뢰하도록 하기 위해 전 세계적으로 견고하고 투명한 규제 체계를 마련하기 위해 노력 중에 있다. 과거 알고리즘 스테이블코인 붕괴 사례와 금융사기에서 스테이블코인이 자금세탁 수단으로 악용되면서, 대중은 여전히 가치 변동성, 해킹, 투명성 부족에 대한 불안을 안고 있다. 그러나 담보 기반의 스테이블코인은 법정화폐 또는 안전자산에 연동되어 가격 안정성을 확보했으며, 글로벌 송금·결제 등 디지털 금융 생태계 확장에 있어 핵심적인 역할을 수행할 수 있다. 특히 금융 접근성이 떨어지는 국가에서는 포용금융 수단으로서 가치를 인정받기에, 미래 사회·경제적 변화를 주도할 잠재력을 지닌다.

기존 전통 금융시장은 엄격한 법 규제와 감독 체계를 통해 금융회사들의 영업행위를 관리하고, 문제가 발생하면 법에서 정한 분쟁조정과 피해 구제를 통해 피해자를 보호하였다. 반면 스테이블코인 시장은 급성장에 비해 감독·규제가 뒤따르지 못해 시장 신뢰가 불안정하고 반복되는 위협에 노출되어 있었다. 따라서 신뢰 회복과 시장 안정화를 위해서는 단순히 리스크 억제가 아닌, 발행기관의 책임성 강화와 투명성 확보, 운영시스템의 복원력 보장 등 포괄적인 안전망을 구축할 필요가 있다. 법적 기반이 마련되면 시장 참여자 모두가 예측 가능한 환경에서 시장에 참여할 수 있으며, 위기 발생 시 신속한 대응이 가능해진다. 특히 디지털 금융 특성상 한정된 화면과 정보 안에서 이용자가 의사결정을 하기 때문에, 행동 편향이 발생할 수 있으며, 나도 모르는 사이에 비합리적인 의사결정을 내릴 수 있다. 그러므로 규제를 통해 시장의 안정을 확보하는 것은 이용자 보호를 위해 중요하나.

다시금 강조하지만, 세계 각국은 이러한 필요성을 인지하고 스테이블코인 규제 강화에 나서고 있다. 미국, EU, 싱가포르 등 주요국은 모두 무담보 알고리즘 스테이블코인 위험을 차단하고, 1:1 준비금 기반 담보형 스테이블코인만 허용하는 방향으로 제도를 정비했다. 자금세탁방지와 금융사기 방지를 위한 규정 역시 발행 및 유통 기관에게 엄격히 적용하여, 스테이블코인이 불법 자금 이동 수단으로 악용되는 것을 방지하고 있다.

대중의 신뢰를 얻기 위해서는 글로벌 규제 동향처럼 1:1 실물 준비금, 투명한 공시, 엄격한 발행·유통 인가제, 자금세탁·금융범죄 예방, 투자자 상환권 보장 등이 핵심이다. 이런 체계적 규제는 단순 억제 수단이 아니라 시장 참여자 모두가 예상 가능한 신뢰 환경에서 안정적으로 거래할 수 있도록 하며, 위기 발생 시 신속한 복구가 가능하도록 하는 든든한 안전망이 될 수 있다. 특히 영업행위에 대한 사전규제는 소비자가 정보 비대칭 상황에서 행동 편향 문제를 완화하여 합리적 의사결정을 돕는 역할을 할 것이다.

전략 2: 교육 강화 및 정보 비대칭 해소

스테이블코인 시장의 신뢰 구축에는 규제 마련이 핵심이며 이를 넘어 실질적인 이용자 보호를 실현하기 위해서는 교육 강화와 정보 비대칭 해소를 위한 실용적 정보 제공이 반드시 병행되어야 한다. 현재 이용자들은 디지털 금융 환경에는 자연스럽게 노출되어 있지만 디지털자산의 구조적 위험이나 실제 피해 방식에 대한 깊은 이해가 부족한 것이 현실이다. 특히 스테이블코인은 "1달러 페깅" 등 안정성 홍보에도 불구하고, 알고리즘 스테이블코인의 페깅 붕괴 등 구조의 취약성 및 피싱·주소 포이즈닝·가짜 투자 플랫폼 등 각종 리스크가 내재되어 있어, 투자·송금에 앞서 핀테크 리터러시(금융 문해력)가 필수적이다.

이를 위해서는 학교·금융기관·공공기관이 협력하여 디지털자산 모의 투자 프로그램 등 참여형·입체적 교육 콘텐츠를 마련하고, 이른 시기부터 스테이블코인 발행 구조 및 알고리즘 기반과 담보 기반의 차이점, 지갑 관리법 및 주소, 거래 내역 확인 등 피해 사례를 통한 대응 방법을 배울 필요가 있다. 또한 고도로 진화하는 최신 사기 피해 사례를 비중 있게 다루어 추가 피해가 발생하지 않도록 안내하여 교육 대상자들이 실생활에 응용할 수 있도록 하여야 한다.

또한 향후 각국의 법 제정에 따라 국내도 법이 제정될 가능성이 높은 가운데, 법에 의해 인가를 받은 발행기관의 공식 스테이블코인에 대한 정보를 쉽게 확인할 수 있도록 정보 포털을 마련해야 한다. 또한 피해 사례 아카이브를 구축하여 이용자들의 피해에 대한 대응 예측 가능성을 높이고, 사전적으로 스테이블코인 시장의 신뢰를 형성할 필요가 있다. 특히나 이용자들의 행동 편향을 악용한 주소 포이즈닝 같은 사례, 피그부처링 사기 등은 나도 모르는 사이 비합리적 의사결정으로 진행되기 때문에 합리적 결정을 내릴 수 있는 지속적인 교육과 사례 공유가 중요하다.

전략 3: 향후 지속 성장할 스테이블코인 시장의 이용자들을 위한 시스템 구축

스테이블코인은 향후 접근성이 계속 확대될 것으로 예상되나 스테이블코인 및 금융에 대한 이해가 부족한 신규 이용자, 나아가 사회적 취약계층의 접근성 및 포용성을 높이기 위한 방안 마련이 중요하다. 사회적 약자와 디지털 신기술 소외 계층이 디지털 금융 서비스를 안전하고 편리하게 이용할 수 있도록 돕는 것은 시장의 신뢰를 높이고, 지속 가능한 스테이블코인 시장, 나아가 디지털 금융시장의 발전 토대가 된다.

이를 위해서 가장 기초가 되어야 할 것은 맞춤형 교육과 정보 제공을 뽑을 수 있다. 청소년, 고령자, 디지털 소외 계층, 금융 취약 계층이 이해하기 쉬운 언어와 형식으로 된 교육자료가 필요할 것이다. 복잡한 디지털자산의 원리, 위험성, 스스로 보안을 지킬 수 있는 방법, 다양한 사기 사례를 통한 예방법 등 알기 쉽게 설명하는 영상 및 리플릿, 인포그래픽 등 다양한 매체를 활용할 필요가 있다.

또한 이들이 쉽게 접근할 수 있는 온라인·오프라인 상담 서비스가 마련되어야 하며, 금융 피해 발생 시 신속한 지원을 받을 수 있는 구제 시스템도 함께 제공될 필요가 있다. 법제 마련으로 상환청구권, 준비금 자산 분리 의무화 등 실질적 보호는 이루어질 것으로 예상되지만, 이후 발생할 수 있는 신종 디지털 범죄에 대한 대응 및 금융소외, 신속한 구제 수단 마련 등은 향후 시장의 발전을 위해 필요하다.

전략 4: 국가 간 협력을 통한 규제 표준화와 이용자 보호 체계화

현재 경쟁적으로 국가별 스테이블코인에 대한 규제 체계가 마련되고 있으나 각국 단독의 규제만으로는 불법송금, 자금세탁, 사기범죄 등을 효과적으로 차단하기 어려운 상황이다. 특히 주요국의 스테이블코인 규제 체계는 기본적으로 자국 인허가를 받은 발행기관에만 직접적으로 적용되다 보니 역외 발행자가 국내 이용자에게 스테이블코인을 제공할 경우 실효적 통제가 어려울 수 있다. 사기, 해킹, 상환 불능 등 사고 발생 시 자국 내 보호 장치 적용이 어렵고 신속한 해결이 어려울 수 있다.

그러므로 스테이블코인 관련 국제 표준의 개발과 공유를 통해 법 집행과 규제기관의 대응 역량을 강화할 필요가 있다. 자금 흐름 분석과 의심거래 보고, 범죄 혐의자 추적에 관한 협력 체계를 구축하고, 통합된 규제 기준과 기준을 마련해 적용함으로써 이용자가 어느 국가에서 활동하던 일관된 보호를 받을 수 있도록 해야 한다. 특히 자국 통화 기반의 스테이블코인 시장 확대 시 외환시장, 자본이동 및 자금세탁방지가 연계된 규제가 보다 강화될 것으로 보인다.

신뢰와 혁신의 균형

　스테이블코인은 화폐, 카드, 모바일 결제, 간편결제 등을 넘은 글로벌 금융 혁신의 중심에 서 있다. 미래의 스테이블코인 시장은 단순히 자산, 가치 연동 형태의 디지털자산에 그치지 않고, 무국경 송금·글로벌 결제·소상공인 비즈니스 등 실물경제 곳곳에서 전략적 역할을 하게 될 것이다. 하지만 초기 시장이 자리를 잡는 과정에서 신뢰 없는 혁신은 이용자 피해는 물론 시장 전체를 붕괴시킬 수 있다는 것을 여실 없이 보여주었다. 테라·루나, 스팀달러, 각종 사기 피해 등은 빠른 기술 발전 뒤에 남은 '제도적 빈틈'이 실질적 피해로 전이될 수 있음을 명확히 보여주었다. 이후 각국이 경쟁적으로 제도 정비와 규제 강화에 나서면서 스테이블코인 업계도 투명성 강화를 핵심 가치로 내세우기 시작했다. 이는 스테이블코인 시장의 생태계 구축 및 확대를 위해 필수적이다. 이에 따라 1:1 준비금 마련, 외부 감사, 상환 청구권 보장 등 제도적 안전 장치는 시장의 회복 탄력성을 마련하고 이용자 신뢰를 회복할 수 있을 것이라 생각한다.

하지만 규제와 제도 정비만으로는 모든 문제를 해결할 수 없을 것이다. 계속해서 신종 범죄 및 피해사례가 속출하고 있지만 규제가 이를 바로 대응할 수 없는 상황이다. 그러므로 이용자 스스로도 자신을 지킬 수 있는 능력을 키울 필요가 있다. 그러므로 정리하면, 진정한 이용자 보호의 핵심은 '정보 비대칭 해소'와 '실질적 교육', 그리고 신속한 피해 구제이다. 이를 위해서 정부 당국 외에도 발행 및 유통기관 등 스테이블코인 관련자, 이용자 등이 함께 협력할 때 포용적 성장이 이루어질 것이다.

> **더 알아보기**

원화 스테이블코인에 대한 오해

가장 큰 오해는 원화 스테이블코인이 도입되면 시중에 풀리는 돈이 늘어나 물가가 자극되는 것 아니냐는 주장이다. 하지만 원화는 한국은행만이 발행할 수 있는 법정통화다. 원화 스테이블코인은 이미 발행된 원화를 담보로 디지털 형태로 전환하는 것일 뿐, 새로운 돈을 추가로 찍어내는 것이 아니다.

또 하나의 우려는 원화 스테이블코인이 은행 예금을 빼앗아 갈 수 있다는 주장이다. 물론 스테이블코인이 더 편리하다면 일부 자금이 은행에서 이탈할 수 있다. 하지만 이는 소비자의 선택에 달린 문제다. 은행이 더 좋은 서비스를 제공하고 예금자를 우대한다면 굳이 걱정할 필요가 없다. 금융소비자가 은행을 위해 존재하는 것이 아니라, 은행이 금융소비자를 위해 존재하는 것이기 때문이다.

기존 금융권은 스테이블코인을 하나의 위협으로 본다. 대규모 자본유출이나 외환시장 교란 등 금융시장을 불안정하게 만들 수 있다고 우려한다. 1997년 IMF 외환위기나 2008년 글로벌 금융위기 같은 사태가 재현될 수 있다는 것이다.

그러나 비트코인 탄생의 계기가 된 2008년 금융위기를 떠올려보자. 그 위기는 월가의 대형 금융회사들이 욕심을 부린 결과였다. 성실하게 돈을 저축해온 보통의 시민들은 피해자였고, 정작 사고를 낸 금융회사들은 세금으로 구제받았다.

일상의 금융소비자들은 사고를 치지 않는다. 원화 스테이블코인을 보유한 일반 시민들도 마찬가지다. 만약 위기가 발생한다면 그것은 막대한 자금을 보유한 누군가, 또는 대형 기관이나 펀드, 대기업이 시스템을 악용해 이상한 일을 했기 때문일 것이다. 스테이블코인이 기존의 지폐(신사임당, 벤저민 프랭클린)보다 더 위험하다는 증거는 어디에도 없다. 우리가 걱정해야 할 대상은 '돈' 그 자체가 아니라, 그 돈을 가지고 이상한 짓을 하는 그 누군가가 아닐까?

마치며

디지털 거래는
원화 스테이블코인 결제로 완성된다

원화 스테이블코인이 필요한 이유

디지털 원화 스테이블코인의 제도적 기반이 갖춰지는 가운데, 실제 결제와 거래의 영역에서 원화 스테이블코인이 왜 필요한지에 대한 시대적 요구가 분명하게 존재한다.

우선, 막대한 디지털자산이 해외로 유출되는 문제는 한국 경제의 재정 건전성과 금융 안정성을 크게 위협하고 있다. 2023년 한 해 동안 5억 원 이상 디지털자산을 보유한 개인·기업이 신고한 해외 자산만 130조 8,000억 원에 달한다. 이는 고액 보유자에 한정된 수치이며, 실제 규모는 훨씬 클 가능성이 높다. 이러한 자산 유출은 국내 투자 위축과 세수 감소로 이어지며, 전체 국가 경제에 부담으로 작용한다.

민간이 자유롭게 접근할 수 있는 원화 스테이블코인이 도입되면, 해외에 있던 자산이 국내로 환류되는 '디지털자산 리쇼어링' 효과를 유도할 수 있다. 즉, 외화 자산에 의존하지 않고도 안정적이고 편리한 투자 환경을 제공하여, 투자자들이 자금을 국내에 머물게 할 유인을 제공한다. 이는 곧 디지털 경제의 주권 회복으로 이어진다.

또한, 원화 스테이블코인은 부동산에 과도하게 편중된 국내 자산 구조를 개선하는 데 기여할 수 있다. 오랜 기간 부동산은 가장 확실한 자산 증식 수단으로 여겨져왔다. 그러나 이는 자산 불균형과 세대 간 갈등을 유발하고, 비생산적인 자금 배분 구조를 고착시켰다. 스테이블코인을 기반으로 한 안정적 디지털자산 시장이 자리 잡게 되면, 자산이 분산되고 새로운 산업에 투자되는 흐름이 생긴다. 이는 결국 국가 경제의 성장 동력을 다변화시키는 결과를 낳을 것이다.

정부 재정 운용의 유연성도 중요한 이유 중 하나다. 원화 스테이블코인의 준비자산을 한국 국채로 설정할 경우, 스테이블코인의 확대는 곧 국채 수요의 확대를 의미하며, 이는 국채 발행과 금리 안정 측면에서 재정당국에 긍정적으로 작용할 수 있다. 이는 미국의 달러 스테이블코인이 미국 국채 수요에 기여하는 구조와 유사하다.

마지막으로 디지털 주권의 측면에서, 현재 글로벌 스테이블코인 시장이 거의 달러 중심으로 움직이고 있는 점은 한국으로서는 심각한 위협 요인이 될 수 있다. 디지털 세계에서조차 원화가 사용되지 않게 된다면, 중앙은행의 통화정책 유효성은 크게 저하될 수 있다. 이를 막기 위해서는 국내외에서 실사용 가능한 원화 스테이블코인을 조속히 마련해야 한다. 세계적으로 영향력 있는 한국의 콘텐츠와 기술 플랫폼, 기업 생태계를 활용한다면 원화 스테이블코인의 국제적 유통 가능성도 충분히 확보할 수 있다.

결제 혁신과 실사용 중심 생태계 구축

이제 우리는 결제 시스템의 실제 작동 영역에서 원화 스테이블코인이 어떤 변화를 가져올 수 있는지 구체적으로 살펴볼 필요가 있다. 앞서 정리된 상거래 활용 사례들과 더불어, 다음과 같은 점들을 다시금 강조하고자 한다.

- **환전 수수료 절감**: 원화 스테이블코인을 통해 한국과 무역 상대국 간의 직접 결제가 가능해지면, 기존 달러 기반 환율 구조에 따른 환차손과 수수료 부담이 줄어든다.
- **소액 결제 활성화**: 마이크로 트랜잭션 환경에서 기존 금융 수단은 수수료 부담이 커서 비효율적이었다. 스테이블코인은 이러한 한계를 극복하며 크리에이터 경제를 촉진시킨다.
- **24시간 결제 가능성과 투명성**: 블록체인 기반 결제는 시차에 구애받

지 않으며, 투명한 회계 관리가 가능하다. 이는 신뢰 기반의 국제 거래 시스템 구축에 핵심이 된다.
- **자영업자 카드 수수료 절감**: QR코드 기반 원화 스테이블코인 결제는 중개 수수료를 없애거나 크게 줄임으로써 자영업자의 실질 소득을 증가시킬 수 있다.

원화 스테이블코인은 이처럼 일상의 소비 구조에서부터 글로벌 무역 시스템까지, 통화 사용의 전환점을 형성할 수 있다. 그것은 단순한 금융 상품이 아닌, 우리 경제의 구조적 문제를 해결할 수 있는 실용적 대안이다.

디지털 원화 시대를 향한 비전과 과제

종합해보면, 원화 스테이블코인은 잘 활용하면 한국 경제를 더 효율적이고 포용적으로 만들 커다란 기회가 될 수 있다. 특히나 비기축통화국으로서 더욱 그렇다. 기회 요인으로는 결제 비용 절감과 속도 향상, 금융 서비스의 저변 확대, 프로그래머블 머니를 통한 혁신, K-콘텐츠와 수출 산업의 수혜, 그리고 달러 위주의 금융 질서 속에서 원화의 입지 강화 등이 있다. 한국이 보유한 뛰어난 디지털 인프라와 전 국민의 높은 IT 활용 능력, 그리고 전 세계가 주목하는 K-컬처의 힘은 이러한 변화를 실현하는 든든한 밑받침이 될 것이다.

반면, 통화정책 운영의 어려움, 금융안정 리스크, 준비되지 않은 제도적 공백, 그리고 글로벌 시장에서 여전히 막강한 달러 스테이블코인의 경쟁 등 해결해야 할 과제도 분명히 존재한다. 그렇다면 한국이 이 기회를 살리고 위험을 최소화하기 위해 어떤 전략을 취해야 할까?

"달러 쓰나미"에 선제 대응

먼저, 달러 스테이블코인 쓰나미에 대비한 전략이 필요하다. 미국은 달러 패권을 유지하고 국채 수요를 늘리기 위해 스테이블코인을 적극 활용하고 있다. 만약 전 세계 디지털 화폐 시장이 달러 일색으로 재편된다면, 우리 원화는 설 자리 없이 뒤로 밀릴 수 있다. 가만히 앉아 있다가는 원화의 디지털 주권을 잃을 위험이 있다. 따라서 원화 스테이블코인을 발 빠르게 개발하고 국제적 활용처를 넓히는 것은 선택이 아닌 필수 과제가 되었다.

K-컬처와 K-플랫폼의 활용

한국이 가진 소프트파워, 즉 한류 문화와 기술 플랫폼을 원화 국제화에 연계하는 노력도 필요하다. 방탄소년단[BTS] 음악이나 한국 드라마, 삼성전자나 네이버 같은 플랫폼을 이용하는 전 세계 팬들과 고객들이 테라로 자연스럽게 원화 기반 디지털 화폐를 쓰게 만들 수 있다면 이상적이다. 예를 들어, 글로벌 팬들을 대상으로 하는 K-팝 굿즈 쇼핑몰에서 결제 옵션에 원화 스테이블코인을 넣어두면, 이용자들은 달러로 결제해도 결국 뒷단에서는 원화 코인이 오가게 할 수 있다. 이러한 작은 시작들이 모여 원화의 경제 영토가 해외로 넓어질 수 있다.

지역화폐 + 디지털로 글로벌 인재 유치

원화 스테이블코인의 활용은 해외 관광객이나 글로벌 인재를 끌어들이는 수단으로도 확장할 수 있다. 예컨대, 한국의 특정 혁신 클러스터에 해외 개발자나 스타트업 창업자가 들어올 때, 일정량의 지역 전용 디지털 토큰을 지원해준다면 그들은 이를 생활비 등으로 사용하면서 지역 경제에 기여할 수 있다. 이 토큰은 원화와 연동되어 있으므로 자연스럽게 원화 사용을 늘리는 효과도 있다. 즉, 블록체인 특구 등에서 외국 인재들이 원화 기반 디지털 화폐를 쓰며 생활하도록 유도하면, 우리 경제에 활력을 불어넣고 인재들도 한국의 앞선 디지털 금융 환경을 경험하게 되는 일석이조의 효과가 기대된다.

한국의 강점 활용

무엇보다 한국은 디지털 화폐 시대에 유리한 조건들을 이미 많이 갖추고 있다. 전국 어디서나 터지는 빠른 인터넷, 거의 모든 성인이 활용하는 편리한 모바일 뱅킹과 간편결제 시스템, 그리고 블록체인 기술에 대한 높은 관심과 수용성 등은 원화 스테이블코인이 자리 잡는 데 좋은 토양이다. 정부와 업계가 함께 노력한다면, 이러한 강점을 살려 디지털 금융 강국으로 도약할 수 있을 것이다.

한국이 미래 디지털 경제에서 미국과 함께 글로벌 G2로 부상할 수 있다는 포부도 충분히 가능하다.

국회의 입법과 정부의 정책적 뒷받침

1. 민간 주도-공공 안전장치 모델 구축: 민간의 창의성과 추진력을 활용하되, 정부가 최후의 안전망을 제공하는 구조를 확립해야 한다.
2. 디지털자산 3법의 신속한 입법: '디지털자산기본법', '토큰 증권 STO법', '가상자산 ETF법'의 조속한 제정 및 세부 시행령 정비가 필요하다.
3. 기술 혁신과 규제 샌드박스 활용: 신기술을 실험하고 시장에 조기 안착시키기 위한 규제 유예제도의 적극적 활용이 중요하다.
4. 국제 공조와 표준화 참여: 디지털 화폐의 국제적 흐름 속에서 한국이 주도권을 가지기 위해 국제 규범 수립에 능동적으로 참여해야 한다.

마무리하며

결론적으로 원화 스테이블코인은 단순한 기술 실험이 아니라, 다가오는 새로운 경제 질서 속에서 한국이 주도권을 잡기 위한 열쇠다. 이 작은 디지털 화폐 하나에 담긴 가능성은, 우리 생활을 편리하게 바꾸는 것을 넘어 국가 경제의 지형을 바꿀 힘을 지니고 있다. 물론 그 길에는 해결해야 할 과제들도 있다. 하지만 철저한 준비와 과감한 도전으로 이러한 기회를 잡는다면, 머지않아 디지털 원화가 당당히 세계 무대에서 활용되는 모습을 볼 수 있을 것이다. 지금이 바로 그 미래를 향해 한 걸음을 내디딜 때이다. 디지털 G2 한국이 눈앞에 있다.

더불어민주당 국회의원

민병덕

편집자의 글

　더불어민주당 민병덕 의원님과 의원실 관계자들, 그리고 디지털자산위원회 활동을 함께한 전문 위원님들과 보낸 시간은 개인적으로 매우 희귀한 경험이었다. 갑작스럽게(?) 치르게 된 대통령선거에서 디지털자산이 뜻밖에 이슈로 부상했기 때문이다.
　30여 년간 기자 생활을 하면서 정치권에서, 정치인들이 특정 기술과 그 기술이 몰고 올 경제적 파장에 대해 이토록 적극적인 관심을 갖는 것을 본 적이 없다. 디지털자산은 블록체인에서 시작됐다. 블록체인의 작동 원리와 응용을 기술적으로 이해하는 것은 인공지능보다도 어렵다.
　블록체인 기술 자체가 기존 사고의 틀과 금융 시스템을 전복하는 철학을 바탕으로 하기 때문이다. 대선 과정에서 이 난해한 기술을 바탕으로 하는 원화 스테이블코인이 후보들 간에 논쟁으로 부상하는 것을 보고 놀라움을 감출 수 없었다.

그 논쟁을 주도한 민병덕 의원은 독특한 방법으로 전문가들의 의견을 수렴했다. 하고 싶은 얘기를 다 하게 한 후, 스스로 대안을 제시하도록 했다. '그동안 내가 질문만 했구나. 답을 내놓지는 않았구나'라고 스스로 반성하게 됐다.

토론의 결과물이 '디지털자산기본법'으로 만들어지는 생생한 현장을 목격한 것은 큰 행운이 아닐 수 없었다. 이 책은 '디지털자산기본법'의 한 주제인 원화 스테이블코인을 다룬다. 법안 논의 과정에 참여한 업계, 학계, 언론계 전문가들의 신선한 아이디어들을 고스란히 담았다.

딱딱한 주제이나 최대한 쉽게 전달하기 위해 노력했다. 이 책은 시작이다. 영민한 독자들이라면 '디지털자산기본법'의 다른 주제들도 책으로 묶여 나올 것임을 눈치채셨으리라. 블록체인 기술 철학의 요체는 소수의 권위 있는 사람들에게 모든 것을 의존하지 않는 것이다. 이 책에는 빈 곳이 많다. 독자 여러분들이 빈 공간을 계속해서 채워주실 것으로 믿는다.

2025년 8월 〈블록미디어〉 편집국에서
제임스 정 기자 씀

부록

1장 용어해설

- **스테이블코인(Stablecoin)**
  가치가 안정적으로 유지되도록 설계된 디지털자산. 대부분 달러나 원화 같은 법정화폐 가치에 연동되어 가격 변동성을 최소화한다.

- **비트코인(Bitcoin)**
  최초의 블록체인 기반 암호화폐로, 탈중앙화된 디지털 화폐. 가격 변동성이 커서 결제 수단보다는 투자 자산으로 주로 사용된다.

- **알고리즘 기반 스테이블코인(Algorithmic Stablecoin)**
  블록체인 프로그램(알고리즘)을 통해 수요·공급을 조절하여 가격을 유지하는 스테이블코인. 대표적으로 테라-루나(UST)가 있었으나, 시장 위기 상황에서 가격 유지에 실패했다.

- **자산 기반 스테이블코인(Asset-backed Stablecoin)**
  현금이나 현금성 자산을 준비금으로 보유하여 가치 안정성을 확보하는 스테이블코인. 사용자가 현금을 맡기면 같은 가치의 코인을 발행하고, 반대로 현금으로 환급도 가능하다.

- **차익거래(Arbitrage)**
  동일 자산의 가격 차이를 이용해 이익을 얻는 거래 방식. 스테이블코인의 가격이 목표가에서 벗어날 때 이를 정상화시키는 메커니즘으로 작동한다.

- **준비자산(Reserve Asset)**
  스테이블코인 발행사가 발행된 코인 가치와 동일한 금액만큼 보유해야 하는 현금·국채 등 안전자산. 발행 신뢰성과 환급 가능성을 보장한다.

- **스마트 콘트랙트(Smart Contract)**

블록체인 위에서 실행되는 프로그램으로, 조건이 충족되면 자동으로 계약이 실행된다. 스테이블코인의 발행·소각·전송을 자동화하는 핵심 기술이다.

- **ERC-20(ERC-20 Standard)**
이더리움 블록체인에서 대체 가능한 토큰을 만들기 위한 표준 규격. 스테이블코인을 포함한 대부분의 토큰 발행에 사용된다.

- **탈중앙화 금융(DeFi, Decentralized Finance)**
은행·증권사 같은 전통 금융기관 없이 블록체인과 스마트 콘트랙트를 기반으로 운영되는 금융 서비스. 스테이블코인이 핵심 거래 수단으로 활용된다.

- **디페깅(De-pegging)**
스테이블코인의 시장 가격이 본래 연동된 법정화폐 가치(예: 1달러, 1,000원)에서 벗어나는 현상.

- **지갑(Wallet)**
블록체인 자산을 보관·이용할 수 있는 도구. 코인을 직접 담는 것이 아니라 블록체인 네트워크에 기록된 자산에 접근할 수 있는 '열쇠' 역할을 한다.

- **핫월렛(Hot Wallet)**
인터넷에 연결된 디지털자산 지갑. 사용이 편리하지만 해킹 위험이 있다.

- **콜드월렛(Cold Wallet)**
인터넷에 연결되지 않은 오프라인 지갑. 보안성이 높지만 사용이 불편하다.

- **수탁형 지갑(Custodial Wallet)**
서비스 제공자가 개인키를 대신 관리하는 지갑. 사용이 편리하지만 서비스 신뢰가 필요하다.

- **비수탁형 지갑(Non-custodial Wallet)**
사용자가 직접 개인키를 관리하는 지갑. 자율성이 높지만 키를 분실하면 자산을 잃을 수 있다.

- **중앙화 거래소(CEX, Centralized Exchange)**
기업이 운영하는 암호화폐 거래소. 사용하기 쉽고 빠르지만 해킹·운영 리스크가 존재한다.

- **탈중앙화 거래소(DEX, Decentralized Exchange)**
스마트 콘트랙트 기반으로 운영되는 거래소. 제3자의 개입 없이 자유롭게 거래 가능하지만 사용 난이도가 높다.

- **현금화 서비스(On/Off Ramps)**
법정화폐와 암호화폐(스테이블코인 포함)를 상호 교환할 수 있는 서비스. (예: 거래소 연동형, 독립형, P2P 거래, ATM 방식.)

2장 용어해설

- **디지털자산기본법(Digital Asset Basic Act)**
  한국에서 디지털자산 전반(발행, 공시, 거래 등)을 규율하기 위해 마련된 법률. NFT를 범위에서 제외하며, 디지털자산위원회 설치, 금융위 인허가제, 스테이블코인 인가제 및 100% 준비금 보유 의무, 고객 자산 분리 보관 등을 규정한다.

- **디지털자산위원회(Digital Asset Committee)**
  대통령 직속으로 설치되는 위원회. 디지털자산 관련 정책, 감독, 제도 설계를 총괄하는 기구.

- **인가제(Authorization System)**
  금융위원회를 중심으로 스테이블코인 발행 및 관련 사업자에게 사전 인가를 요구하는 제도. 발행자의 자기자본 요건을 포함한다.

- **자기자본 요건(Capital Requirement)**
  스테이블코인 발행자에게 부과되는 최소한의 자본금 보유 의무. 시장 충격이나 환매 요청에 대응할 수 있도록 안정성을 확보하기 위한 장치.

- **준비금 100% 보유(100% Reserve Requirement)**
  발행된 스테이블코인 가치를 전액 실제 자산(현금, 안전자산 등)으로 보증해야 하는 제도적 요건.

- **고객 자산 분리 보관(Customer Asset Segregation)**
  사업자의 자산과 고객의 자산을 별도로 관리하여, 파산·횡령 등으로부터 고객 자산을 보호하기 위한 제도.

- **자율 규제(Self-Regulation)**
  업계가 스스로 내부 규칙을 마련하고 준수하는 방식의 규제. 법적 규제와 함께 병행되어 신뢰성을 보완한다.

- **CBDC(Central Bank Digital Currency, 중앙은행 디지털화폐)**
  한국은행이 발행하는 디지털 화폐. 국가 통화의 법정 지급수단 지위를 갖는 전자적 형태의 화폐로, 민간 스테이블코인과의 관계가 주요 쟁점이다.

- **KYC(Know Your Customer, 고객신원확인제도)**
  스테이블코인 발행 및 유통 시 적용되는 규제 의무로, 자금세탁방지(AML)와 불법 거래 방지를 위해 이용자의 신원을 확인하는 절차.

- **외국환거래법(Foreign Exchange Transactions Act)**
  외환 및 자본 이동을 규율하는 법률. 스테이블코인의 국경 간 유통과 관련해 적용될 수 있는 법적 근거.

3장 용어해설

- **위험 프리미엄(Risk Premium)**
  투자자가 불확실성과 위험을 감수하는 대가로 요구하는 추가 수익. 원화 스테이블코인은 외화 의존도를 줄여 위험 프리미엄을 낮출 수 있다.

- **환율 변동성(Exchange Rate Volatility)**
  외환시장에서 통화 가치가 급변하는 현상. 원화 스테이블코인은 직접 원화 기반 거래를 가능하게 하여 환율 변동에 따른 리스크를 줄인다.

- **국경 간 결제(Cross-Border Payment)**
  국가 간 송금·결제를 의미하며, 기존에는 은행망과 SWIFT에 의존했다. 원화 스테이블코인은 이를 신속하고 저비용으로 대체할 수 있다.

- **SWIFT(Society for Worldwide Interbank Financial Telecommunication)**
  국제 은행 간 결제 메시징 네트워크. 속도가 느리고 비용이 많이 들어 블록체인 기반 결제 수단과 자주 비교된다.

- **무역결제(Trade Settlement)**
  수출입 거래에서 대금을 주고받는 절차. 원화 스테이블코인을 이용하면 환율 변동과 해외 송금 비용을 줄일 수 있다.

- **금융포용(Financial Inclusion)**
  은행 계좌를 보유하지 못한 사람들에게 금융 서비스 접근성을 확대하는 개념. 스테이블코인은 모바일 기반으로 저비용 금융 접근을 가능하게 한다.

- **송금 비용(Remittance Cost)**
  해외로 돈을 보낼 때 발생하는 수수료. 원화 스테이블코인은 블록체인 네트워크를 활용하여 이 비용을 크게 낮출 수 있다.

- **온체인 결제(On-chain Payment)**
  블록체인 네트워크 위에서 직접 이루어지는 결제. 투명성과 추적 가능성이 높아 신뢰성 있는 무역·금융 거래에 활용된다.

- **외화 의존도(Dependence on Foreign Currency)**
  국제 거래나 결제에서 달러 등 외국 통화 사용 비중이 높은 상황. 원화 스테이블코인은 이를 낮춰 경제 주권을 강화하는 효과가 있다.

- **환리스크 헤지(Hedging against Exchange Risk)**
  환율 변동에 따른 손실을 줄이기 위한 전략. 원화 스테이블코인은 자체적으로 환리스크를 줄이는 수단으로 활용된다.

4장 용어해설

- **기업 간 거래(B2B, Business to Business)**
  기업과 기업 사이에서 이루어지는 거래. 원화 스테이블코인은 기업 결제에서 은행 영업시간 제한과 높은 송금 수수료 문제를 해결할 수 있다.

- **기업-소비자 거래(B2C, Business to Consumer)**
  기업이 소비자에게 직접 상품이나 서비스를 판매하는 거래. 스테이블코인을 활용하면 카드 수수료를 줄이고 결제를 실시간으로 정산할 수 있다.

- **개인 간 거래(P2P, Peer to Peer)**
  개인과 개인이 직접 자금을 주고받는 거래. 해외 송금, 프리랜서 대금 지급, 중고 거래 등에서 중개 은행 없이 빠른 송금이 가능하다.

- **실시간 유동성 관리(Real-time Liquidity Management)**
  기업이 보유한 자금을 은행 영업시간과 무관하게 24시간 즉시 활용할 수 있는 관리 방식. 스테이블코인을 통해 자금이 묶이지 않고 효율적으로 운용된다.

- **송금 혁신(Remittance Innovation)**
  해외 송금을 빠르고 저렴하게 처리하는 혁신. 스테이블코인을 활용하면 전통적 해외 송금(3~5일, 고수수료) 대신 수수료를 90% 이상 절감하고 5분 내 송금이 가능하다.

- **분산 원장 기술(DLT, Distributed Ledger Technology)**
  거래 기록이나 데이터를 중앙 집중식 서버가 아닌 여러 참여자가 공유하는 디지털 시스템에 분산하여 저장하고 관리하는 기술이다.

- **에스크로(Escrow)**
  판매자와 구매자 간의 거래에서 제3자가 결제 대금을 안전하게 보관하고, 거래 조건이 충족되면 판매자에게 대금을 지급하는 시스템. 구매자의 안전을 보장하고 판매자의 대금 회수를 안전하게 해주는 거래 방식이다.

- **다중 서명(Multisig) 지갑**
  디지털자산 거래 시 여러 개의 개인키(private key)를 요구하여 거래를 승인하는 방식의 지갑. 단일 개인키로 거래를 승인하는 일반 지갑과 달리, 다중 서명 지갑은 특정 수의 키가 있어야 거래가 가능하다.

5장 용어해설

- **달러 스테이블코인(Dollar Stablecoin)**
  미국 달러 가치에 연동된 스테이블코인. 글로벌 스테이블코인 시장의 90% 이상을 차지하며, 국제 결제와 디지털자산 거래의 주요 수단으로 쓰인다.

- 테더(Tether, USDT)
  가장 많이 사용되는 달러 스테이블코인. 발행사 준비금의 투명성 문제로 논란이 있었으나, 글로벌 시장 점유율이 가장 높다.

- USD코인(USD Coin, USDC)
  미국의 서클(Circle)과 코인베이스(Coinbase)가 공동 발행한 달러 스테이블코인. 회계법인의 정기적인 준비금 감사로 투명성을 강조한다.

- 파운드 기반 스테이블코인(GBP Stablecoin)
  영국 파운드와 연동된 스테이블코인. 영국 금융당국은 스테이블코인을 지급 수단으로 활용하기 위한 법적 규제를 정비 중이다.

- 유로 기반 스테이블코인(Euro Stablecoin)
  유로화와 연동된 스테이블코인. 유럽연합(EU)은 미카(MiCA) 규제를 통해 스테이블코인 발행과 유통을 체계적으로 관리하려 한다.

- MiCA 규제(Markets in Crypto-Assets Regulation)
  유럽연합(EU)이 제정한 암호자산 규제 법안. 스테이블코인 발행 요건, 준비금 규정, 소비자 보호 기준 등을 포함한다.

- 국제결제은행(BIS, Bank for International Settlements)
  중앙은행 간 협력과 금융 안정성을 도모하는 국제 기구. 스테이블코인과 CBDC 관련 국제 기준 마련 논의의 중심에 있다.

- 국경 간 송금(Cross-border Remittance)
  국가 간 자금 이동을 의미하며, 달러 스테이블코인이 현재 가장 많이 사용되는 영역. 전통 은행망 대비 빠르고 저렴하다.

- 글로벌 지급결제 시스템(Global Payment System)
  국제 무역과 금융 거래에서 활용되는 송금·결제 네트워크. 스테이블코인은 글로벌 지급결제의 새로운 인프라로 주목받고 있다.

6장 용어해설

- 머신 경제(Machine Economy)
  인공지능, 사물인터넷(IoT), 로봇 등 기계가 경제 주체가 되어 스스로 거래를 수행하는 환경. 사람의 개입 없이 자동 결제, 데이터 교환, 서비스 이용이 가능하다.

- 머신 투 머신(M2M, Machine-to-Machine)
  기계 간 직접 연결을 통해 데이터와 가치를 주고받는 방식. 자율주행차, 전기차 충전, 스마트 공장 등에서 실시간 결제와 서비스 자동화에 활용된다.

- 에이전트 투 에이전트 프로토콜(A2A, Agent-to-Agent Protocol)
  AI·기계 에이전트가 서로 신뢰 기반으로 안전하게 소통하고 인증·결제를 수행할 수 있게 하는 통신 규약. 자동화된 신원 확인과 보안 거래를 지원한다.

- x402 프로토콜(x402 Protocol)
  웹 환경에서 결제를 자동화하기 위해 제안된 표준. HTTP 상태 코드 402(Payment Required)를 기반으로 기계 간 서비스 요청과 동시에 결제가 이루어지도록 설계되었다.

- 원화 스테이블코인(KRW Stablecoin)
  한국 원화 가치에 1:1로 연동된 디지털 화폐. 머신 경제에서 전기차 충전, 로봇 서비스, IoT 기기 간 거래 같은 자동 결제 수단으로 기능한다.

- 프로그래머블 머니(Programmable Money)
  특정 조건이 충족되면 자동으로 실행되는 결제 수단.(예: "충전이 완료되면 자동으로 요금을 지불한다"와 같은 스마트 콘트랙트 기반 결제.)

- 지갑 보안(Wallet Security)
  기계 에이전트가 사용하는 디지털 지갑을 안전하게 보호하는 기술. 해킹, 분실, 무단 사용을 방지하는 것이 핵심 과제다.

- 키 관리(Key Management)
  디지털자산 접근 권한을 제어하는 암호 키를 안전하게 생성·보관·사용하는 과정. 기계 간 거래에서는 자동화된 키 관리가 필수적이다.

7장 용어해설

- 예치자산 총액(TVL, Total Value Locked)
  특정 블록체인 프로토콜에 예치된 자산의 총 가치를 뜻한다. 탈중앙화 금융 생태계의 규모와 신뢰도를 보여주는 핵심 지표로 활용된다.

- 유동성 공급(LP, Liquidity Provision)
  투자자가 자신의 자산(예: 원화 스테이블코인)을 거래소의 유동성 풀에 예치해 거래가 원활하게 이루어지도록 돕는 행위이다. 그 대가로 거래 수수료를 나누어 받거나 보상 토큰을 획득할 수 있다.

- 이자 농사(Yield Farming)
  투자자가 보유한 자산을 다양한 탈중앙화 금융 프로토콜에 분산 예치·대출하여 추가 수익을 극대화하는 전략이다. 단순 이자 외에도 보상 토큰 분배가 수익원으로 작동한다.

- 거래 쌍(Trading Pair)
  탈중앙화 거래소에서 서로 교환 가능한 두 가지 자산을 묶어놓은 개념이다. 예를 들어,

SKRW/ETH, SKRW/USDC와 같이 원화 스테이블코인과 다른 암호화폐를 교환할 수 있는 형태로 구성된다.

- **무허가 금융(Permissionless Finance)**
  별도의 심사나 허가 없이 누구나 자유롭게 접속해 거래할 수 있는 금융 시스템을 의미한다. DeFi의 가장 큰 특징 중 하나로, 개방성과 투명성을 보장하지만 동시에 보안 리스크도 존재한다.

- **실물자산 토큰화(RWA Tokenization, Real World Assets Tokenization)**
  부동산, 예술품 등 현실의 자산을 블록체인 기반 토큰으로 발행해 DeFi에서 활용할 수 있도록 하는 개념이다. 한국 원화 기반 자산을 글로벌 시장에 연결하는 수단이 될 수 있다.

8장 용어해설

- **사용자 경험 장벽(User Experience Barrier)**
  디지털 지갑 설치, 시드 문구 관리, 온·오프 램프 활용 등은 일반 사용자에게 복잡하게 느껴진다. 이러한 불편함은 원화 스테이블코인의 대중적 확산을 가로막는 중요한 장벽이다.

- **스마트 콘트랙트 취약점(Smart Contract Vulnerability)**
  블록체인상에서 자동으로 실행되는 계약 코드의 오류나 보안 구멍을 의미한다. 코드 한 줄의 버그만으로도 수천억 원 규모의 자산이 탈취될 수 있으며, 웜홀(Wormhole) 해킹 사례처럼 생태계 전체 신뢰를 무너뜨릴 수 있다.

- **자산 보관 문제(Custody Risk)**
  개인이 프라이빗 키를 직접 관리해야 하는 구조는 분실이나 해킹 위험을 높인다. 보안성과 편의성을 동시에 충족하는 보관 체계 마련이 필수 과제다.

- **확장성 문제(Scalability Challenge)**
  블록체인이 동시에 처리할 수 있는 거래 수가 제한적이어서 대규모 사용자가 몰릴 경우 지연과 수수료 폭등이 발생한다. 이를 해결하지 못하면 원화 스테이블코인의 실생활 적용에 제약이 생긴다.

- **제도적 장벽(Regulatory Barrier)**
  국내외 금융 규제가 불명확하거나 충돌할 경우 스테이블코인의 합법적 활용이 어려워진다. 명확한 법적 틀과 규제 친화적 발행 구조가 마련되어야 한다.

- **인식의 장벽(Perception Barrier)**
  테라–루나 사태 같은 부정적 사건으로 인해 대중이 스테이블코인에 대해 갖는 불신을 의미한다. 신뢰 회복 없이는 원화 스테이블코인의 확산이 어렵다.

- **보안 감사(Security Audit)**

스마트 콘트랙트를 외부 전문 기관이 정기적으로 검증하는 절차. 탈중앙화 시스템의 신뢰성을 높이기 위해 필수적으로 요구된다.

- **버그 바운티 제도(Bug Bounty Program)**
화이트해커들이 보안 취약점을 찾아내고 보상받는 제도로, 시스템 보안을 강화하는 대표적 방법이다.

- **온·오프 램프(On/Off Ramps)**
원화를 스테이블코인으로 바꾸거나 반대로 환전하는 과정. 현재 불편하고 제한적인 구조가 사용성 확산을 막는 장애물로 꼽힌다.

- **장애물은 나침반(Obstacle as Compass)**
기술적·제도적 난관을 단순한 벽이 아니라 혁신의 방향을 알려주는 계기로 보는 관점이다. UX 불편, 보안 문제, 제도적 미비 모두 새로운 해결책을 모색하게 하는 "성장의 길"이라는 의미를 담고 있다.

9장 용어해설

- **스테이킹(Staking)**
스테이킹은 디지털자산 보유자가 별도의 거래 없이 블록체인 네트워크에 예치하여 네트워크 및 거래 검증 과정에 참여하고 그 대가로 보상을 받는 행위이다.

원화 스테이블코인 사용설명서

초판 1쇄 발행 2025년 9월 11일
초판 2쇄 발행 2025년 9월 29일

지은이 민병덕 조재우 윤민섭 김종환 원은석 김외현 강형구 김용영 오종욱 이정민 제임스정

발행인 선우지운
교정교열 허유진
디자인 this-cover
제작 예인미술
출판사 여의도책방
출판등록 2024년 2월 1일 (제2024-000018호)
이메일 yidcb.1@gmail.com
ISBN 979-11-994422-2-1 (03320)

- 저자와 출판사의 허락 없이 내용의 일부를 인용하거나 발췌하는 것을 금합니다.
- 잘못되거나 파손된 책은 구입한 서점에서 바꾸어 드립니다.
- 책값은 뒤표지에 있습니다.